ADAM GRANT

DAR E RECEBER

SEXTANTE

Título original: *Give and Take*

Copyright © 2013 por Adam Grant
Copyright da tradução © 2014 por GMT Editores Ltda.

Todos os direitos reservados. Nenhuma parte deste livro pode ser utilizada ou reproduzida sob quaisquer meios existentes sem autorização por escrito dos editores.

tradução
Afonso Celso da Cunha Serra

preparo de originais
Melissa Lopes Leite

revisão
Clarissa Peixoto e Luís Américo Costa

projeto gráfico e diagramação
DTPhoenix Editorial

capa
The Heads of State

adaptação de capa
Miriam Lerner

fotos do miolo
Jon Huntsman: Huntsman International LLC. Reproduzido mediante autorização.
Kenneth Lay: relatório anual de 1997 da Enron. Reproduzido mediante autorização.

impressão e acabamento
Lis Gráfica e Editora Ltda.

CIP-BRASIL. CATALOGAÇÃO NA PUBLICAÇÃO
SINDICATO NACIONAL DOS EDITORES DE LIVROS, RJ

G79d   Grant, Adam

Dar e receber: uma abordagem revolucionária sobre sucesso, generosidade e influência / Adam Grant; tradução de Afonso Celso da Cunha Serra; Rio de Janeiro: Sextante, 2014.

288 p.; 16 x 23 cm.

Tradução de: Give and take
ISBN 978-85-431-0073-9

1. Relações humanas. 2. Sucesso. I. Título.

CDD: 158.2
14-10200   CDU: 316.47

Todos os direitos reservados, no Brasil, por
GMT Editores Ltda.
Rua Voluntários da Pátria, 45 – 14.º andar – Botafogo
22270-000 – Rio de Janeiro – RJ
Tel.: (21) 2538-4100
E-mail: atendimento@sextante.com.br
www.sextante.com.br

Em memória de meu amigo
JEFF ZASLOW,
que viveu a vida como um modelo dos princípios deste livro.

Sumário

1. Bons retornos 9
   Os perigos e as recompensas de dar mais do que se recebe

2. Networking 34
   Como os doadores, os tomadores e os compensadores constroem redes de relacionamentos

3. O efeito propagador 65
   A colaboração e a dinâmica de dar e de ficar com os créditos

4. Encontrando o diamante bruto 94
   Fatos e ficções sobre reconhecimento do potencial

5. O poder da comunicação não autoritária 124
   Como ser modesto e influenciar as pessoas

6. A arte de preservar a motivação 152
   Por que alguns doadores se exaurem, enquanto outros se energizam

7. Mudança radical 182
   Superando o efeito capacho

8. A conversão do avarento 211
   Por que um time de futebol, uma impressão digital e um nome podem nos inclinar para outra direção?

9. Saindo das sombras 244

   Ações de impacto 254
   Notas 261
   Agradecimentos 284

1
Bons retornos

Os perigos e as recompensas de dar mais do que se recebe

O princípio da diplomacia é dar e receber: dar um e receber dez.

— Mark Twain, escritor e humorista[1]

Num dia ensolarado, no vale do Silício, dois pais orgulhosos assistiam nas laterais do campo ao jogo de futebol das filhas. Foi só uma questão de tempo para que começassem a conversar sobre trabalho. Um deles era Danny Shader, empreendedor incansável que já trabalhara na Netscape, na Motorola e na Amazon. Enérgico e capaz de falar de negócios sem parar, Shader estava chegando aos 40 anos quando fundou sua primeira empresa, e referia-se a si mesmo como "o velho da internet". Adorava criar empresas e estava lançando sua quarta startup.

Shader simpatizara de imediato com o outro pai, David Hornik, cujo ganha-pão era investir em empresas. Hornik cultivava interesses ecléticos: coleciona livros de *Alice no País das Maravilhas* e, na faculdade, se especializou em composição musical pelo computador. Formou-se em direito e fez mestrado em criminologia. Depois de trabalhar em um escritório de advocacia, aceitou uma proposta para se associar a uma empresa de investimentos de risco, onde passou os 10 anos seguintes ouvindo os argumentos de vendas de candidatos a empreendedores e decidindo se os financiaria.

No intervalo do jogo de futebol, Shader se virou para Hornik e disse: "Estou trabalhando em uma ideia. Quer ouvir meu argumento de vendas?" Hornik se especializara em empresas de internet e, portanto, parecia o investidor ideal para Shader. O interesse era mútuo. Muitas pessoas que expõem ideias a investidores são empreendedoras de primeira viagem, sem antecedentes de sucesso. Shader, porém, era um empreendedor que encontrara ouro não uma, mas duas vezes. Em 1999, sua primeira startup, Accept.com, foi adquirida pela Amazon por US$175 milhões. Em 2007, sua empresa seguinte, Good Technology, foi comprada pela Motorola por US$500 milhões. Considerando a história de Shader, Hornik estava ansioso para ouvir o que ele tinha a propor.[2]

Poucos dias depois do jogo de futebol, Shader foi ao escritório de Hornik e apresentou sua proposta. Quase 25% dos americanos enfrentam dificuldades ao fazer compras pela internet por não terem conta bancária nem cartão de crédito. Shader tinha uma solução inovadora para o problema. Hornik foi um dos primeiros investidores de risco a ouvir o argumento de vendas e, de cara, adorou a ideia. Em uma semana, apresentou Shader aos sócios e entregou-lhe um acordo de intenções: queria financiar a nova empresa.

Embora Hornik tivesse agido com rapidez, Shader estava em condições favoráveis. Considerando a reputação e a qualidade das ideias dele, Hornik sabia que muitos investidores não hesitariam em aplicar seu capital no empreendimento. "Raramente só um investidor propõe um acordo de intenções", explica Hornik. "Em geral, o investidor de risco compete com vários outros na tentativa de convencer o empreendedor a preferir o seu financiamento ao de outros detentores de capital."

A melhor maneira de Hornik conseguir o investimento seria dar pouco tempo a Shader para decidir. Se a proposta fosse atraente mas obrigasse o empreendedor a dar uma resposta em prazo muito curto, Shader talvez a aceitasse antes de ter a chance de expor seu argumento de vendas a outros investidores. É o que fazem muitos investidores de risco para aumentar as chances a seu favor.

Mas Hornik não apressou Shader. Na verdade, ele praticamente recomendou que comparasse a proposta dele com a de outros investidores. Hornik acreditava que os empreendedores precisam de tempo para avaliar suas escolhas; por uma questão de princípios, recusava-se a apresentar ofertas que colocassem alguém contra a parede. "Leve o tempo necessário para tomar a decisão certa", disse. Embora esperasse que Shader preferisse fechar com ele, Hornik pôs os interesses de Shader à frente dos seus, dando-lhe tempo e espaço para explorar outras opções.

Shader fez exatamente isso: passou as semanas seguintes expondo suas ideias a outros investidores. Enquanto isso, Hornik quis garantir que ainda era um concorrente forte, fornecendo a Shader seu recurso mais valioso:

uma lista de 40 referências que poderiam atestar seu calibre como investidor. Hornik sabia que os empreendedores buscam nos investidores os mesmos atributos que todos procuramos nos consultores financeiros: competência e credibilidade. Quando fecham o financiamento com um investidor, este passa a participar do conselho de administração da startup, oferecendo-lhe orientação especializada. A lista de referências de Hornik demonstrava quanto havia se dedicado aos empreendedores durante mais de 10 anos de atuação. Ele sabia que os clientes se prontificariam a atestar sua capacidade e seu caráter como investidor de risco.

Poucas semanas depois, o telefone de Hornik tocou. Era Shader, pronto para anunciar sua decisão.

"Sinto muito", disse Shader, "mas vou fechar com outro investidor."

Como as condições financeiras da oferta de Hornik e das dos outros investidores eram praticamente idênticas, a lista de 40 referências de Hornik deveria lhe garantir alguma vantagem. E, de fato, depois de falar com as referências, ficou claro para Shader que Hornik era ótimo.

No entanto, foi esse mesmo espírito de generosidade que o prejudicou. Shader receava que o investidor viesse a passar mais tempo encorajando-o que desafiando-o. Talvez Hornik não viesse a ser rigoroso o bastante para ajudá-lo a montar um negócio bem-sucedido, ao passo que os outros investidores tinham a reputação de consultores brilhantes, que questionavam e impulsionavam os empreendedores. Shader ficou pensando: "Eu deveria incluir alguém mais exigente no conselho de administração. Hornik é tão gentil que não sei como ele agiria durante as reuniões." Ao informá-lo de sua decisão, explicou: "Meu coração diz para escolher você, mas minha cabeça prefere outro. Decidi seguir a cabeça."

Hornik ficou arrasado e começou a se questionar. "Será que fiz o certo? Se eu o tivesse pressionado para aceitar a proposta, talvez ele houvesse fechado comigo. Mas passei 10 anos construindo minha reputação, e não poderia agir dessa maneira. Como isso aconteceu?"

David Hornik aprendeu a lição da maneira mais difícil: o mundo é dos espertos. Será mesmo?

As pessoas muito bem-sucedidas apresentam três coisas em comum: motivação, capacidade e oportunidade. Para alcançar o sucesso, precisamos combinar trabalho árduo, talento e sorte. A história de Danny Shader e David

Hornik salienta um quarto ingrediente, algo crucial mas às vezes negligenciado: o sucesso depende muito de como promovemos nossas interações com outras pessoas. Sempre que nos relacionamos com alguém no trabalho, temos uma escolha a fazer: reivindicamos o máximo de retribuição pelo valor que oferecemos ou contribuímos com o máximo de valor sem nos preocuparmos com a retribuição?

Como psicólogo organizacional e do trabalho e professor da Wharton School, dediquei mais de 10 anos de minha vida profissional ao estudo dessas escolhas, em instituições tão diferentes quanto o Google e a Força Aérea americana, e descobri que elas têm consequências surpreendentes para o sucesso. Nos últimos 30 anos, numa série de estudos pioneiros, cientistas sociais descobriram que as pessoas são muito diferentes em suas preferências por reciprocidade[3] – a combinação de quanto desejam tomar para si e quanto desejam doar. Para lançar luz sobre isso, gostaria de apresentar dois tipos de pessoas que se situam nos extremos opostos do espectro da reciprocidade no trabalho. Denomino-os tomadores (*takers*) e doadores (*givers*).

Os *tomadores* têm uma característica inconfundível: gostam mais de receber que de dar. Fazem a reciprocidade pender para o seu lado, colocando os interesses próprios à frente das necessidades alheias. Os tomadores acreditam que o mundo é um lugar competitivo, uma luta de cão e gato. Acham que, para alcançar o sucesso, precisam ser melhores que os outros. Para demonstrar sua competência, se autopromovem e se empenham em obter o máximo de créditos por seus esforços. Os tomadores comuns não são cruéis nem maldosos; simplesmente são cautelosos e defensivos. "Se eu não cuidar de mim mesmo primeiro", pensam, "ninguém o fará." Se David Hornik fosse mais *tomador*, teria imposto a Danny Shader um prazo apertado, colocando em primeiro lugar o objetivo de investir no projeto, em detrimento do desejo de Shader de receber um tempo flexível para ponderar com calma.

Hornik, porém, é o oposto do tomador; é um *doador*. No trabalho, os doadores são uma espécie relativamente rara. Fazem a reciprocidade pender na direção dos outros, preferindo dar mais do que recebem. Enquanto os tomadores tendem a ser mais voltados para si mesmos, avaliando o que podem receber, os doadores são mais voltados para os outros, dedicando mais atenção ao que podem oferecer. Essas preferências não se limitam a dinheiro: os doadores e tomadores não se distinguem por quanto dedicam à filantropia nem pelo que oferecem aos empregados. Em vez disso, os doadores e tomadores se diferenciam em suas atitudes e iniciativas. Os tomadores ajudam os outros de maneira estratégica, de forma que os benefícios para si próprios superem os custos pessoais. Os doadores fazem outra análise de custo-benefício: oferecem algo quando os benefícios para os destinatários superam os custos pessoais. Ajudam sem esperar nada em troca. Quem é doador no trabalho simplesmente se esforça para ser generoso ao compartilhar seu tempo, sua energia, seus conhecimentos, suas habilidades, suas ideias e seus contatos com outras pessoas que podem se beneficiar desses recursos.

É tentador reservar o rótulo de *doador* para heróis extraordinários, como madre Teresa ou Mahatma Gandhi, mas ser doador não exige atos de sacrifício excepcionais. Requer apenas manter o foco em agir no interesse alheio, como ao oferecer ajuda, atuar como mentor, dividir créditos ou apresentar seus contatos aos outros. Fora do trabalho, esse tipo de comportamento é muito comum. De acordo com uma pesquisa liderada por Margaret Clark, psicóloga de Yale, a maioria das pessoas age como doadoras nos relacionamentos mais íntimos.[4] Nos casamentos e nas amizades, contribuímos sempre que possível, sem fazer cobranças.

No trabalho, entretanto, dar e receber torna-se mais complexo. No âmbito profissional, pouca gente age puramente como doador ou tomador, adotando, em vez disso, um terceiro estilo. Tornam-se compensadores (*matchers*) ao se empenharem em preservar o equilíbrio de dar e receber. Os compensadores operam com base no princípio da equidade: ao ajudar os outros, também se protegem, buscando reciprocidade. O compensador acredita no "isto por aquilo", no "toma lá dá cá", e seus relacionamentos são regidos por trocas de favores uniformes.

Dar, receber e trocar são três estilos fundamentais de interação social, mas as linhas entre eles são tênues e voláteis. Uma pessoa pode constatar que se desloca de um estilo de reciprocidade para outro ao transitar entre diferentes funções e relacionamentos no trabalho.* Não seria surpresa se alguém

---

* Alan Fiske, antropólogo da UCLA (Universidade da Califórnia em Los Angeles), acha que as pessoas praticam uma mistura de doar, tomar e permutar em todas as culturas humanas.[5] Ao viver com uma tribo da África ocidental em Burkina Faso chamada Mossi, Fiske descobriu pessoas mudando de papéis entre doar, tomar e permutar. Quando se trata de terra, os Mossi são doadores. Quando alguém quer se mudar para a aldeia, eles automaticamente doam terras aos forasteiros, sem esperar nada em troca. Mas, no mercado, os Mossi são mais propensos a tomar, barganhando com agressividade os melhores preços. E, quando a questão é cultivar alimentos, tendem a ser compensadores: espera-se que todos contribuam da mesma maneira, e a comida é dividida em porções uniformes.

agisse como tomador ao negociar o próprio salário, como doador ao instruir um aprendiz e como compensador ao compartilhar experiência com outro profissional. Mas as evidências demonstram que, no trabalho, quase todos os indivíduos desenvolvem somente um estilo de reciprocidade, que caracteriza a maneira como abordam a maioria das pessoas em grande parte das circunstâncias. E esse estilo básico pode ser tão importante para o sucesso quanto o trabalho árduo, o talento e a sorte.

Na verdade, os padrões de sucesso baseados nos estilos de reciprocidade são extremamente claros. Se você fosse opinar sobre qual desses tipos costuma alcançar mais sucesso, qual seria a sua resposta – tomadores, doadores ou compensadores?

Profissionalmente, todos os três estilos de reciprocidade geram as próprias vantagens e desvantagens. Mas um dos estilos se revela mais oneroso que os outros dois. Com base na história de David Hornik, você talvez previsse que os doadores alcançam os piores resultados – e estaria certo. As pesquisas demonstram que os doadores ficam na base da escala de sucesso. Em uma ampla variedade de ocupações importantes, os doadores estão em desvantagem: melhoram a vida dos outros, mas sacrificam o próprio sucesso.

No mundo da engenharia, os engenheiros menos produtivos e eficazes são doadores.[6] Em um estudo no qual mais de 160 engenheiros se avaliaram mutuamente quanto à ajuda dada e recebida, os menos bem-sucedidos foram os que deram mais do que receberam. Esses doadores alcançavam as piores pontuações objetivas nas respectivas empresas, com base no número de tarefas, nos relatórios técnicos e nos projetos concluídos – para não mencionar erros cometidos, prazos não cumpridos e dinheiro desperdiçado. Desviar-se do próprio caminho para ajudar os outros os impediu de realizar o próprio trabalho.

Também se observa o mesmo padrão nas faculdades de medicina. Em um estudo envolvendo mais de 600 alunos de medicina na Bélgica,[7] aqueles com notas mais baixas alcançaram alta pontuação em afirmações como "Adoro ajudar os outros" e "Antecipo-me às necessidades alheias". Os doadores deixavam de lado as próprias tarefas para ajudar os colegas a estudar, compartilhando o que já sabiam à custa de não preencher as lacunas no próprio conhecimento, o que resultava em vantagem para os colegas na hora das provas. Os vendedores não são diferentes. Em um estudo que liderei, com a participação de vendedores da Carolina do Norte,[8] os doadores, em comparação com os tomadores e os compensadores, geraram duas vezes e meia menos receita de vendas anual. Preocupavam-se tanto com o que era melhor para os clientes que relutavam em vender com agressividade.

Em todas as ocupações, parece que os doadores são simplesmente demasiado zelosos, confiantes e altruístas, a ponto de sacrificar os próprios interesses em benefício dos outros. Há até evidências de que, em comparação com os tomadores, os doadores, em média, recebem uma remuneração 14% mais baixa,[9] correm duas vezes mais riscos de se tornar vítimas de crimes[10] e são considerados 22% menos poderosos e dominadores.[11]

Portanto, se é maior a probabilidade de que os doadores se situem na base da escala de sucesso, quem tenderá mais a alcançar o topo – os tomadores ou os compensadores?

Nenhum dos dois. Quando analisei os dados sob outra perspectiva, descobri um padrão surpreendente: *são os doadores de novo.*

Como vimos, os engenheiros com produtividade mais baixa são em grande parte doadores. Mas quando examinamos os engenheiros com produtividade mais alta também constatamos que, na maioria, eles são doadores. Os engenheiros da Califórnia com as melhores pontuações objetivas quanto à quantidade e à qualidade dos resultados são aqueles que, consistentemente, dão mais aos colegas do que recebem deles. Os que se situam nos extremos do contínuo de desempenho, com os melhores e os piores resultados, são doadores; os tomadores e os compensadores tendem a se situar no meio do espectro.

Esse padrão é generalizado. Na Bélgica, os estudantes de medicina com as notas mais baixas alcançam pontuações muito elevadas como doadores, mas a mesma tendência se constata em relação àqueles com as notas mais altas. Durante todo o curso de medicina, ser doador se associa a notas 11% mais altas. Até em vendas descobri que os vendedores menos produtivos alcançavam pontuações como doadores 25% mais altas que as daqueles com desempenho médio – no entanto, o mesmo padrão se repetia entre os vendedores mais produtivos. Os de melhor desempenho eram doadores, e geravam uma receita média anual 50% superior à dos tomadores e compensadores. Os doadores dominam a base e o topo da escala de sucesso. Em diferentes ocupações, quando se estuda a ligação entre estilos de reciprocidade e sucesso na atividade, os doadores são mais propensos a se revelar também campeões – não só azarões.

Adivinhe o que David Hornik acabou sendo?

Depois de fechar o negócio com outro investidor, Danny Shader foi dominado por uma sensação angustiante. "Acabáramos de dar um ótimo passo. Deveríamos estar comemorando. Por que eu não me sentia plenamente satisfeito? Estava empolgado com meu investidor, que me parecia extremamente brilhante e talentoso, mas lamentava não poder trabalhar com Hornik." Shader queria descobrir uma maneira de envolver Hornik, mas havia uma dificuldade. Para tanto, Shader e o principal investidor teriam que vender parte da empresa, diluindo a propriedade.

Shader concluiu que, pessoalmente, valeria a pena arcar com o custo. Antes de encerrar o processo de levantamento de recursos, convidou Hornik a investir no empreendimento. Hornik aceitou a oferta, assumindo uma participação acionária no negócio. Nas reuniões do conselho de administração, surpreendia Shader com a capacidade de levá-lo a considerar novas direções. Graças em parte aos seus conselhos, a startup de Shader decolou. A empresa é a PayNearMe, cujo objetivo é criar condições para que americanos sem conta bancária nem cartão de crédito façam compras on-line com um código de barras ou um cartão pós-pago da PayNearMe, liquidando a compra à vista em estabelecimentos participantes. Shader formou importantes parcerias com as lojas de conveniência 7-Eleven e com a transportadora Greyhound para a prestação desses serviços. Nos 18 meses seguintes à sua constituição, a PayNearMe cresceu a mais de 30% ao mês. Como investidor, Hornik desfruta de pequena parte desse crescimento.

Hornik também incluiu Shader em sua lista de referências, o que talvez seja ainda mais valioso que o negócio em si. Quando os empreendedores telefonam para perguntar sobre Hornik, Shader lhes diz: "Talvez vocês estejam achando que ele é apenas um cara legal, mas é muito mais que isso. É fenomenal: supertrabalhador e muito corajoso. É ao mesmo tempo desafiador e apoiador. Também é extremamente rápido em dar retorno, uma das melhores características que se pode encontrar em um investidor."

As recompensas para Hornik não se limitaram apenas ao negócio envolvendo a PayNearMe. Depois de ver Hornik em ação, Shader passou a admirar o empenho dele em agir conforme os melhores interesses dos empreendedores e começou a lhe oferecer outras oportunidades de investimento. Em um dos casos, depois de se reunir com o CEO de uma empresa chamada Rocket Lawyer, Shader lhe recomendou Hornik como investidor, e este acabou ficando com o negócio, embora o CEO já tivesse recebido outra proposta.

Apesar de reconhecer o lado negativo, David Hornik acredita que atuar como doador tem sido um dos propulsores do seu êxito na área em que atua. Ele estima que a taxa de aceitação de propostas de financiamento da maioria dos investidores de risco gire em torno de 50%: "Quem fecha metade dos negócios está obtendo resultados muito bons." Em 11 anos como investidor de risco, porém, Hornik apresentou 28 propostas e fechou 25 negócios. Shader foi um dos únicos três empreendedores que recusaram uma proposta de investimento dele. Nos outros 89% dos casos, os empreendedores aceitaram o dinheiro de Hornik. Graças a seus recursos e às orientações especializadas, construíram numerosas startups bem-sucedidas – uma delas foi avaliada em mais de US$3 bilhões no primeiro dia de negociação em bolsa de valores, em 2012, e outras foram adquiridas por grandes empresas, como Google, Oracle, Ticketmaster e Monster.

O afinco e o talento de Hornik, para não falar na sorte de estar assistindo ao jogo de futebol da filha no setor certo da arquibancada, desempenharam um papel importante no fechamento do negócio com Danny Shader. Mas foi seu estilo de reciprocidade que pesou mais a seu favor. Ainda melhor, ele não foi o único vencedor. Shader também saiu lucrando, assim como as empresas às quais ele indicou Hornik depois. Ao operar como doador, Hornik criou valor para si próprio, ao mesmo tempo que maximizava os benefícios também para os demais participantes.

Neste livro, quero convencê-lo de que subestimamos o êxito dos doadores como David Hornik. Embora, em geral, rotulemos os doadores de tolos e submissos, eles normalmente se revelam muito bem-sucedidos. Para descobrir por que os doadores dominam o topo da escala de sucesso, examinaremos estudos e histórias surpreendentes que esclarecem de que maneira doar pode ser mais eficaz do que supõe a maioria das pessoas. Ao longo do percurso, apresentarei doadores vitoriosos em diferentes áreas de atuação, como consultores, advogados, médicos, engenheiros, vendedores, escritores, empreendedores, contadores, professores, consultores financeiros, etc. Esses doadores invertem o plano mais comum de conquistar o sucesso primeiro e doar depois, sugerindo que quem doa primeiro em geral se posiciona melhor para o sucesso posterior.

Mas não podemos nos esquecer dos engenheiros e vendedores na base da escala. Alguns doadores realmente se tornam manipulados e submissos, razão por que analisarei o que diferencia os campeões dos azarões. A resposta tem menos a ver com talento e aptidão, e mais com as estratégias e as escolhas dos doadores. Para explicar como os doadores obtêm êxito, refutarei duas crenças comuns sobre eles, demonstrando que as pessoas assim consideradas nem sempre são gentis e altruístas. Todos almejamos certas realizações pessoais, e os doadores bem-sucedidos são tão ambiciosos quanto os tomadores e os compensadores. Eles apenas adotam maneiras diferentes de realizar seus objetivos.

Essas constatações me levam ao terceiro propósito deste livro, que é revelar uma característica singular dos doadores vitoriosos. Deixemos claro que doadores, tomadores e compensadores, todos têm condições de ser bem-sucedidos. Mas ocorre algo diferente quando os doadores chegam lá: o sucesso se espalha e gera um efeito cascata. Quando os tomadores vencem, em geral alguém perde, como contraponto. Os pesquisadores demonstram que as pessoas tendem a invejar os tomadores de sucesso e a buscar maneiras de derrubá-los ou ao menos de prejudicá-los.[12] Em contraste, quando doadores como David Hornik vencem, as pessoas torcem por eles e os apoiam, em vez de sabotá-los. A vitória dos doadores desencadeia efeitos em onda, contribuindo para o êxito de outros indivíduos no contexto. Você verá que a diferença consiste na maneira como, ao vencer, os doadores disseminam valor, em vez de reivindicá-lo apenas para si mesmos. Randy Komisar, investidor de risco, capta a essência da questão: "É mais fácil vencer quando todos querem que você vença. Quem não faz inimigos chega ao topo com mais facilidade."[13]

Em algumas áreas, no entanto, parece que os custos de dar ultrapassam em muito os benefícios. Na política, por exemplo, a epígrafe deste capítulo, de Mark Twain, sugere que a diplomacia envolve tomar 10 vezes o que se dá. "A política", escreve o ex-presidente dos Estados Unidos Bill Clinton, "consiste, basicamente, em 'conseguir'. Você precisa obter apoio, contribuições e votos, reiteradamente."[14] Os tomadores devem levar vantagem em questões de lobby e ao superar os adversários em eleições competitivas, ao passo que os compensadores talvez tenham mais aptidão para a constante troca de favores tão comum entre os políticos. Como ficam, porém, os doadores no mundo da política?

Considere, agora, as lutas políticas de um caipira que atendia pelo nome de Sampson.[15] Ele dizia que seu objetivo era ser o "Clinton de Illinois". Para tanto, perseguiu de início uma cadeira no Senado. Sampson, porém, era um candidato improvável a um cargo político eletivo, tendo passado os primeiros anos da carreira trabalhando numa fazenda. Mas era muito ambicioso. Concorreu pela primeira vez a uma vaga de deputado estadual quando tinha apenas 23 anos. Dos 13 candidatos, apenas os quatro primeiros se elegeriam. Com desempenho insatisfatório, Sampson terminou em oitavo lugar.

Depois de perder a eleição, Sampson voltou os olhos para os negócios, contraindo um empréstimo para abrir uma pequena loja com um amigo. A iniciativa não deu certo e, como não tinha condições para pagar o empréstimo, seus bens foram confiscados pelas autoridades locais. Pouco depois, o sócio morreu sem deixar ativos, o que o tornou responsável por toda a dívida. Sampson passou a dever 15 vezes sua renda anual. Ao fim de alguns anos, acabou pagando-a até o último tostão.

Depois da falência da loja, Sampson tentou outra vez se eleger deputado estadual. Embora tivesse apenas 25 anos, terminou em segundo lugar, o que lhe garantiu uma vaga. A fim de participar da sessão de abertura, teve que tomar um empréstimo para comprar o primeiro terno. Nos oito anos seguintes, serviu na Assembleia Legislativa, ao mesmo tempo que se formava em direito. Por fim, aos 45 anos, estava pronto para almejar uma posição no cenário nacional. E se candidatou ao Senado.

Sampson sabia que a batalha era árdua. Seus oponentes, James Shields e Lyman Trumbull, haviam sido juízes da Suprema Corte estadual e tinham antecedentes muito mais privilegiados que os dele. Shields, titular que concorria à reeleição, era sobrinho de um deputado federal. Trumbull era neto de um eminente historiador de Yale. Em comparação, Sampson tinha pouca experiência e desfrutava de reduzida influência política.

Na primeira pesquisa de opinião pública, Sampson se destacou no primeiro lugar, com 44% da preferência popular. Shields vinha logo atrás, com 41%, enquanto Trumbull ficava num distante terceiro lugar, com 5% do eleitorado. Na pesquisa seguinte, Sampson ganhou terreno, conquistando 47% de apoio, mas a maré começou a mudar quando um novo candidato entrou na corrida: o então governador do estado, Joel Matteson, muito popular e capaz de tirar votos de Sampson e Trumbull. Quando Shields se retirou da disputa, Matteson rapidamente assumiu a liderança, com 44%, enquanto Sampson caía para 38% e Trumbull subia para não mais que 9%. Horas depois, contudo, Trumbull ganhou a eleição, alcançando 51% do eleitorado, com estreita vantagem em relação aos 47% de Matteson.

Por que será que Sampson despencou e como será que Trumbull disparou tão rapidamente? A mudança súbita de posições foi consequência de uma escolha de Sampson, que parecia sofrer de generosidade patológica. Quando Matteson entrou na corrida, Sampson começou a duvidar da própria capacidade de conquistar apoio suficiente para vencer. Ele sabia que Trumbull contava com um séquito de eleitores pequeno mas leal que não o decepcionaria. A maioria das pessoas nas condições de Sampson tentaria convencer os leitores de Trumbull a mudar de lado. Afinal, com apenas 9% de apoio, Trumbull era um caso perdido.

A principal preocupação de Sampson, porém, não era se eleger, e sim evitar que Matteson saísse vitorioso. Ele acreditava que o governador vinha adotando práticas questionáveis. Alguns observadores o acusavam de tentar subornar eleitores influentes. No mínimo, Sampson tinha informações confiáveis de que o novo candidato tentara cooptar até alguns de seus principais apoiadores. Caso parecesse que Sampson não tinha chances de vencer, supunha Matteson, os eleitores virariam a casaca e votariam nele.

As preocupações de Sampson com os métodos e os motivos do adversário revelaram-se premonitórias. Um ano depois, no fim de seu mandato como governador, Matteson descontou velhos cheques do governo que já estavam vencidos ou que já tinham sido sacados, mas que nunca foram cancelados. Desviou, assim, centenas de milhares de dólares, o que o levou a ser indiciado por fraude.

Além de suspeitar de Matteson, Sampson acreditava em Trumbull, uma vez que tinham pontos em comum no trato das questões mais importantes. Durante vários anos, Sampson se empenhara em promover mudanças na política social e econômica que considerava vitais para o futuro do estado, e nisso ele e Trumbull eram aliados. Portanto, em vez de tentar converter os seguidores leais do antigo adversário, resolveu sacrificar a própria candidatura e disse ao gerente da campanha, Stephen Logan, que abandonaria a corrida e pediria aos eleitores que votassem em Trumbull. O gestor não acreditou no que ouvira: por que um candidato com mais eleitores entregaria a eleição a outro candidato com menos eleitores? Logan não conteve as lágrimas, mas Sampson se mostrou irredutível. Renunciou à candidatura e pediu aos eleitores que votassem em Trumbull, garantindo-lhe a vitória, às custas do autossacrifício.

Essa não foi a primeira vez que Sampson pôs os interesses alheios à frente dos próprios. Antes, embora fosse aclamado por seu trabalho como advogado, seu sucesso profissional era prejudicado por uma restrição muito séria: não conseguia defender clientes de cuja inocência não estivesse convencido. De acordo com um colega, os clientes sabiam que "Sampson ganharia a causa – se fosse justa; do contrário, era perda de tempo procurá-lo". Em um caso de um cliente acusado de roubo, Sampson procurou o juiz e disse: "Se você puder fazer algo por ele, faça-o – eu não posso. Se eu tentar, o júri perceberá que o considero culpado, e o condenará." Em outro, durante um processo criminal, Sampson se voltou para um colega e disse: "Este homem é culpado; você o defende, eu não consigo." E, assim, abandonou o caso e renunciou a vultosos honorários. Essas decisões lhe renderam respeito, mas suscitaram dúvidas sobre ser ou não forte o bastante para tomar decisões políticas difíceis.

Sampson "é quase um homem perfeito", disse um de seus adversários políticos. "Só tem um defeito." E explicou que não se podia confiar em Sampson, pois seus julgamentos eram facilmente comprometidos pela preocupação com os outros. Na política, atuar como doador deixava-o em posição de desvantagem. A relutância em se colocar em primeiro lugar custou-lhe a eleição para o Senado e fez os observadores duvidarem de que fosse forte o suficiente para o mundo impiedoso da política. Trumbull era um debatedor feroz; Sampson era um conciliador. "Lamento minha derrota", admitiu, mas insistiu em que a vitória de Trumbull ajudaria a promover as causas que os dois adversários defendiam. Depois da eleição, um repórter local escreveu que, em comparação com Sampson, Trumbull era "um homem mais talentoso e poderoso".

Mas Sampson não estava disposto a ceder sempre. Quatro anos depois de ajudar Lyman Trumbull a conquistar uma vaga no Senado, candidatou-se mais uma vez. Perdeu novamente; porém, nas semanas anteriores à eleição, um de seus aliados mais fervorosos era ninguém menos que Lyman Trumbull. O autossacrifício lhe rendera o apoio do antigo adversário, que não foi o único a se converter em aliado, em resposta ao seu altruísmo. Na primeira corrida para o Senado, quando Sampson tinha 47% dos votos e parecia próximo da vitória, um advogado e político de Chicago, Norman Judd, contava com 5% de eleitores fiéis, que não vacilaram em transferir sua lealdade para Trumbull. Na segunda disputa de Sampson ao Senado, Judd o apoiou sem hesitação.

Dois anos mais tarde, depois de duas derrotas, Sampson finalmente venceu sua primeira eleição em nível nacional. De acordo com um comentarista, Judd jamais esqueceu o "comportamento generoso" de Sampson e fez "mais que qualquer outro" para garantir a vitória do ex-adversário.

Em 1999, a C-SPAN, rede de televisão a cabo dedicada à política, fez uma pesquisa com mais de mil telespectadores esclarecidos, com o propósito de avaliar a competência de Sampson e de mais de 30 outros políticos que concorreram a cargos semelhantes. Sampsou se destacou no topo da lista, recebendo as mais altas avaliações. Apesar de suas derrotas, era o mais popular dentre todos os políticos da lista.[16] Sampson's Ghost (Fantasma de Sampson) era o pseudônimo que o caipira usava em suas cartas.

Seu verdadeiro nome era Abraham Lincoln.

Na década de 1830, Lincoln lutava para ser o DeWitt Clinton de Illinois, inspirado no senador dos Estados Unidos e governador de Nova York que promoveu a construção do canal de Erie. Quando Lincoln renunciou à primeira candidatura ao Senado para ajudar Lyman Trumbull a conquistar uma cadeira, eles compartilhavam o compromisso de abolir a escravatura. Ao se empenhar na libertação dos escravos, ao sacrificar as próprias oportunidades políticas pela causa e ao se recusar a defender clientes que pareciam culpados, Lincoln sempre agiu em prol do bem maior. Quando especialistas em história, em ciências políticas e em psicologia analisam os presidentes, Lincoln sobressai como doador inequívoco.[17] "Mesmo que fosse inconveniente para ele, Lincoln se desviava do próprio caminho para ajudar o próximo", escreveram dois especialistas, demonstrando "preocupação óbvia com o bem-estar dos cidadãos". Vale notar que Lincoln é considerado um dos presidentes menos egocêntricos, egoístas e prepotentes dos Estados Unidos. Em avaliações independentes de biografias presidenciais, classificou-se entre os três primeiros – os outros foram Washington e Fillmore – no reconhecimento dos méritos e na consideração dos interesses alheios. Nas palavras de um general que trabalhou com Lincoln, "ele parecia combinar mais elementos de grandeza e de bondade que qualquer outro".

Na Casa Branca, Lincoln não hesitou em colocar o bem do país acima do próprio ego. Quando conquistou a presidência em 1860, convidou os três candidatos derrotados indicados pelo Partido Republicano para a disputa pela presidência a se tornarem secretário de Estado, secretário do Tesouro e procurador geral. Em *Lincoln*, a historiadora Doris Kearns Goodwin relata como era inusitado o gabinete de Lincoln. "Todos os membros da administração eram mais conhecidos, mais instruídos e mais experientes na vida pública que Lincoln. A atuação deles como secretários poderia ter eclipsado o obscuro advogado das pradarias."

Na posição de Lincoln, um tomador teria preferido proteger o próprio ego e o próprio poder convidando pessoas submissas para compor o governo. Um compensador provavelmente teria oferecido nomeações a aliados que o haviam apoiado. Lincoln, porém, convidou, em vez disso, seus adversários mais ameaçadores. "Precisamos dos homens mais fortes do partido", declarou Lincoln a um repórter incrédulo. "Não tenho o direito de privar o país dos serviços deles." Alguns desses rivais desprezavam Lincoln, outros o consideravam incompetente, mas ele conseguiu conquistar o respeito de todos. De acordo com Kearns Goodwin, "o sucesso [de Lincoln] em manejar os fortes egos desses homens no gabinete sugere que, quando se trata de políticos realmente notáveis, as qualidades que geralmente associamos a decência e moralidade – generosidade, sensibilidade, compaixão, honestidade e empatia – também podem ser poderosos recursos políticos".

Se a política pode ser um solo fértil para doadores, é possível que eles se saiam bem em qualquer trabalho. A eficácia da generosidade, no entanto, depende do tipo específico de troca em que é praticada. Esse é um aspecto importante a ser considerado na doação, à medida que avançamos nas ideias deste livro: às vezes a doação é incompatível com o sucesso. Em situações em que alguém perde para que outra pessoa ganhe, a generosidade raramente compensa. Essa é uma lição que Abraham Lincoln aprendeu sempre que preferiu dar algo aos outros e se sacrificar no processo. "Se tenho um vício", disse Lincoln, "e não há como dar-lhe outro nome, é não ser capaz de dizer não!"

No geral, porém, quem adota a doação como estilo básico de reciprocidade acaba colhendo recompensas. Para Lincoln, assim como para David Hornik, decisões que aparentemente envolviam autossacrifício em última instância se revelaram vantajosas. Quando concluímos, de início, que Lincoln e Hornik tinham perdido, não havíamos considerado horizontes temporais amplos o suficiente. Leva algum tempo para que os doadores conquistem boa vontade e confiança, mas, por fim, eles constroem reputação e relacionamentos que aumentam suas chances de sucesso. De fato, veremos que, na área de vendas e em faculdades de medicina, a vantagem dos doadores aumenta com o passar do tempo. A longo prazo, doar pode ser tão poderoso quanto perigoso. É como explica Chip Conley, renomado empreendedor que fundou os hotéis Joie de Vivre: "Ser doador não é bom nas corridas de 100 metros, mas é valioso nas maratonas."[18]

Na época de Lincoln, essas maratonas demoravam muito tempo. Sem telefone, internet e transporte de alta velocidade, construir relacionamentos e reputações era um processo lento. "No velho mundo, você enviava uma carta e ninguém ficava sabendo disso", diz Conley. Ele acredita que no mundo conectado de hoje, em que os relacionamentos e as reputações são mais visíveis, os doadores aceleram o processo. Bobbi Silten, ex-presidente da empresa de vestuário Dockers, que hoje dirige a área de responsabilidade social e ambiental global da Gap Inc., diz o seguinte: "Você não precisa mais escolher. É possível ser doador *e* alcançar o sucesso."[19]

A questão de o longo prazo estar encurtando não é o único fator que hoje torna a doação mais produtiva em termos profissionais. Enormes mudanças na estrutura do trabalho – e na tecnologia que a suporta – amplificaram as vantagens dessa forma de reciprocidade. Atualmente mais da metade das empresas americanas e europeias opera por meio de equipes.[20] Dependemos de grupos de pessoas para produzir carros e construir casas, executar cirurgias, pilotar aviões, lutar em guerras, tocar sinfonias, produzir informativos, auditar empresas e prestar serviços de consultoria. E as equipes precisam de doadores para compartilhar informações, voluntariar-se para a execução de tarefas que ninguém quer fazer e oferecer ajuda.

Quando Lincoln convidou os adversários a participar de seu gabinete, eles tiveram a chance de ver em primeira mão quanto ele estava disposto a contribuir para o bem de outras pessoas e de seu país. Vários anos antes de Lincoln se tornar presidente, um de seus rivais, Edwin Stanton, o rejeitara como assessor jurídico em um julgamento, tachando-o de "macaco varapau e desengonçado". Depois de trabalhar com ele, porém, Stanton o descreveu como "o mais perfeito condutor de homens que já conheci". À medida que as equipes se tornam cada vez mais predominantes, os doadores passam a ter mais oportunidades para demonstrar seu valor, como Lincoln fez.

Mesmo quando não se trabalha em equipe, boa parte das atuais ocupações está no setor de serviços. Nossos avós, em sua maioria, se dedicavam a atividades independentes, produzindo bens. Como nem sempre precisavam colaborar com outras pessoas, ser doador era altamente ineficiente. Na década de 1980, o setor de serviços representava cerca de metade do produto interno bruto (PIB) do mundo. Em 1995, já era responsável por quase dois terços do PIB mundial. Hoje, mais de 80% dos americanos trabalham em prestação de serviços.

À medida que o setor de serviços continua a se expandir,[21] cada vez mais clientes valorizam os fornecedores que construíram relacionamentos e reputações como doadores. Não importa se seu estilo de reciprocidade é basicamente de doador, tomador ou compensador – aposto que você prefere prestadores de serviços doadores. Você espera que seu médico, advogado, professor, dentista, encanador ou corretor de imóveis se empenhe mais em fornecer valor que em reivindicar valor. É por isso que David Hornik ostenta uma taxa de sucesso de 89%: os empreendedores sabem que, ao se dispor a investir em novas empresas, esse investidor de risco sempre considera em primeiro lugar os interesses deles. Enquanto muitos de seus concorrentes ignoram os empreendedores iniciantes, preferindo aplicar seus recursos escassos em ideias que já se revelaram promissoras, Hornik responde pessoalmente a e-mails de pessoas totalmente desconhecidas. "Sinto-me feliz ao ser o mais útil possível, independentemente do interesse econômico em si", afirma. De acordo com Hornik, o investidor de risco bem-sucedido é "um prestador de serviços". "Os empreendedores não estão aqui para servir aos investidores de risco", insiste. "Nós é que estamos aqui para servir aos empreendedores."

A ascensão da economia do setor de serviços esclarece por que os doadores têm as piores e as melhores notas nas faculdades de medicina. No estudo com os estudantes de medicina na Bélgica, os doadores tiraram notas bem mais baixas no primeiro ano do curso. Esse foi, porém, o único ano do curso de medicina em que os doadores apresentaram desempenho inferior. No segundo ano, os doadores já tinham preenchido a lacuna: passaram a se sair ligeiramente melhor que a média dos colegas. No sexto ano, os doadores obtiveram notas substancialmente mais altas que as dos colegas. O estilo doador, medido *seis anos antes*, era associado a notas baixas. No sétimo ano do curso, quando os doadores se tornavam médicos, a ascensão era nítida.

Mas por que será que a desvantagem do doador foi revertida com o passar do tempo, transformando-se em uma vantagem tão forte?

Nada mudou nos doadores, mas, sim, nos programas letivos. À medida que progrediam na escola de medicina, os alunos passavam a se dedicar menos a aulas expositivas, que medem o desempenho individual, e mais a atividades clínicas, residências médicas e atendimento aos pacientes. Quanto mais avançavam, mais o sucesso dependia do trabalho em equipe e da prestação de serviços. Com a mudança na natureza dos trabalhos, os doadores passaram a se beneficiar mais de suas tendências naturais para colaborar de maneira mais eficaz com outros profissionais de medicina e para expressar interesse e empatia pelos pacientes.

Essa vantagem do doador em atividades de serviços não se restringe de modo algum à medicina. Steve Jones, premiado ex-CEO de um dos maiores bancos da Austrália, queria saber o que contribuía para o sucesso dos consultores financeiros.²² A equipe dele estudou fatores-chave como expertise financeira e dedicação ao trabalho. Mas "o fator isolado mais influente", disse-me Jones, "era se o consultor financeiro colocava os interesses dos clientes à frente dos da empresa e até dos dele. A partir de então, uma de minhas três prioridades mais altas passou a ser difundir essa mentalidade nos prestadores de serviços e convencê-los de que o maior interesse de todos é tratar os clientes dessa maneira".

Um exemplo desse estilo doador é o australiano Peter Audet. Ele começou a carreira como representante de serviços aos clientes, atendendo a telefonemas para uma grande seguradora. No primeiro ano de trabalho, Peter ganhou o prêmio Personalidade do Ano, superando centenas de outros funcionários graças à dedicação aos clientes, e tornou-se o chefe de departamento mais jovem da empresa. Anos depois, quando Peter participou de um exercício de doar/tomar realizado com outros 15 executivos, estes, em média, ofereceram ajuda a três colegas. Peter se propôs a ajudar todos os 15. Ser um doador é tão natural para ele que Peter faz o que pode até mesmo pelos candidatos a emprego que não contrata, passando horas realizando ligações em busca de outras oportunidades para eles.

Em 2011, quando trabalhava como consultor financeiro, recebeu um telefonema de um cliente australiano querendo fazer mudanças em sua previdência privada estimada em US$70 mil. Um membro da equipe foi incumbido de atender ao cliente, mas, depois de consultar o cadastro, descobriu que o homem era um sucateiro. Pensando como compensador, recusou-se a visitá-lo: seria perda de tempo. Não justificaria o custo da hora de Peter, que cuidava de clientes de patrimônio alto, cujos fundos valiam milhares de vezes aquele dinheiro (o maior deles tinha um patrimônio superior a US$100 milhões). O investimento do sucateiro não justificaria nem mesmo a ida à casa dele. "Era um cliente minúsculo, e ninguém o queria", refletiu Peter. "Mas você não pode ignorar alguém simplesmente por não considerá-lo importante o bastante."

Peter marcou uma visita ao sucateiro, para ajudá-lo com a mudança de plano. Ao parar o carro diante da casa, ficou de queixo caído. A porta da frente estava coberta de teias de aranha e parecia que não era aberta havia meses. Dirigiu-se aos fundos da propriedade, onde um homem aparentando 35 anos abriu a porta. A sala de estar estava cheia de insetos e se via o céu através do telhado; todo o teto havia sido arrancado. O cliente fez um gesto para umas cadeiras dobráveis e Peter começou a ouvir suas intenções. Simpatizando com o sujeito, que parecia um trabalhador honesto, Peter fez uma oferta generosa: "Já que estou aqui, por que você não me fala um pouco da sua vida, para ver se posso ajudá-lo em algo mais?"

O cliente disse que adorava carros e levou-o para um galpão atrás da casa. Peter se preparou para outra exibição de pobreza, imaginando um monte de metal enferrujado. Ao entrar no galpão, porém, foi surpreendido. Dispostos diante dele, em condições imaculadas, viam-se um Chevy Camaro de primeira geração, produzido em 1966; dois Valiant australianos com motores de mil HP, para corrida; uma picape envenenada; e um Ford cupê turbinado ao estilo do filme *Mad Max*. O cliente não era um sucateiro, mas o proprietário de uma lucrativa empresa de sucata. Acabara de comprar a casa para reformá-la; o terreno tinha 45 mil metros quadrados e custara US$1,4 milhão. Peter passou o ano seguinte reformulando os negócios do cliente, melhorando sua situação tributária e ajudando-o na reforma da casa. "Tudo o que fiz começou com uma gentileza", observa Peter. "Ao chegar ao escritório no dia seguinte, tive que rir do colega que não estava preparado para dar um pouco de si, dirigindo até a casa de um cliente que lhe pareceu modesto." Peter desenvolveu um forte relacionamento com o cliente, cujos rendimentos se multiplicaram por 100 no ano seguinte, e espera continuar trabalhando com ele por décadas.

Ao longo da carreira, o espírito de doação permitiu que Peter Audet deparasse com oportunidades que os tomadores e os compensadores quase sempre deixam escapar, mas isso também lhe custou caro. Como se verá no Capítulo 7, ele foi explorado por dois tomadores que quase o expulsaram do mercado. Mesmo assim, conseguiu se erguer da base até o topo da pirâmide, tornando-se um dos consultores financeiros mais produtivos da Austrália. O segredo, acredita, foi aprender a aproveitar os benefícios e a minimizar os custos da generosidade. Como diretor-geral da Genesys Wealth Advisers, conseguiu salvar a empresa da falência e transformá-la em líder do setor de consultoria. Hoje, não tem dúvida em atribuir seu sucesso à mentalidade de doador. "Estou convencido de que fui bem-sucedido nos negócios por sempre me dispor a dar algo aos outros. É minha arma preferida", reconhece Peter. "E dizem que, quando disputo um cliente com outro consultor, é por esse motivo que eu ganho."

Embora as mudanças tecnológicas e organizacionais tenham tornado as doações ainda mais vantajosas, elas têm uma característica atemporal: quando refletimos sobre os princípios que guiam nossa vida, concluímos que muita gente é atraída intuitivamente para a generosidade. Nas últimas décadas, o respeitado psicólogo Shalom Schwartz investigou os valores e os princípios norteadores mais importantes para indivíduos de diferentes culturas em todo o mundo. Um de seus estudos pesquisou amostras representativas de milhares de adultos nos seguintes países: Austrália, Chile, Finlândia, França, Alemanha, Israel, Malásia, Países Baixos, África do Sul, Espanha, Suécia e Estados Unidos. Ele traduziu a pesquisa para os idiomas desses países e pediu aos participantes que avaliassem a importância de diferentes valores. Eis alguns exemplos:

Lista 1
- Riqueza (dinheiro, bens materiais)
- Poder (dominância, controle sobre outras pessoas)
- Prazer (aproveitar a vida)
- Vitória (fazer melhor que os outros)

Lista 2
- Solidariedade (trabalhar para o bem-estar alheio)
- Responsabilidade (ser confiável)
- Justiça social (cuidar dos desfavorecidos)
- Compaixão (atender às necessidades alheias)

Os tomadores preferem os valores da Lista 1, ao passo que os doadores priorizam os valores da Lista 2. Schwartz queria saber em que país a maioria das pessoas endossava os valores dos doadores. Volte à lista dos 12 países. Onde será que a maioria das pessoas prefere os valores dos doadores aos valores dos tomadores?

Em todos eles. Nos 12 países, a maioria das pessoas avalia a doação como o valor isolado mais importante, acima de poder, realização, liberdade, tradição, compatibilidade, segurança e prazer. Aliás, esse dado se provou verdadeiro em mais de 70 países – da Argentina à Armênia, da Bélgica ao Brasil, da Eslováquia a Cingapura.[23]

Até certo ponto, essas conclusões não são surpreendentes. Como pais, lemos para nossos filhos histórias que enfatizam a importância de compartilhar e de cuidar. Mas tendemos a compartimentar a doação, reservando outros conjuntos de valores para o âmbito do trabalho. Talvez gostemos de histórias virtuosas para os filhos, mas a popularidade de livros como *As 48 leis do poder* – para não mencionar o fascínio de muitos gurus de negócios por *A arte da guerra*, de Sun Tzu – sugere que não vemos muito espaço para os valores dos doadores na vida profissional.

Em consequência, até quem age como doador no trabalho teme admiti-lo.[24] Em 2011, conheci uma mulher chamada Sherryann Plesse, executiva de uma prestigiosa empresa de serviços financeiros. Tratava-se, sem dúvida, de uma doadora: ela passava horas orientando colegas mais jovens e se voluntariou para chefiar um programa de liderança para mulheres e uma iniciativa de levantamento de fundos para filantropia na empresa. "Meu padrão é doar", diz ela. "Não penso no 'toma lá dá cá'; tento fazer diferença e exercer impacto, e me concentro nas pessoas capazes de se beneficiar mais com a minha ajuda."

Para aprimorar suas habilidades, Sherryann participou de um programa de liderança com 60 executivos de empresas de todo o mundo. No intuito de identificar seus pontos fortes, submeteu-se a uma avaliação psicológica abrangente. Ela ficou chocada ao descobrir que seus principais atributos profissionais eram gentileza e compaixão. Receando que os resultados prejudicassem sua reputação de líder forte e vitoriosa, ela resolveu não comentá-los com ninguém. "Não queria que me considerassem menos séria, menos capaz", confidenciou Sherryann. "Estava condicionada a deixar meus sentimentos de lado e vencer. Esforçava-me para que me vissem, acima de tudo, como uma pessoa batalhadora e objetiva, não como gentil e compassiva. Nos negócios, às vezes é preciso usar várias máscaras."

O medo de ser considerado fraco ou ingênuo impede que muita gente se comporte como doador no trabalho. Várias pessoas que cultivam valores de doadores na vida pessoal preferem agir dentro do estilo de reciprocidade compensador em sua profissão, buscando o equilíbrio entre dar e receber. Os participantes de uma pesquisa deveriam responder se a abordagem básica deles no trabalho era doar, tomar ou compensar. Apenas 8% se descreveram como doadores; os outros 92% afirmaram não tender a contribuir com mais do que recebem no trabalho. Em outro estudo, constatei que, no escritório, o número de pessoas que preferem ser compensadoras é o triplo do de doadoras.

As pessoas que optam por doar ou compensar geralmente se sentem pressionadas a agir como tomadores quando percebem o ambiente de trabalho em que, para alguém ganhar, outro tem que perder.[25] Não importa que se trate de organizações com sistemas de classificação forçada, de um grupo de empresas que lutam por atrair os mesmos clientes, de escolas em que a distribuição das notas deve se enquadrar em determinada curva ou de mais demanda que oferta por empregos desejáveis, é natural assumir que os colegas tenham mais propensão para tomar do que para doar. "Quando percebem comportamentos de interesse próprio nos outros", explica Dale Miller, psicólogo de Stanford, as pessoas temem ser exploradas caso atuem como doadoras, concluindo que "adotar uma orientação competitiva é racional e adequado". Há evidências de que simplesmente vestir roupas mais formais e analisar um caso da Harvard Business School são fatores suficientes para reduzir significativamente a atenção aos relacionamentos pessoais e aos interesses alheios.[26] O medo de ser explorado pelos tomadores é tão generalizado, escreve Robert Frank, economista da Universidade Cornell, que, "ao nos induzir a esperar o pior dos outros, faz aflorar o pior em nós mesmos: para não parecermos tolos, relutamos em ouvir nossos instintos mais nobres".[27]

Doar é ainda mais arriscado quando se lida com tomadores, como David Hornik acredita que muitos dos investidores de risco mais bem-sucedidos do mundo operam – eles insistem em participações demasiado grandes nas startups dos empreendedores e reivindicam méritos indevidos quando os investimentos geram bons retornos. Hornik está decidido a mudar esses padrões. Quando um planejador financeiro lhe perguntou o que almejava na vida, a resposta foi: "Acima de tudo, quero demonstrar que o sucesso não tem que acontecer às custas dos outros."

Na tentativa de demonstrá-lo, Hornik transgrediu duas das normas mais consagradas do negócio de capital de risco. Em 2004, tornou-se o primeiro investidor de risco a lançar um blog. Como o capital de risco era uma verdadeira caixa-preta, Hornik convidou os empreendedores a participarem da iniciativa. Começou a compartilhar informações on-line abertamente, ajudando empreendedores a melhorar seus argumentos de vendas ao fornecer uma compreensão melhor da mentalidade dos investidores de risco. Os sócios de Hornik e sua assessoria jurídica tentaram dissuadi-lo de agir dessa maneira. Por que revelar segredos comerciais? Se outros investidores lessem o blog, poderiam roubar suas ideias, sem oferecer-lhe nada em troca. "A ideia de um investidor de risco falar para todo mundo o que estava fazendo era considerada insana", reflete Hornik. "Mas eu realmente queria estabelecer um diálogo com um amplo conjunto de empreendedores e transmitir-lhes algo útil." Os críticos estavam certos: "Muitos investidores de risco acabaram lendo o blog. Depois que mencionei empresas específicas em que estava interessado, os negócios ficaram mais competitivos." Mas Hornik estava disposto a pagar o preço. "Meu foco se concentrava em criar valor para os empreendedores", diz, e manteve o blog ao longo dos últimos anos.

A segunda iniciativa não convencional de Hornik resultou da frustração dele com a monotonia dos palestrantes nas conferências. Na faculdade, ele se associara a um professor na elaboração de uma plataforma de palestras, com o objetivo de atrair ao campus pessoas interessantes. Entre os convidados estavam o inventor do jogo Dungeons & Dragons, o campeão mundial de ioiô e o criador dos personagens de desenho animado Papa-Léguas e Coiote para a Warner Bros. Em comparação, os palestrantes nos eventos de capital de risco e de tecnologia não correspondiam às expectativas. "Percebi que meu intuito ao comparecer a essas conferências não era ouvir os palestrantes – eu passava todo o tempo no lobby conversando com as pessoas sobre o que estavam fazendo. O verdadeiro valor desses eventos estava nos bate-papos e nos relacionamentos promovidos entre os participantes. Então me perguntei: e se as conferências se resumissem a conversas e relacionamentos, deixando de lado o conteúdo?"

Em 2007, Hornik planejou sua primeira conferência anual, denominada The Lobby, com o objetivo de reunir empreendedores para trocar ideias sobre as novas mídias. Ele estava investindo US$400 mil na iniciativa e muita gente tentou dissuadi-lo. "Você pode destruir a reputação da empresa", advertiram, insinuando que, em caso de fracasso, a carreira dele poderia ser arruinada. Mas ele persistiu e, na hora de enviar os convites, fez o impensável: convidou investidores de risco de empresas rivais.

Vários colegas acharam que ele estava louco. Se conhecesse um empreendedor com uma ideia quente em The Lobby, Hornik estaria em posição vantajosa para conseguir o investimento. Por que se disporia então a abrir mão dessa vantagem e ajudar os concorrentes na busca de oportunidades? Mais uma vez Hornik ignorou os críticos. "Quero criar uma experiência que beneficie a todos, não apenas a mim mesmo." Um dos investidores de risco presentes gostou tanto do formato que lançou seu próprio evento no estilo The Lobby, mas não convidou Hornik – nem qualquer outro investidor de risco. Os sócios não permitiram. Hornik, entretanto, continuou convidando investidores de risco para seu evento.

David Hornik reconhece os custos de operar como doador. "Há quem ache que estou me iludindo. Acreditam que só se consegue algo quando se é um tomador", diz. Se fosse mais tomador, provavelmente não escutaria argumentos de vendas não solicitados, não responderia pessoalmente aos e-mails, não compartilharia informações com os concorrentes em seu blog nem convidaria os rivais para participar da conferência The Lobby. Cuidaria melhor do próprio tempo, guardaria o conhecimento para si mesmo e aproveitaria com mais cuidado os contatos. Se fosse mais compensador, exigiria contrapartida dos investidores de risco que participassem de The Lobby mas não o convidassem para os próprios eventos. Hornik, porém, se importa mais com as necessidades alheias do que com o que recebe dos outros. Tem sido extremamente bem-sucedido como investidor de risco sem abrir mão de seus valores e é muito respeitado por sua generosidade. "É uma situação em que todos ganham", reflete Hornik. "Crio um ambiente em que outras pessoas podem fazer negócios e construir relacionamentos, e vivo no mundo em que quero viver." A experiência dele reforça a conclusão de que doar não é apenas profissionalmente arriscado, mas também profissionalmente recompensador.

Compreender por que doar pode ser ao mesmo tempo poderoso e perigoso é o foco deste livro. A primeira parte revela os princípios do êxito dos doadores, esclarecendo como e por que eles chegam ao topo. Mostrarei como doadores bem-sucedidos adotam métodos singulares de interação em quatro áreas-chave: networking (rede de contatos), colaboração, avaliação e influência.

A análise mais cuidadosa do networking destaca novas maneiras de desenvolver conexões com os novos contatos e de fortalecer os vínculos com os antigos. O exame da colaboração mostra o que é necessário para trabalhar produtivamente com os colegas e para conquistar o respeito deles. O estudo da avaliação sugere técnicas para julgar outras pessoas e para levá-las a dar o melhor de si. Por fim, a análise da influência lança luz sobre novas estratégias para se apresentar, vender, persuadir e negociar, tudo no intuito de convencer os outros a apoiar nossas ideias e interesses. Nessas quatro áreas, mostraremos o que os doadores fazem de diferente – e o que os tomadores e os compensadores podem aprender com os métodos deles. Durante o percurso, você descobrirá como o maior especialista em networking dos Estados Unidos desenvolveu suas conexões; por que o gênio criativo de um dos programas mais populares da história da televisão trabalhou duro durante anos no anonimato; de que maneira um executivo do basquetebol, depois de sofrer numerosos fracassos em campanhas de recrutamento de talentos promissores, deu uma guinada; se um advogado que tropeça nas palavras pode vencer outro advogado com o dom da oratória; e como identificar um tomador apenas analisando o perfil dele no Facebook.

Na segunda parte do livro, o foco se deslocará dos *benefícios* para os *custos* de doar, e para a melhor maneira de gerenciá-los. Mostrarei como os doadores se protegem contra o esgotamento mental e físico no trabalho e não se tornam ingênuos nem submissos. Você descobrirá como uma professora combateu a exaustão passando a doar mais, não menos; como um bilionário ganhou dinheiro distribuindo-o; e como determinar o número ideal de horas de voluntariado, se quiser aumentar a felicidade e prolongar a vida. Também verá como a doação retardou a promoção de um consultor para sócio da empresa mas acelerou a de outro; por que erramos na identificação dos doadores e dos tomadores; e como os doadores se protegem na mesa de negociação. Compreenderá melhor como os doadores evitam atolar na base da escala de sucesso e avançam para o topo tornando outras pessoas mais propensas a doar que a tomar. Também aprenderá um exercício de 90 minutos que reforça a capacidade de doação de maneira extraordinária; entenderá por que as pessoas distribuem de graça o que poderiam vender com facilidade; e encontrará algumas curiosidades.

Ao terminar a leitura deste livro, é provável que você reconsidere algumas das suas premissas básicas sobre o sucesso. Se você for um doador que se autossacrifica, encontrará muitas ideias para se erguer da base para o topo da escala de sucesso. Caso concorde com os valores dos doadores mas se comporte no trabalho como tomador, é provável que se surpreenda com a profusão de oportunidades para expressar seus valores e descobrir significado em ajudar os outros sem comprometer o próprio sucesso. Em vez de almejar o sucesso primeiro para doar depois, talvez você conclua que doar primeiro é um caminho promissor para alcançar o sucesso mais tarde. E, caso você hoje se sinta mais inclinado a tomar, talvez se veja tentado a doar, esforçando-se para dominar as habilidades desse grupo cada vez mais numeroso de pessoas que conquistam o sucesso ajudando os outros.

2

Networking

Como os doadores, os tomadores e os compensadores constroem redes de relacionamentos

Todo ser humano precisa decidir se caminhará sob a luz do altruísmo criativo ou na escuridão do egoísmo destrutivo.

– Martin Luther King Jr., ativista pelos direitos civis e ganhador do Prêmio Nobel da Paz[1]

Várias décadas atrás um homem que começou a vida na pobreza realizou o "sonho americano". De origem humilde, cresceu na área rural do Missouri, em uma casa sem água encanada. Para ajudar a família, o jovem faria longas jornadas de trabalho em fazendas e entregando jornais. Fez o curso superior na Universidade do Missouri, graduou-se com honras, completou o mestrado e, por fim, o doutorado em economia. Dedicou-se ao serviço público, alistando-se na Marinha, e depois exerceu várias funções importantes no governo dos Estados Unidos. Daí construiu a própria empresa, da qual foi CEO durante 15 anos. Ao se afastar, a empresa valia US$110 bilhões, com mais de 20 mil empregados em mais de 40 países. Durante cinco anos consecutivos, a revista *Fortune* considerou-a a empresa mais inovadora dos Estados Unidos e um dos 25 melhores lugares para se trabalhar no país. Quando lhe perguntaram sobre as razões de tanto sucesso, ele reconheceu a importância do respeito, de tratar os outros como gostaria de ser tratado, da integridade absoluta e afirmou: "Todos sabem que, pessoalmente, sigo um código de conduta muito rigoroso que orienta a minha vida." Esse homem constituiu uma fundação filantrópica familiar, doando mais de US$2,5 milhões a mais de 250 organizações, e distribuía 1% do lucro anual da megaempresa a instituições de caridade. Tudo isso atraiu a atenção do ex-presidente George W. Bush, que o elogiou como "um cara legal" e "uma pessoa generosa".

Até que foi indiciado.

O nome dele é Kenneth Lay, mais lembrado como o principal vilão do escândalo da Enron,[2] empresa que atuava nos setores de energia, commodities e como corretora de valores, com sede em Houston. Em outubro de 2001, a empresa perdeu US$1,2 bilhão em patrimônio líquido, depois de divulgar prejuízo de US$618 milhões no terceiro trimestre, a maior revisão de resultados na história dos Estados Unidos. Em dezembro, a Enron faliu, deixando 20 mil desempregados. Os investigadores descobriram que a Enron havia enganado os investidores ao divulgar falsos lucros e ao ocultar dívidas superiores a US$1 bilhão; além de manipular os mercados de energia na Califórnia e no Texas e de vencer licitações internacionais por meio de suborno de governos estrangeiros. Lay foi condenado por conspiração e fraude.

Não se tem certeza de até que ponto Lay realmente sabia das atividades ilegais da Enron, mas é difícil negar que ele era um tomador. Ainda que tenha parecido um doador para muitos observadores, não passava de um farsante: um tomador disfarçado. Lay se considerava no direito de usar os recursos da Enron em proveito próprio. Conforme Bethany McLean e Peter Elkind o descrevem em *The Smartest Guys in the Room* (livro que deu origem ao documentário *Os mais espertos da sala*), Lay pegou empréstimos exorbitantes na empresa e obrigava seu pessoal a lhe servir lanches em bandejas de prata e em porcelanas chinesas. Uma secretária um dia tentou reservar um avião da Enron para um executivo em viagem de negócios, mas constatou que a família Lay estava ocupando três aviões da empresa em viagens pessoais. Em 1997 e 1998, a Enron pagou US$4,5 milhões em comissões a uma agência de viagens de propriedade de uma irmã de Lay.

De acordo com as acusações, ele vendeu mais de US$70 milhões em ações pouco antes da falência, como que levando o tesouro do naufrágio. Esse comportamento já era previsível na década de 1970, quando ele trabalhava na Exxon. Um chefe escreveu uma carta de referência muito elogiosa a Lay, mas advertindo que "talvez fosse muito ambicioso". Os observadores agora acreditam que já em 1987, na Enron Oil, Lay tenha aprovado e ajudado a ocultar as atividades de dois operadores de mercado que haviam constituído duas empresas de fachada e tinham roubado US$3,8 milhões, disfarçando grandes prejuízos da empresa em operações de mercado. Quando as perdas foram descobertas, a Enron Oil divulgou prejuízo de US$85 milhões. Lay, contudo, negou conhecimento e responsabilidade: "Se alguém for capaz de afirmar que eu sabia, que se levante." De acordo com McLean e Elkind, um operador começou a se erguer da cadeira, mas foi contido por dois colegas.

Como será que um tomador alcança tamanho sucesso? Ele conhecia pessoas. Ken Lay lucrou muito usando os recursos financeiros da empresa como se fossem próprios, mas grande parte do sucesso com que promoveu o crescimento da Enron foi conquistada à maneira antiga: Lay teceu uma rede de contatos influentes e explorou-a em benefício de si mesmo. Ele se revelou um mestre nisso desde o começo. Na faculdade, impressionou um professor de economia, Pinkney Walker, e iniciou sua ascensão aproveitando-se das conexões dele. O professor o ajudou a conseguir trabalho como economista no Pentágono e, depois, como assessor-chefe na Casa Branca, durante a administração Nixon.

Em meados da década de 1980, Lay tornou-se presidente da Enron, depois de planejar a mudança da empresa para Houston após uma operação de fusão. Ao consolidar seu poder, começou a paparicar manipuladores do poder político, capazes de defender os interesses da Enron. Colocou o irmão de Pinkney Walker, Charles, no conselho de administração e cultivou o relacionamento com George Bush pai, então candidato a presidente. Em 1990, Lay copresidiu uma importante Reunião de Cúpula dos Países Industrializados para Bush, em Houston, encenando um espetáculo impressionante e encantando a multidão, que incluía a primeira-ministra britânica Margaret Thatcher, o chanceler alemão Helmut Kohl e o presidente francês François Mitterrand. Depois que Bush pai perdeu a reeleição para Bill Clinton, Lay se apressou em procurar um aliado, um importante assessor do presidente eleito. Em pouco tempo, Lay jogava golfe com o novo presidente. Vários anos depois, quando George W. Bush chegou ao poder, Lay mais uma vez recorreu às suas ligações para fazer lobby pela desregulamentação do mercado de energia e conseguiu importantes posições no governo do Texas e na Casa Branca para seus aliados, influenciando as políticas públicas em favor da Enron. Em quase todas as fases da carreira, Lay foi capaz de melhorar drasticamente as perspectivas da empresa – e as próprias – usando contatos privilegiados.

Durante séculos reconhecemos a importância do networking. De acordo com Brian Uzzi, professor de administração na Northwestern University, as redes de relacionamentos oferecem três importantes vantagens: informações privilegiadas, habilidades variadas e poder.[3] Ao desenvolver um forte networking, pode-se obter um acesso inestimável a informações, expertise e influência. Muitas pesquisas demonstram que pessoas com amplas redes de relacionamentos conseguem melhores avaliações de desempenho, são promovidas com mais rapidez e ganham mais dinheiro. E, como essas redes se baseiam em interações e conexões pessoais, também servem como um laboratório poderoso para compreender o impacto dos estilos de reciprocidade sobre o sucesso. Como os indivíduos interagem nas redes de relacionamentos e quais são os propósitos delas?

Por um lado, a própria noção de networking com frequência recebe uma conotação negativa. Quando conhecemos alguém que expressa entusiasmo por novas conexões, frequentemente ficamos pensando se a pessoa está agindo dessa maneira por estar realmente interessada em questões que serão benéficas para ambas as partes ou se simplesmente quer conseguir algo para proveito próprio. Em algum momento da vida, você já deve ter se sentido frustrado ao lidar com certos tipos astutos e cheios de lábia que se mostram simpáticos ao pedirem favores mas que acabam apunhalando-o pelas costas – ou apenas ignorando-o – depois de conseguirem o que queriam. Esse estilo manipulador de networking compromete todo o esforço como um exercício maquiavélico, uma atividade egoísta em que as pessoas fazem conexões com o único intuito de promover os próprios interesses. Por outro lado, os doadores e compensadores geralmente veem esse processo como uma maneira fascinante de se conectar com novas pessoas e ideias. Ao longo de nossa vida profissional e privada, acabamos conhecendo muitas pessoas, e, como todos temos diferentes conhecimentos e recursos, faz sentido recorrer a elas em busca de ajuda, conselhos e recomendações. Isso suscita uma questão fundamental: as pessoas podem construir redes de relacionamentos com abrangência e profundidade usando diferentes estilos de reciprocidade? Ou será que certos estilos propiciam conexões mais produtivas?

Neste capítulo, quero examinar como os doadores, os tomadores e os compensadores desenvolvem redes de relacionamentos basicamente distintas e por que suas interações dentro delas envolvem peculiaridades diferentes e produzem consequências diversas. Você verá como os doadores e os tomadores as constroem e as gerenciam conforme o próprio estilo, aprenderá a identificar certas pistas que cada um deles deixa no percurso e até descobrirá como poderíamos ter reconhecido os tomadores da Enron quatro anos antes do colapso da empresa. Por fim, demonstrarei que, embora doadores e tomadores possam dispor de networkings igualmente amplos, os doadores são capazes de produzir um valor muito mais duradouro por meio de suas redes.

Em 2011, a revista *Fortune* conduziu uma extensa pesquisa para identificar as melhores pessoas em networking dos Estados Unidos. O objetivo era usar as redes sociais on-line para descobrir quem tinha mais conexões com as pessoas mais poderosas do país. Os pesquisadores reuniram as listas da revista *Fortune* abrangendo os CEOs das 500 maiores empresas, as 50 pessoas mais inteligentes em tecnologia, as 50 mulheres mais poderosas e as 40 principais estrelas em ascensão no mundo dos negócios com menos de 40 anos. Em seguida cruzaram esse rol de 640 indivíduos poderosos com todo o banco de dados do LinkedIn, rede social profissional que conta com mais de 250 milhões de usuários.

O campeão estava conectado no LinkedIn a mais desses 640 mandachuvas da *Fortune* que qualquer outro indivíduo no planeta. No total, suas conexões no LinkedIn eram superiores a 3 mil, inclusive com o cofundador da Netscape, Marc Andreessen; o cofundador do Twitter, Evan Williams; a cofundadora do Flickr, Caterina Fake; o cofundador do Facebook, Dustin Moskovitz; e o cofundador do Napster, Sean Parker. Como você verá adiante, esse campeão de contatos extraordinário é um doador. "Ainda que pareça um contrassenso, quanto mais altruísta for sua atitude, mais benefícios você extrairá dos relacionamentos", escreve o fundador do LinkedIn, Reid Hoffman.[4] "Ao se dispor a ajudar os outros", explica, "você rapidamente reforça sua reputação e expande seu universo de possibilidades." Em parte, como explicarei, isso tem a ver com a maneira como as próprias redes de relacionamentos mudaram e continuam evoluindo. O cerne de minha pesquisa, no entanto, consiste em explorar como as motivações com que abordamos o networking determinam a força e a abrangência dessas conexões, além da maneira como a energia flui através delas.

Identificando os tomadores disfarçados de doadores

Se alguma vez você ficou na defensiva ao conhecer um colega, pode ter sido um ato involuntário. Ao percebermos a chegada de um tomador, assumimos uma atitude autoprotetora, fechando a porta de nossas redes de relacionamentos e contendo impulsos de confiança e ajuda. Para não bater com a cara na porta, muitos tomadores se tornam bons farsantes, agindo com generosidade para se infiltrarem em nossas conexões disfarçados de doadores ou compensadores. Por quase duas décadas, isso funcionou para Ken Lay, cujos atos generosos e contribuições para a caridade fizeram com que as pessoas o vissem com bons olhos, abrindo portas para novos contatos e fontes de ajuda.

Mas talvez seja difícil para os tomadores manter a fachada falsa em todas as suas interações. Ken Lay era charmoso ao se envolver com pessoas poderosas em Washington, mas muitos de seus colegas e subordinados detectaram a verdadeira personalidade dele. Um ex-empregado da Enron recordou: "Se você quisesse que Lay participasse de uma reunião, tinha que convidar alguém importante." Embora os tomadores costumem ser dominadores e controladores com os subordinados, são surpreendentemente submissos e solícitos com os superiores. Quando lidam com pessoas poderosas, tornam-se impostores convincentes. Como querem ser admirados por pessoas influentes, eles se esforçam ao máximo para serem charmosos e bajuladores. Como consequência, os indivíduos que são alvo de toda essa atenção especial tendem a formar ótimas impressões dos tomadores.[5] Três psicólogos alemães constataram que, quando estranhos se encontram pela primeira vez, os que causam a melhor impressão inicial são aqueles com "senso de poder e tendência de manipular e explorar os outros".

Os tomadores em geral fingem muito bem quando querem agradar. Em 1998, quando analistas de Wall Street visitaram a Enron, Lay convocou 70 empregados para atuarem como operadores de mercado, na esperança de impressionar os analistas com o ritmo frenético das atividades na empresa. Lay se empenhou em imprimir o máximo de realismo à encenação, até pedindo aos "atores" que melhorassem o "cenário" com fotos pessoais, como se de fato aqueles fossem seus postos de trabalho. Durante o "espetáculo", fingiam falar ao telefone, como se estivessem comprando e vendendo energia. Esse é mais um sinal de que Lay era um tomador: tinha obsessão por causar boa impressão para aqueles acima dele, mas pouco se importava com a maneira como era visto pelos subordinados. É como Samuel Johnson teria escrito: "A melhor maneira de avaliar alguém é ver como trata as pessoas que não lhe podem oferecer absolutamente nada."

Os tomadores podem subir na vida com bajulação, mas costumam cair ao menosprezar aqueles a quem não dão valor. Ao tentar impressionar os analistas de Wall Street, Lay explorou os empregados, obrigando-os a comprometer a própria integridade ao encenarem uma farsa. As pesquisas mostram que, ao se tornarem poderosas, as pessoas passam a se sentir mais fortes e mais confiantes, sujeitas a menos restrições e mais dispostas a expressar suas tendências naturais. Prestam menos atenção à maneira como são percebidas pelos demais, tanto ao lado quanto abaixo deles, e se consideram detentoras do direito de perseguir objetivos egoístas e reivindicar para si tanto valor quanto possível.[6] Com o tempo, os maus-tratos dispensados a colegas e a subordinados comprometem seus relacionamentos e sua reputação. Afinal, as pessoas, em sua maioria, são compensadoras: seus valores centrais enfatizam a justiça, a igualdade e a reciprocidade. Quando os tomadores transgridem esses princípios, os compensadores, em suas redes de relacionamentos, se empenham em fazer justiça, conforme o princípio do olho por olho, dente por dente.

Como exemplo, imagine que você esteja participando de um estudo famoso, liderado por Daniel Kahneman, psicólogo de Princeton, ganhador do Prêmio Nobel.[7] Você está sentado diante de um estranho, que recebeu uma nota de US$10. A tarefa dele é lhe propor a divisão do dinheiro entre os dois. Você pode aceitar a proposta tal como é apresentada e ficar com parte do dinheiro, ou rejeitá-la, situação em que ambos não recebem nada. É provável que os dois nunca mais se encontrem. O outro jogador atua como tomador e lhe propõe ficar com US$8 e dar-lhe apenas US$2. O que você faz?

Em termos de lucro imediato, o racional é aceitar a proposta. Afinal, ficar com US$2 é melhor que nada. Mas, se você for como a maioria das pessoas, rejeitará a proposta. Preferirá sacrificar o dinheiro e punir o tomador por ser injusto, saindo com nada apenas para evitar que ele ganhe US$8. Foi comprovado que a maior parte dos indivíduos nessa situação rejeita propostas com esse grau de assimetria, algo da ordem de 80% ou mais para o proponente.*

Por que punir os tomadores por serem desleais? O propósito não é se vingar do tomador por querer levar vantagem – trata-se de justiça. Se você for compensador, também punirá o tomador por agir de maneira injusta com *outras* pessoas. Em outro estudo conduzido por Kahneman, os participantes tinham a escolha de dividir US$12 em partes iguais com um *tomador* que já havia feito uma proposta injusta no passado ou dividir US$10 também em partes iguais com um *compensador* que já tinha feito uma proposta justa no passado. Mais de 80% das pessoas preferiram dividir US$10 equitativamente com o compensador, aceitando US$5 em vez de US$6, para evitar que o tomador recebesse US$6.

---

* Curiosamente, é raro que os proponentes sugiram algo tão injusto. Mais de três quartos propõem uma divisão perfeitamente uniforme, agindo como compensadores.

Novas pesquisas mostram que, quando são exploradas pelos tomadores, as pessoas os punem, divulgando informações prejudiciais à reputação deles.[8] "A fofoca representa uma forma de punição difundida, eficiente e barata", escrevem os cientistas sociais Matthew Feinberg, Joey Cheng e Robb Willer. Ao receber a informação de que alguém tende a agir como tomador, podemos desconfiar e evitar a exploração. Com o passar do tempo, à medida que se espalha a má reputação, os tomadores acabam rompendo os laços existentes e queimando as pontes que os conectariam a novos relacionamentos. Quando a tendência espoliadora de Ken foi revelada, muitos de seus antigos aliados – incluindo a família Bush – se afastaram dele. É como explica Wayne Baker, sociólogo e especialista em networking da Universidade de Michigan: "Se criarmos redes de relacionamentos com a única intenção de *conseguir algo*, não seremos bem-sucedidos. Não podemos *perseguir* os ganhos das redes de relacionamentos; os benefícios são consequências naturais da dedicação a atividades e relacionamentos significativos."[9]

Antes de nos empenharmos nos relacionamentos, porém, precisamos ser capazes de reconhecer os tomadores nas interações cotidianas. Para muita gente, o grande desafio do networking consiste em descobrir as motivações ou as intenções de um novo conhecido, sobretudo depois de termos visto que os tomadores podem ser muito hábeis em se apresentar como doadores quando detectam ganhos potenciais. Seu novo colega está de fato interessado em uma conexão autêntica ou simplesmente em busca de ganhos pessoais? Tem como fazer essa distinção?

Felizmente, as pesquisas mostram que os tomadores deixam pistas.

Em um estudo que se tornou referência, os professores de estratégia Arijit Chatterjee e Donald Hambrick pesquisaram mais de uma centena de CEOs em empresas de computação.[10] Analisaram os relatórios anuais de cada empresa de um período de mais mais de 10 anos em busca de sinais de tomadores. O que encontraram mudaria para sempre a maneira como vemos a liderança.

Suas conclusões indicam que poderíamos ter previsto o colapso da Enron já em 1997, sem jamais ter conhecido Ken Lay pessoalmente nem ter examinado uma única demonstração financeira da empresa. Os indícios da queda da Enron estavam visíveis em uma única imagem, captada quatro anos antes da derrocada da Enron. Dê uma olhada nas duas fotos de CEOs a seguir, extraídas dos relatórios anuais das empresas. Ambos começaram a vida na pobreza, trabalharam na administração Nixon, fundaram suas empresas, tornaram-se CEOs ricos e doaram somas substanciais à filantropia.

Você poderia dizer, pelas fisionomias – ou pelas roupas –, qual dos dois era um tomador?

A foto da esquerda é de Jon Huntsman Sr., doador que conheceremos no Capítulo 6, tirada do relatório anual de 2006 da empresa dele. A da direita é de Ken Lay. Milhares de especialistas analisaram as demonstrações financeiras da Enron, mas não perceberam um fato importante: uma imagem realmente vale mais que mil palavras. Se houvéssemos analisado com mais cuidado os relatórios da Enron, teríamos reconhecido os sinais de um tomador.

Mas esses presságios não estão onde eu esperava encontrá-los – não se situam no semblante nem no vestuário dos CEOs. No estudo de CEOs da indústria da computação, Chatterjee e Hambrick intuíram que os tomadores veriam a si mesmos como o sol do sistema planetário de suas empresas. Eles descobriram várias pistas de tomadores se exibindo no patamar mais elevado. E também detectaram um indício nas entrevistas com os CEOs: uma vez que tendem a ser egocêntricos, os tomadores se mostram mais propensos a usar pronomes singulares na primeira pessoa, como *eu, me, mim, comigo, meu* – em comparação com pronomes plurais na primeira pessoa, como *nós, nos, conosco, nosso*. No setor de computação, ao se referirem às empresas, 21% dos pronomes usados pelos CEOs na primeira pessoa estavam, em média, no singular. No caso de tomadores extremos, eram 39%. De cada 10 palavras que os CEOs tomadores proferiam referindo-se a si mesmos, quatro eram só sobre eles, não envolvendo mais ninguém.

Outro indicador era a remuneração: os CEOs tomadores ganhavam muito mais que os outros altos executivos de suas empresas. No setor de computação, um típico CEO tomador recebia mais de três vezes o salário anual mais as bonificações de qualquer outro gestor ou profissional da organização. A média do setor era até uma vez e meia a remuneração do segundo executivo mais bem remunerado. Os CEOs tomadores também recebiam opções de ações e outras formas de remuneração não pecuniárias correspondentes a sete vezes à do executivo imediatamente abaixo na escala de remuneração, em comparação com a média setorial de duas vezes e meia.*

A pista mais interessante, porém, estava nos relatórios anuais que as empresas preparavam para os acionistas a cada ano. A seguir estão os retratos de Ken Lay e de Jon Huntsman Sr. que mostrei antes, mas, desta vez, dentro do contexto.

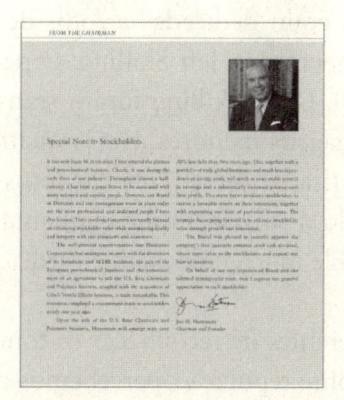

A imagem da esquerda apareceu no relatório anual de 2006 de Huntsman. A foto dele é mínima, ocupando menos de 10% da página. A foto à direita apareceu no relatório de 1997 da Enron, e ocupa toda a página.

Quando Chatterjee e Hambrick analisaram os relatórios anuais das empresas de computação, perceberam diferenças drásticas no destaque conferido às imagens dos CEOs. Em alguns relatórios anuais, nem havia fotos deles; em outros, viam-se fotos de página inteira. Você consegue adivinhar quem eram os tomadores?

Para os CEOs tomadores, tudo se resume no *eu*. Uma grande foto é evidência de autoelogio, enviando a mensagem clara: "Sou a principal figura

---

* No estudo da indústria da computação, as empresas comandadas por CEOs tomadores apresentavam um desempenho mais flutuante, com oscilações mais amplas entre os extremos. Tinham maiores lucros e maiores prejuízos. Como se mostravam extremamente confiantes em suas apostas, os tomadores eram muito ousados. Faziam manobras arrojadas e perigosas, como aquisições grandiosas e guinadas radicais. Às vezes, as iniciativas produziam bons resultados, mas, no longo prazo, os tomadores frequentemente prejudicavam suas empresas.

desta empresa." Mas será este realmente um indício de que alguém é um tomador? Para descobrir, Chatterjee e Hambrick pediram a analistas de segurança de dados especializados no setor de tecnologia da informação para classificar os CEOs avaliando se cada um deles tinha "um senso de ego inflado, que se refletia em sentimentos de superioridade e poder, assim como na necessidade constante de apreciação e admiração (...), gostando de se situar no centro das atenções, insistindo em ser alvos de demonstrações de respeito e cometendo atos que evidenciem exibicionismo e arrogância". As avaliações dos analistas apresentaram uma correlação quase perfeita com o tamanho das fotos dos CEOs.

Naquele relatório de 1997 da Enron, os holofotes convergiam para Ken Lay. Das primeiras nove páginas, duas eram dedicadas a fotos de página inteira do CEO e do então diretor de operações, Jeff Skilling. O padrão se manteve em 1998 e em 1999. Em 2000, Lay e Skilling foram transferidos para as páginas quatro e cinco, com imagens menores. Havia quatro fotos diferentes de cada um, como em uma tira de filme. Três das fotos de Lay eram praticamente idênticas, mostrando o sorriso sutil e confiante de um executivo que se considerava especial. (Ele morreu de ataque cardíaco antes da condenação.)

Até agora, vimos duas maneiras diferentes de reconhecer os tomadores. Primeira, quando temos informações sobre reputação, percebemos como as pessoas tratam as outras em suas redes de relacionamentos. Segunda, quando temos condições de observar as ações dos tomadores e as pegadas deixadas por eles, podemos buscar sinais desse estilo de reciprocidade. Imagens engrandecedoras, conversas egocêntricas e grandes diferenças de remuneração entre o CEO e os outros altos executivos são indícios confiáveis de que alguém é tomador. Em consequência de algumas mudanças drásticas no mundo desde 2001, esses sinais são identificados hoje com mais facilidade que em qualquer outra época. As redes de relacionamentos se tornaram mais transparentes, oferecendo-nos novas janelas pelas quais a reputação pode ser devassada.

A rede transparente

Em 2002, poucos meses depois do colapso da Enron, o cientista da computação Jonathan Abrams fundou a Friendster, criando a primeira rede social on-line do mundo. A Friendster permitia que as pessoas criassem seus perfis e difundissem seus contatos. Nos dois anos seguintes, diferentes empreendedores lançaram outras redes sociais, como LinkedIn, Myspace e Facebook. Pessoas que não se conheciam passaram a ter acesso às conexões e reputações umas das outras. Em 2012, a população mundial chegou a sete bilhões. Na mesma época, os usuários ativos do Facebook se aproximaram de um bilhão, ou seja, mais de 10% das pessoas de todo o mundo estavam conectadas ao Facebook. "As redes sociais sempre existiram", escreveram os psicólogos Benjamin Crosier, Gregory Webster e Haley Dillon. "[Mas] apenas recentemente a internet ofereceu meios para a sua explosão eletrônica (...). Desde trocas triviais, passando pela busca do amor de sua vida, até a convocação para revoluções políticas, é através das redes de contatos que se difundem informações e recursos."[11]

Essas conexões on-line estimularam uma característica típica dos velhos tempos. Antes de as revoluções tecnológicas terem promovido as comunicações por telefone e e-mail e as viagens de automóvel e avião, as pessoas mantinham uma quantidade relativamente gerenciável de laços sociais em círculos transparentes, estreitamente conectados. Dentro dessas redes de relacionamentos isoladas, era mais fácil levantar informações sobre reputações e observar os sinais do estilo de reciprocidade. À medida que os meios de comunicação e de transporte avançavam e as populações cresciam, as interações se tornavam mais dispersas e anônimas. As reputações e os sinais ficaram menos visíveis. Foi por isso que Ken Lay conseguiu ocultar boa parte de sua espoliação. À medida que se deslocava entre posições e organizações, seus contatos nem sempre tinham acesso fácil uns aos outros, e as novas pessoas que entravam em sua rede de relacionamentos não possuíam muitas informações sobre a reputação dele. Na Enron, essas ações espontâneas não eram documentadas no YouTube, transmitidas pelo Twitter, catalogadas com facilidade numa pesquisa do Google, nem postadas anonimamente em blogs internos ou na intranet da empresa.

Agora é muito mais difícil para os tomadores encenarem a farsa, ludibriando os outros e induzindo-os a considerá-los doadores. Na internet, podemos levantar informações sobre a reputação de nossos contatos, acessando bancos de dados públicos e analisando suas conexões. E não mais precisamos vasculhar os relatórios anuais das empresas para identificar os tomadores, uma vez que os sinais reveladores, em seus muitos tamanhos e formas, são abundantes nos perfis das redes sociais. Pistas minúsculas, como palavras e fotos, podem denunciar indícios profundos a nosso respeito.

Além disso, as pesquisas sugerem que as pessoas comuns podem identificar os tomadores apenas vendo seus perfis no Facebook.[12] Em um estudo, os psicólogos pediram aos participantes que respondessem um questionário cujos resultados mediam até que ponto eram tomadores. Depois solicitaram a desconhecidos que visitassem as páginas dos participantes no Facebook e apontassem os tomadores. Seu índice de acertos foi impressionante.

Os tomadores postavam informações consideradas mais egocêntricas e que os promoviam mais. Transcreviam citações julgadas arrogantes. Também tinham muito mais amigos no Facebook, acumulando conexões superficiais para alardear suas realizações e para preservar contatos capazes de render favores, além de publicarem fotos mais enaltecedoras de si mesmos.

Howard Lee, ex-chefe da filial do Groupon no sul da China, se inclui entre as pessoas que usam cada vez mais as mídias sociais para detectar tomadores.[13] Nas contratações de vendedores, muitos dos candidatos se mostravam agressivos, dificultando que ele distinguisse tomadores de outros que eram meramente gregários e motivados. Lee se entusiasmou por um candidato que tinha um currículo brilhante, se destacara na entrevista e apresentara referências convincentes. Mas o candidato poderia estar representando. "Conversar com alguém durante uma hora lhe oferece apenas uma ideia vaga, a ponta do iceberg", pensou Lee, "e as referências foram escolhidas por ele mesmo." Um tomador encontraria com facilidade alguns chefes dispostos a passar boas recomendações.

Com isso em mente, Lee acessou as redes LinkedIn e Facebook e encontrou um amigo em comum, que compartilhou algumas informações perturbadoras sobre o candidato. "Ele parecia ser um tomador e exercia forte influência. Se foi inflexível numa empresa, será que quero realmente trabalhar com ele?" Lee acha que as redes sociais on-line revolucionaram o processo de seleção do Groupon. "Hoje, já não preciso procurar o RH de uma empresa para saber sobre a reputação de alguém. Todos estão extremamente conectados. Depois que passam pela avaliação técnica, verifico seus perfis no LinkedIn e no Facebook. Às vezes temos amigos comuns, ou frequentamos a mesma escola, ou algum membro da minha equipe o conhece", explica Lee. Quando suas conexões e sua reputação são visíveis para o mundo, é mais difícil alcançar sucesso duradouro na condição de tomador.

No vale do Silício, um homem discreto está levando as redes transparentes a outro nível. O nome dele é Adam Forrest Rifkin, considerado um gigante da programação. Ele se descreve como nerd, tímido e introvertido.

Tem dois mestrados em ciência da computação, é titular de uma patente e desenvolveu aplicativos de supercomputador para a Nasa e sistemas de internet para a Microsoft. Em 1999, Rifkin cofundou a KnowNow, startup de software, com Rohit Khare, com o objetivo de ajudar outras empresas a gerenciar informações de maneira mais eficiente e lucrativa. A KnowNow completou uma década de sucesso, depois de captar mais de US$50 milhões em investimento. Em 2009, ainda na casa dos 30 anos, Rifkin anunciou sua aposentadoria.

Conheci Rifkin ao percorrer as conexões no LinkedIn de David Hornik, o investidor de risco que você conheceu no capítulo anterior. Quando acessei o perfil de Rifkin, vi que ele estava deixando a aposentadoria para lançar uma startup chamada PandaWhale, com o propósito de criar um registro público permanente das informações trocadas pelas pessoas. Como Rifkin é um defensor convicto da transparência nas redes, fiquei curioso para ver como eram suas próprias redes. Assim, fiz o que é extremamente comum no mundo conectado: fui ao Google e digitei "Adam Rifkin". Ao descer a barra de rolagem da busca, a décima sexta ocorrência atraiu minha atenção. Dizia que Adam Rifkin era a pessoa com o melhor networking segundo a *Fortune*.

O mundo dá voltas

Em 2011, Adam Rifkin tinha mais conexões no LinkedIn com as 640 pessoas mais poderosas das listas da *Fortune* que qualquer outro ser humano.[14] Ele superava nomes como Michael Dell, o bilionário fundador da Dell, e Jeff Weiner, CEO do LinkedIn.* Fiquei surpreso com o fato de um programador nerd, tímido e recluso ter construído uma rede que inclui os fundadores de empresas como Facebook, Netscape, Napster, Twitter, Flickr e Half.com.

Adam Rifkin[15] construiu sua rede de relacionamentos atuando como doador de boa-fé. "Minhas conexões se desenvolveram aos poucos, na verdade um pouco a cada dia, por meio de pequenos gestos e atos de gentileza ao longo de muitos anos", explica Rifkin, "com o desejo de melhorar a vida das pessoas com quem me relaciono." Desde 1994, Rifkin se destaca como líder de uma ampla variedade de comunidades da internet, empenhando-se

---

* Tecnicamente, como os funcionários do LinkedIn têm muitas vantagens na conexão com as pessoas na rede, eles foram excluídos da análise da *Fortune*. Extraoficialmente, vale observar que Rifkin superou todos os empregados do LinkedIn à exceção de dois: o fundador Reid Horrman e o conselheiro e investidor David Sze.

diligentemente em fortalecer as relações e em ajudar as pessoas a resolver conflitos on-line. Como cofundador, com Joyce Park, da startup Renkoo, Rifkin desenvolveu aplicativos que foram usados mais de 500 milhões de vezes por mais de 36 milhões de pessoas no Facebook e no Myspace. Apesar da popularidade, Rifkin não estava satisfeito. "Se você vai atrair dezenas de milhões de pessoas para usar seu software, realmente precisa fazer algo importante, alguma coisa que mude o mundo", diz. "Sinceramente, eu gostaria de ver mais gente ajudando o próximo." Assim, ele decidiu fechar a Renkoo e tornar-se doador em tempo integral, oferecendo ampla orientação a startups e ligando engenheiros e empreendedores a executivos em grandes empresas.

Para tanto, em 2005 Rifkin e Joyce Park fundaram a 106 Miles, rede profissional com a missão social de educar engenheiros empreendedores por meio do diálogo. Essa rede arregimentou mais de cinco mil empreendedores, que se encontram duas vezes por mês para ajudar uns aos outros a aprender e a alcançar o sucesso.

Essa abordagem produziu grandes resultados – não só para Rifkin, mas também para os que ele orientou ao longo do caminho. Em 2001, Rifkin era grande fã do Blogger, serviço pioneiro na publicação de blogs. O Blogger ficou sem dinheiro e Rifkin propôs um contrato ao fundador da empresa para que ele prestasse alguns serviços à sua primeira startup, a KnowNow. "Resolvemos contratá-lo porque queríamos que o Blogger sobrevivesse", diz Rifkin. O dinheiro do contrato ajudou o fundador a manter o serviço de blogs e a cofundar outra empresa, denominada Twitter. "Várias outras pessoas fecharam contratos com Evan Williams para que a empresa dele continuasse viva", reflete Rifkin. "Você nunca sabe os caminhos que alguém vai tomar. Não se trata apenas de construir a própria reputação, mas, de fato, de ajudar outras pessoas."

Quando Rifkin despontou como a pessoa com o melhor networking segundo a *Fortune*, a autora da matéria, Jessica Shambora, riu alto. "Como não poderia deixar de ser? Eu já o conhecia! Alguém indicou o nome dele para uma reportagem que eu estava escrevendo sobre produtos virtuais e redes sociais." Jessica, que hoje trabalha no Facebook, diz que Rifkin é "um perfeito networker, que não chegou aonde chegou por ambição desmedida e calculismo. As pessoas confiam nele". Ao se mudar para o vale do Silício, Rifkin sentiu que doar-se era a maneira natural de sair da concha. "Como um programador nerd muito tímido, o conceito de rede foi meu guia", diz. "Quando você não tem nada, qual é a primeira providência a tomar? Tenta estabelecer conexões e desenvolver relacionamentos que lhe deem a oportunidade de fazer algo pelos outros."

Em setembro de 2012, 49 pessoas haviam escrito recomendações de Rifkin no LinkedIn, e nenhum atributo é mencionado com mais frequência que sua generosidade. Um compensador teria retribuído recomendações às 49 pessoas, e talvez também distribuísse outras não solicitadas entre alguns contatos importantes, na esperança de que também lhe retribuíssem. Mas Rifkin dá cinco vezes mais do que recebe: no LinkedIn, escreveu recomendações detalhadas de 265 pessoas.

O estilo de networking de Rifkin, que exemplifica como os doadores tendem a abordar as redes de relacionamentos, contrasta com a maneira como os tomadores e compensadores desenvolvem suas conexões e extraem valor delas. O fato de Rifkin dar muito mais do que recebe é um ponto importante: os tomadores e compensadores também doam no contexto de redes de relacionamentos, mas tendem a fazê-lo de maneira estratégica, com expectativa de retorno pessoal superior ou igual ao valor de suas contribuições. Ao se relacionarem, os tomadores e os compensadores costumam se concentrar em quem pode ajudá-los no futuro próximo, determinando assim o quê, onde e como doam. As ações deles exploram uma prática comum em quase todas as sociedades, que consiste em seguir o padrão da reciprocidade: você coça minhas costas e eu coço as suas;[16] se você me ajudar, sinto que tenho uma dívida e me sinto obrigado a retribuir. De acordo com o psicólogo Robert Cialdini, autor de *As armas da persuasão*, as pessoas podem explorar esse padrão de reciprocidade dando o que querem receber. Em vez de apenas retribuir favores de maneira reativa a quem já os ajudou, os tomadores e os compensadores muitas vezes prestam favores de maneira proativa a pessoas de cuja ajuda podem precisar no futuro.* Como resume Keith Ferrazzi no livro *Nunca almoce sozinho*: "É melhor dar antes de receber."[17]

Ken Lay vivia conforme esse princípio: tinha um jeito todo especial de prestar favores não solicitados para que pessoas importantes se sentissem compelidas a retribuir. Empenhava-se ao máximo para acumular créditos com poderosos a quem pudesse recorrer mais tarde. Em 1994, George W. Bush era candidato a governador do Texas. Bush era o azarão, mas, fosse como fosse, Lay lhe fez uma doação de US$12.500, assim como sua mulher.

---

* Evidentemente, ao dar para receber, tomadores e compensadores o fazem com diferentes propósitos. Os tomadores geralmente querem receber o máximo possível, ao passo que os compensadores são motivados a manter trocas equitativas.

Depois que Bush foi eleito governador, Lay apoiou um de seus programas de alfabetização. Praticava o "toma lá dá cá", ajudando Bush para que este apoiasse a desregulamentação das empresas de serviços públicos. Em uma carta, Lay insinuou sutilmente a disposição de continuar retribuindo, se Bush o ajudasse a realizar seus objetivos: "Diga-me o que a Enron pode fazer de útil, não só para a aprovação das leis de reestruturação do setor elétrico, mas também para a efetivação do restante de sua agenda legislativa."

A reciprocidade é um padrão poderoso, mas acarreta duas desvantagens, que contribuem para o cuidado com que muita gente aborda o networking. O primeiro inconveniente é que as pessoas que recebem o favor muitas vezes se sentem manipuladas. Dan Weinstein, consultor de marketing da Resource Systems Group, observa que "algumas das maiores empresas de consultoria gerencial reservam camarotes nos grandes eventos esportivos. Quando oferecem ingressos aos clientes, estes sabem que elas estão agindo assim, pelo menos em parte, com o intuito de receber algo em troca".[18] Se os favores são prestados com implicações expressas ou tácitas, as interações podem produzir mal-estar, mais parecendo uma transação comercial que um relacionamento significativo. Você realmente pretende me ajudar ou só está querendo me deixar em dívida para pedir um favor no futuro?

Aparentemente, Ken Lay causou essa impressão em George W. Bush. Quando era candidato a governador, este pediu a Lay que presidisse uma de suas campanhas financeiras. Na época, por não achar que Bush tinha chances de vencer, Lay declinou do convite, alegando que já estava atuando em um conselho de negócios para uma democrata. Como prêmio de consolação, fez a doação de US$12.500. Até que, mais para o fim da campanha, quando parecia que Bush tinha boas chances de vencer, Lay rapidamente fez outra doação de US$12.500. Embora Lay acabasse doando mais para Bush que para a democrata, a decisão de fazê-lo apenas quando se tornara estratégico deixou uma mácula irreparável no relacionamento, o que o "relegou para sempre à periferia do círculo íntimo de George W. Bush", escreveu um jornalista, citando informantes segundo os quais Lay abrira "uma distância entre eles que nunca foi superada". Bush jamais convidou Lay a se hospedar na Casa Branca, como fizera seu pai. Quando estourou o escândalo da Enron, Lay procurou numerosos políticos em busca de ajuda, mas Bush não foi um deles – o relacionamento não era forte o bastante.

Um segundo inconveniente da reciprocidade afeta principalmente os compensadores. Estes tendem a construir redes de relacionamentos menores que as dos doadores, que se empenham ativamente em ajudar uma variedade mais ampla de pessoas, e que as dos tomadores, que, em geral, se esforçam para ampliar suas conexões a fim de compensar os contatos queimados em transações anteriores. Para o cofundador do LinkedIn Reid Hoffman, os compensadores "se limitam a trocas nas quais seus benefícios imediatos são pelo menos tão grandes quanto os que oferecem (...). Quando se insiste no 'toma lá dá cá' ao ajudar os outros, as redes de relacionamentos acabam sendo muito mais estreitas". Ao deparar com a expectativa de receber, os compensadores direcionam suas doações para pessoas que consideram capazes de ajudá-los. Afinal, se você não se beneficia com a retribuição de seus favores, qual é a vantagem de ser um compensador?

À medida que as desvantagens do "toma lá dá cá" se acumulam, limitam tanto a quantidade quanto a qualidade das redes de relacionamentos desenvolvidas pelos tomadores e pelos compensadores. Essas limitações, em última instância, decorrem da miopia com que os tomadores e os compensadores veem as redes, ao assumirem premissas precipitadas e rigorosas demais sobre quem será capaz de lhes oferecer mais benefícios nas trocas. A abordagem do doador é mais abrangente, ampliando o espectro de recompensas potenciais, mesmo que esses retornos não sejam o principal fator de motivação. "Ao conhecer outras pessoas", diz Guy Kawasaki, conselheiro da Apple e um dos maiores especialistas mundiais nas áreas de tecnologia e marketing, "não importa quem sejam, você sempre deve se perguntar: 'Como posso ajudá-las?'".[19] Em alguns casos, a consequência talvez seja investir mais do que devia em algumas pessoas, mas, como aprendeu Adam Rifkin, nem sempre podemos prever quem pode nos ajudar.

Despertando os gigantes adormecidos

Em 1993, um estudante universitário chamado Graham Spencer se associou a cinco amigos para construir uma startup de internet. Spencer era um engenheiro de computação tímido e introvertido, com obsessão por revistas em quadrinhos.

Spencer e os amigos fundaram juntos o Excite, portal e buscador de web que rapidamente se tornou um dos sites mais populares. Em 1998, o Excite foi comprado por US$6,7 bilhões, beneficiando principalmente Spencer, como maior acionista e diretor de tecnologia. Em 1999, pouco depois de vender o Excite, ele recebeu um e-mail inesperado de Adam Rifkin, pedindo-lhe conselhos sobre uma startup. Eles não se conheciam, mas, mesmo assim, Spencer se dispôs a conversar com o empreendedor. Depois de se reunirem, Spencer apresentou Rifkin a um investidor de risco que acabou financiando sua startup. Como Rifkin teve acesso a Spencer? E por que Spencer se deu ao trabalho de ajudar Rifkin?

No começo de 1994, cinco anos antes de pedir ajuda a Spencer, Rifkin se apaixonou por uma banda desconhecida. Para ajudá-la a conquistar popularidade, recorreu às suas habilidades em computação e criou um site para fãs, hospedado no servidor do Instituto de Tecnologia da Califórnia, Caltech. A página vingou: centenas de milhares de pessoas a visitavam e a banda disparou do anonimato para o estrelato.

O nome da banda? Green Day.

O site para fãs criado por Rifkin se tornou tão popular na aurora da internet comercial que, em 1995, os empresários do Green Day o procuraram para saber se poderia assumir o site e transformá-lo na página oficial da banda. "Respondi: 'Ótimo, é todo de vocês.'", lembra-se Rifkin. No verão anterior, em 1994, milhões de pessoas haviam visitado o site de Rifkin. Um dos visitantes, um fã sério de punk rock, achou que o que o Green Day fazia realmente era música pop. Ele procurou Rifkin por e-mail para lhe mostrar o que era o "verdadeiro" punk rock.

O fã era ninguém menos que Graham Spencer, que comentou que quem buscasse punk rock na internet deveria encontrar mais que menções ao Green Day. Quando Rifkin leu o e-mail, não tinha ideia de que Spencer algum dia poderia ajudá-lo – só muito mais tarde veio a saber que ele tinha acabado de fundar o Excite. Um tomador ou um compensador teria ignorado o e-mail. Como doador, porém, a inclinação natural de Rifkin foi ajudar Spencer e contribuir para divulgar o punk rock e para que as bandas iniciantes construíssem uma base de fãs. Assim, Rifkin desenvolveu uma página separada no site de fãs do Green Day, com links para bandas sugeridas por Spencer.

Uma das máximas de Rifkin é: "Acredito na força dos laços fracos."[20] É uma homenagem a um estudo clássico de Mark Granovetter, sociólogo de Stanford. Laços fortes são os nossos amigos e colegas íntimos, as pessoas em quem realmente confiamos. Laços fracos são os nossos conhecidos. Testando a suposição comum de que recebemos mais ajuda de nossos laços fortes, Granovetter pesquisou pessoas em atividades técnicas e gerenciais que haviam mudado de emprego recentemente. Quase 17% delas souberam do novo emprego por meio de laços fortes. Os amigos e os colegas de confiança lhes deram muitas dicas proveitosas.

Por mais incrível que pareça, no entanto, os maiores benefícios tendiam a ser produzidos pelos laços fracos. Quase 28% tomaram conhecimento do novo emprego por meio dessas conexões menos intensas. Os laços fortes geram vínculos, mas os fracos atuam como pontes: fornecem um acesso mais eficiente a novas informações. Nossos laços fortes tendem a transitar nos mesmos círculos sociais e a saber das mesmas oportunidades que já identificamos. Os laços fracos são mais propensos a abrir caminho para diferentes redes de relacionamentos, facilitando descobertas originais.

Eis, porém, um complicador: é difícil pedir ajuda aos laços fracos. Embora sejam o atalho mais rápido para dicas diferentes, nem sempre nos sentimos à vontade para procurá-los. A falta de confiança mútua entre desconhecidos cria uma barreira psicológica. Doadores como Adam Rifkin, porém, descobriram uma brecha. É possível conseguir o melhor dos dois mundos: a confiança dos laços fortes associada às novas informações dos laços fracos.

O segredo é se reconectar, e essa é uma das principais razões por que os doadores são bem-sucedidos a longo prazo.

Depois que Rifkin criou os links de punk rock no site do Green Day para Spencer, em 1994, o Excite decolou, e Rifkin retomou a pós-graduação. Perderam o contato durante cinco anos. Quando Rifkin estava de mudança para o vale do Silício, resgatou a antiga sequência de e-mails e escreveu para Spencer: "Talvez você não se lembre de nossa troca de e-mails há cinco anos; sou o cara que alterou o site do Green Day. Estou criando uma empresa e indo para o vale do Silício, mas não conheço muita gente por lá. Você topa se encontrar comigo e me dar alguns conselhos?"

Rifkin não estava sendo compensador. Quando ajudou Spencer, não o fez com segundas intenções, esperando receber algo em troca. Cinco anos depois, entretanto, ao precisar de ajuda, procurou-o com um pedido autêntico. Spencer ficou feliz por poder ajudar e combinaram um encontro num café. No segundo encontro, Spencer o apresentou a um investidor de risco. "Uma sucessão de acontecimentos totalmente inesperados em 1994 levou a um novo contato com ele por e-mail em 1999, o que possibilitou a constituição da minha empresa no ano 2000", lembra-se Rifkin. "Os doadores têm sorte."

Há razões, no entanto, para acreditar que o que Rifkin chama de sorte é, de fato, um padrão de reação previsível da maioria das pessoas em relação aos doadores. Há 30 anos, o sociólogo Fred Goldner escreveu sobre o que significa experimentar o oposto da paranoia: *pronoia*.[21] De acordo com o emérito psicólogo Brian Little, pronoia é "a crença delirante de que as pessoas estão tramando para o seu bem-estar ou dizendo coisas agradáveis a seu respeito sem você saber".

Para os doadores, o delírio pode ser realidade. E se as pessoas realmente estiverem se aliando para promover o sucesso de doadores como Adam Rifkin?

Em 2005, quando Rifkin estava formando a Renkoo com Joyce Park, eles não tinham escritório próprio e trabalhavam na cozinha de Rifkin. Um colega se prontificou a apresentar Rifkin a Reid Hoffman, que havia fundado recentemente o LinkedIn, na época com menos de 50 empregados. Hoffman se encontrou com Rifkin e Joyce num domingo e lhes ofereceu mesas de graça no LinkedIn, instalando-os no coração do vale do Silício. "No verão de 2005, uma das empresas vizinhas era o YouTube, que conhecemos ainda no início, antes de realmente decolar", diz Rifkin.

A experiência de Rifkin lança uma nova luz sobre a expressão "tudo que vai volta". Esses momentos cármicos geralmente podem ser atribuídos ao fato de que a missão dos compensadores é fazê-los acontecer. Da mesma maneira como sacrificam os próprios interesses para punir os tomadores que atuam com egoísmo, os compensadores também fazem de tudo para recompensar deliberadamente quem é generoso com eles. Quando Adam Rifkin ajudava as pessoas de sua rede de relacionamentos, os compensadores achavam mais do que justo contribuir para a satisfação de quem lhes fizera bem. Como seria de esperar, Rifkin usou seu novo acesso ao LinkedIn para promover o bem-estar de outras pessoas de sua rede de relacionamentos, recomendando engenheiros para empregos na startup.

Numa quarta-feira à noite, em maio, encontrei Rifkin em um bar em Redwood City onde estava acontecendo uma reunião da 106 Miles. Rifkin chegou com um enorme sorriso e imediatamente foi cercado por um grupo de empreendedores. À medida que outras dezenas chegavam ao bar, Rifkin me contava as histórias de cada um deles, uma proeza para alguém que recebe mais de 800 e-mails todos os dias.

O segredo dele era ilusoriamente simples: fazia perguntas pertinentes e ouvia com extrema paciência. No começo da noite, Rifkin perguntou a um empreendedor sobre a empresa dele e o empreendedor falou durante 15 minutos sem parar. Embora o monólogo pudesse parecer cansativo, Rifkin em nenhum momento se mostrou desinteressado. "Você precisa de ajuda em quê?", perguntou, e o empreendedor respondeu que procurava um programador especializado em uma linguagem de computação pouco difundida. Rifkin começou a vasculhar seus arquivos mentais e recomendou alguns candidatos. Mais tarde, na mesma noite, um dos candidatos indicados apareceu no bar, e Rifkin os apresentou. Embora a multidão aumentasse, ele ainda encontrou tempo para conversas pessoais com todos. Quando novos membros o procuravam, quase sempre passava de 15 a 20 minutos conhecendo-os, descobrindo o que os motivava e indagando como poderia auxiliá-los. Muitos ali eram estranhos para ele, mas, da mesma maneira como ajudara Graham Spencer 18 anos antes sem pensar duas vezes, ele se incumbia de lhes recomendar clientes, procurar trabalhos para eles, conectá-los com potenciais cofundadores e lhes oferecer conselhos para a solução de problemas em suas empresas. Sempre que se doava assim, criava uma nova conexão. Mas será realmente possível manter todos esses contatos?

Laços latentes[22]

Por manter uma rede de relacionamentos tão ampla, Adam Rifkin também possui um número crescente de laços latentes – pessoas que via com frequência ou que conhecia bem, mas com as quais acabou perdendo contato. De acordo com os professores de administração Daniel Levin, Jorge Walter e Keith Murninghan, "os adultos acumulam milhares de relacionamentos ao longo da vida, mas, antes da internet, mantinham ativos não mais que 100 ou 200 em dado momento". Nos últimos anos, esses professores têm pedido a executivos que façam algo que detestam: reativar os laços latentes. Quando um deles ouviu a incumbência, protestou: "Se os laços ficaram inativos, não foi à toa. Por que eu procuraria alguém que não vejo há anos?"

Mas as evidências contam uma história diferente. Em um estudo, Levin e seus colegas sugeriram a mais de 200 executivos que reativassem laços que estavam latentes havia no mínimo três anos. Cada executivo procurou dois ex-colegas e pediu conselhos sobre um projeto de trabalho em andamento. Em seguida, avaliou a orientação recebida: até que ponto ela o ajudou a resolver os problemas e a obter indicações úteis? Também julgou as sugestões de dois contatos ativos para o mesmo projeto. Para surpresa geral, os executivos consideraram as recomendações dos laços latentes mais valiosas que as dos contatos ativos. Por quê?

Os laços latentes fornecem mais informações novas que os contatos ativos. Nos últimos anos, embora distantes, os laços latentes estiveram expostos a ideias e perspectivas distintas, enquanto os contatos ativos, mais provavelmente, compartilharam os mesmos conhecimentos e pontos de vista. Um executivo observou: "Antes de procurá-los, achava que não teriam muito a oferecer além do que eu já sabia, mas eu estava errado. Fiquei muito surpreso com as sugestões inovadoras deles."

Os laços latentes oferecem acesso às novas informações de que também dispõem os laços fracos, mas sem o desconforto. "Restabelecer contatos inativos não é como começar um relacionamento a partir do nada", explicam Levin e seus colegas. "Ao se reconectarem, as pessoas ainda têm o *sentimento de confiança*." Um executivo relatou: "Eu me senti à vontade. Não precisava adivinhar quais eram as intenções da outra parte. A confiança mútua que construímos anos atrás fez nossa conversa fluir." A reativação de um laço latente exigia de fato menos bate-papo, uma vez que já existia uma base comum. Nesse caso, os executivos não precisavam investir na construção dos alicerces, como acontecia com os laços fracos.

Levin e colegas pediram a outro grupo composto de mais de 100 executivos que identificassem 10 laços latentes e os reativassem. Depois, teriam que classificar o valor das conversas daí resultantes. Resultado: todas se mostraram igualmente valiosas e não houve diferenças de classificação. Os executivos obtiveram tanto valor com a décima escolha quanto com a primeira. Quando precisamos de novas informações, rapidamente podemos ficar sem laços fracos, mas não podemos esquecer que temos uma grande reserva de laços latentes. Quanto mais velhos ficamos, mais laços latentes acumulamos, e mais valiosos eles se tornam. Levin descobriu que pessoas na casa dos 40 ou dos 50 anos recebiam mais dicas valiosas com a reativação de laços latentes que as pessoas na casa dos 30, que, por seu turno, se beneficiavam mais que as pessoas na casa dos 20 anos.

Os laços latentes são o valor negligenciado de nossas redes de relacionamentos, e os doadores desfrutam de uma nítida vantagem sobre os tomadores e compensadores na liberação dos benefícios deles. Para os tomadores, reativar os laços latentes é um desafio. Se estes forem também tomadores, suspeitarão das intenções da iniciativa e se protegerão contra a exploração, retendo novas informações. Se forem compensadores, tenderão a punir os tomadores. Se forem doadores inteligentes, como veremos mais adiante, eles não se mostrarão muito dispostos a ajudar os tomadores. E, evidentemente, se a tendência egoísta dos tomadores tiver sido a causa da inatividade do laço, talvez seja impossível reativar o relacionamento.

Os compensadores têm muito mais facilidade em se reconectar, mas, em geral, eles se sentem pouco à vontade em buscar ajuda por causa da fidelidade à norma da reciprocidade. Ao pedirem um favor, sentem que serão obrigados a retribuir. Se já estiverem devendo ao laço latente, será ainda mais difícil pedir. E, para muitos compensadores, os laços latentes não acumulam grandes reservas de confiança, uma vez que envolveram mais trocas circunstanciais que relacionamentos significativos.

De acordo com especialistas em networking, a reconexão é uma experiência totalmente diferente para os doadores, sobretudo em um mundo conectado. Eles acumularam antecedentes de generosidade ao compartilhar conhecimentos, ensinar habilidades e ajudar na busca de oportunidades, sem se preocupar com o que receberiam em troca, razão por que nos sentimos felizes em ajudá-los quando voltam a nos procurar. Hoje, Adam Rifkin passa menos tempo se relacionando com novas conexões que no começo da carreira, concentrando-se, em vez disso, no número crescente de laços latentes. "Agora, esforço-me mais em retornar às pessoas com quem não converso há algum tempo." Ao reativar um de seus muitos laços latentes, o contato geralmente se mostra satisfeito em falar com ele. Sua generosidade e gentileza lhe renderam confiança. São gratos pela ajuda no passado e sabem que ela não veio com exigências implícitas de retribuição, pois ele sempre se mostrou disposto a compartilhar conhecimentos e dar conselhos. Em 2006, Rifkin estava procurando um orador para uma reunião da 106 Miles. Reconectou-se com Evan Williams, que, embora tivesse ficado famoso e andasse extremamente ocupado com o lançamento do Twitter, aceitou o convite. "Cinco anos depois, quando lhe pedimos para falar ao grupo, ele ainda não se esquecera [do contrato de 2001 com a Blogger]", diz Rifkin.

O tipo de predisposição favorável que doadores como Rifkin constroem é tema de pesquisas fascinantes. Em geral, os pesquisadores de redes sociais mapeiam as trocas de informações: os fluxos de conhecimentos entre pessoas. Mas quando Wayne Baker colaborou com o professor Rob Cross, da Universidade da Virgínia, e com Andrew Parker, da IBM, ele constatou que também era possível rastrear os fluxos de energia através das redes de contatos.[23] Em várias organizações, os funcionários avaliaram suas interações uns com os outros em uma escala que ia de "muito desenergizante" a "muito energizante". Os pesquisadores criaram um mapa de rede de energia, que parecia um modelo de galáxia.

Os tomadores eram buracos negros: sugavam energia daqueles que os cercavam. Os doadores eram sóis: projetavam luz em toda a organização. Eles criavam oportunidades para os colegas contribuírem, em vez de imporem ideias e reivindicarem créditos pelas realizações. Ao discordarem das sugestões, os doadores demonstravam respeito pelas pessoas que as expunham em vez de as menosprezarem.

Quem mapear a energia na rede de relacionamentos de Adam Rifkin verá que ele atua como sol em muitos sistemas planetários. Vários anos atrás, numa festa, Rifkin conheceu um empreendedor em dificuldade chamado Raymond Rouf. Começaram a conversar e Rifkin lhe deu vários conselhos. Seis meses depois, Rouf estava constituindo uma startup e procurou Rifkin à procura de orientação. Este respondeu na hora e marcaram um café da manhã para o dia seguinte. Durante o encontro, Rifkin passou duas horas dando mais dicas a Rouf. Poucos meses depois, os caminhos de ambos se cruzaram de novo. Rouf passara dois anos sem renda – não tinha dinheiro nem para consertar o encanamento de casa, o que o levou a se matricular numa academia de ginástica, onde tomava banho. Ao se encontrarem lá por acaso, Rifkin perguntou pela startup e lhe ofereceu algumas ideias inestimáveis sobre como reposicionar a empresa no mercado. Em seguida, apresentou Rouf a um investidor de risco, que acabou financiando o negócio e entrando para o conselho de administração. "Os dois se reúnem para conversar a meu respeito e para discutir como poderiam me ajudar", conta Rouf. A empresa, GraphScience, se tornou uma das principais prestadoras de serviços de pesquisa analítica do Facebook em todo o mundo – o que, segundo Rouf, jamais teria acontecido sem a ajuda de Rifkin.

Rifkin conseguiu até melhorar projetos de um roteirista e diretor de Hollywood. Como veremos no Capítulo 8, eles se conheceram porque Rifkin divulgava abertamente suas informações sobre contatos na internet. Numa conversa casual, o diretor de Hollywood mencionou que concluíra havia pouco a produção de um seriado da rede de TV Showtime e pediu ajuda a Rifkin. "Embora ele seja muito bem-sucedido em seu campo de atuação, eu não tinha muita fé na capacidade dele como relações-públicas em Hollywood", diz o diretor. "Como eu estava errado!" Em 24 horas, Rifkin marcara reuniões e exibições privadas do programa com executivos de alto nível do Twitter e do Youtube. O diretor de Hollywood explica:

É importante enfatizar que Adam não tinha interesse algum no sucesso de meu programa. Qualquer que fosse o resultado, ele não ganharia nem perderia. Fazendo juz à fama de generoso, porém, ele não poupou esforços para nos oferecer numerosas oportunidades. Ele sozinho foi responsável por artigos positivos e de destaque em vários veículos nacionais, assim como pela incrível publicidade nas mídias sociais. No final das contas, a generosidade dele foi muito mais abrangente e eficaz que o trabalho de nosso bem-remunerado relações-públicas. Em consequência, o seriado recebeu as mais altas avaliações já atribuídas a um programa naquele horário em toda a história da Showtime! A rede, muito impressionada com os números de nosso modesto programa, já deu sinal verde para outro seriado. Os atos solidários dele garantiram o êxito do primeiro programa e a aprovação do próximo.

Para alguém que provoca tanta vibração e inspira tamanha predisposição positiva, o ato de se reconectar é uma experiência estimulante. Pense nas 265 pessoas sobre as quais Rifkin escreveu recomendações positivas no LinkedIn ou nas centenas de empreendedores que ele ajudou na 106 Miles. Não é difícil imaginar que todas ficarão entusiasmadas com a oportunidade de se reconectarem a ele e de também o ajudarem, caso venham a perder contato.

Mas Adam Rifkin não está atrás da ajuda delas – ao menos não para si mesmo. O verdadeiro propósito de Rifkin é alterar nossas premissas sobre como construímos redes de relacionamentos e sobre quem deve se beneficiar delas. Para ele, devemos vê-las como meios de criação de valor para todos, não apenas para nós mesmos. E está convencido de que essa abordagem de doador sobre o networking pode mudar a norma tradicional da reciprocidade de uma maneira altamente produtiva para todos os participantes.

O favor de cinco minutos

Em 2012, uma recrutadora do LinkedIn, Stephanie, recebeu a incumbência de listar as três pessoas que exerceram maior influência na carreira dela. Adam Rifkin ficou surpreso ao descobrir que constava da lista, depois de um único encontro, meses antes. Stephanie estava procurando emprego e conheceu Rifkin por meio de um amigo de um amigo. Ele a orientou basicamente por mensagens de texto e a ajudou a encontrar oportunidades. Ela lhe enviou um e-mail de agradecimento, em que se prontificou a lhe retribuir:

"Sei que nos encontramos pessoalmente apenas uma vez e que conversamos pouco, mas você me ajudou muito mais do que imagina. Eu realmente gostaria de fazer algo que pudesse recompensá-lo."

Mas Stephanie não queria prestar um favor apenas a Adam Rifkin. Na verdade, ela se dispôs a participar de uma reunião da 106 Miles com empreendedores do vale do Silício para ajudar Rifkin a ajudá-los. Stephanie deu feedback aos empreendedores sobre suas ideias e se ofereceu para testar os protótipos de seus produtos, assim como para facilitar conexões com potenciais colaboradores e investidores. O mesmo padrão se repete com muitas outras pessoas que recebem ajuda de Rifkin. Raymond Rouf comparece com frequência às reuniões da 106 Miles para auxiliar outros empreendedores. Assim também age um engenheiro chamado Bob, que conheceu Rifkin em um bar em 2009. Ao saber que o novo conhecido estava sem trabalho, Rifkin o apresentou a algumas pessoas, até que Bob conseguiu emprego. Mas a empresa faliu, deixando-o de novo desempregado. Rifkin fez novos contatos, que renderam um emprego para Bob numa startup, adquirida seis meses depois pelo Google. Hoje, Bob é um engenheiro bem-sucedido do Google e está retribuindo a ajuda recebida por meio da 106 Miles.

Essa é uma nova forma de reciprocidade. Na velha escola do toma lá dá cá, as pessoas atuavam como compensadoras, trocando valor umas com as outras. Ajudávamos aquelas que nos ajudavam e só dávamos algo àquelas de quem queríamos algo em troca. Hoje, porém, doadores como Adam Rifkin são capazes de desenvolver um mecanismo de reciprocidade mais poderoso. Em vez de permutar valor, Rifkin almeja adicionar valor. As doações dele são regidas por uma regra simples: o favor de cinco minutos. "Você deve se dispor a fazer, por *qualquer pessoa*, algo que lhe exija cinco minutos ou menos."

Rifkin não pensa em como as pessoas a quem ajuda lhe retribuirão. Enquanto os tomadores e os compensadores acumulam grandes redes de relacionamentos – os primeiros para parecerem importantes e terem acesso a conexões poderosas; os segundos para cobrar favores –, Rifkin o faz como meio de criar novas oportunidades para se doar. É como diz Robert Putnam, cientista político de Harvard: "Farei isso por você sem esperar qualquer retribuição específica, na expectativa segura de que alguém fará algo por mim mais adiante."[24] Ao se sentirem gratas pela ajuda de Rifkin, as pessoas que dele receberam algo, como Stephanie, se tornam mais propensas a retribuí--lo a terceiros. "Sempre me achei muito autêntica e generosa", diz Stephanie, "mas tentava ocultar essas características e ser mais competitiva, como condição para vencer. A lição importante que aprendi com Adam é que você pode ser realmente generoso e mesmo assim progredir." Toda vez que compartilha com altruísmo habilidades ou conexões, Rifkin estimula outros de sua rede de relacionamentos a agir como doadores. Quando pede ajuda, geralmente o faz para auxiliar alguém. Essas atitudes aumentam as chances de que os participantes de sua vasta rede de relacionamentos também adicionem valor em vez de trocar valor, abrindo as portas para que ele e outros recebam benefícios de pessoas a quem nunca ajudaram – e até de desconhecidos.

Ao construírem redes de relacionamentos, os tomadores tentam reivindicar tanto valor quanto possível para si mesmos, a partir de um bolo de tamanho fixo. Já os doadores, como Rifkin, ao criarem redes de relacionamentos, aumentam o bolo com o acréscimo de novos ingredientes, para que todos recebam uma fatia maior. Nick Sullivan, empreendedor que se beneficiou com a ajuda de Rifkin, afirma: "Adam exerce o mesmo efeito sobre todos nós: nos motiva a ajudar os outros." Rouf se estende um pouco mais: "Adam sempre se empenha para que as pessoas a quem auxilia também façam algo por outras. Quando alguém ganha com os conselhos dele, Rifkin também se esforça para que o beneficiário ajude outras pessoas a quem ele também dá conselhos – e, assim, reforça o networking, garantindo que todos os participantes da rede prestem favores uns aos outros."

Pesquisas de ponta mostram como Rifkin motiva outras pessoas a doar. Os atos generosos, sobretudo quando notórios e consistentes, estabelecem um padrão que muda os estilos de reciprocidade de outras pessoas dentro de um grupo. Acontece que doar pode ser contagioso.[25] Em um estudo, James Fowler e Nicholas Christakis, especialistas em contágio, descobriram que as doações se difundem com rapidez e amplitude dentro das redes sociais. Quando alguém opta por contribuir para o grupo reiteradamente, ainda que com algum prejuízo pessoal, outros participantes tornam-se mais propensos a contribuir em outras ocasiões, mesmo ao interagir com pessoas que não estavam presentes no ato de doação original. "Essa influência persiste ao longo de sucessivos períodos e se difunde até três graus de separação (de pessoa para pessoa, e para outra, e outra)", dizem Fowler e Christakis, de maneira que "cada contribuição adicional de alguém no primeiro período se triplica ao longo do experimento por outros participantes que são influenciados de maneira direta ou indireta para, em consequência, contribuir mais".

Ao depararmos com novas situações, observamos os outros em busca de pistas sobre comportamentos adequados. Quando testemunhamos doações sendo praticadas, elas se transformam em norma e passamos a praticá-las nas interações com os outros. Como exemplo, imagine que você esteja participando de um grupo de quatro pessoas. Nenhuma delas se conhece e todas tomarão decisões anônimas, sem oportunidade de se comunicar, durante seis rodadas. Em cada rodada, cada participante receberá US$3 e escolherá entre ficar com o dinheiro ou dá-lo ao grupo. Se ficar com o dinheiro, você receberá os US$3 integralmente. Se der o dinheiro ao grupo, cada participante receberá US$2, inclusive você. Ao fim de cada rodada, todos os participantes saberão o que os outros decidiram. O grupo ficará em melhores condições se todos doarem – cada membro receberá US$8 por rodada, até o total máximo de US$48, ao fim das seis rodadas. Mas, se só você doar, você só recebe US$12, o que gera o incentivo para tomar, o que lhe garantirá US$18.

Como não é possível se comunicar com os outros participantes, doar é uma estratégia arriscada. No estudo em si, porém, 15% dos participantes eram doadores contumazes: contribuíram para o grupo em todas as seis rodadas, optando pelo sacrifício pessoal em benefício do grupo.[26] E a decisão não foi tão prejudicial quanto seria de esperar. Surpreendentemente, os doadores contumazes ainda se deram bem: levaram em média 26% a mais que os participantes de grupos sem um único doador contumaz. Como foi possível doar mais e receber mais?

Quando os grupos incluíam um doador contumaz, os outros membros contribuíam mais. A presença de um único doador foi suficiente para estabelecer o padrão de doar. Agindo assim, os participantes foram capazes de melhorar a situação de todos os membros e ainda acabar recebendo mais. Embora recebessem 50% menos em cada contribuição, produziram uma soma maior para todos os participantes ao inspirarem os outros a doar. Os doadores melhoraram o padrão e aumentaram o bolo para todo o grupo.

Nesse experimento, os doadores contumazes faziam o equivalente a um favor de cinco minutos ao contribuírem com dinheiro em todas as rodadas. Realizavam pequenos sacrifícios para beneficiar todos os membros, o que inspirava os demais participantes a agir da mesma maneira. Por meio de favores de cinco minutos, Rifkin está ampliando o bolo para toda a sua rede de relacionamentos. Na 106 Miles, a norma é todos os cinco mil empreendedores ajudarem uns aos outros. "Você não faz um favor a alguém por esperar algo em troca", explica Rifkin. "O objetivo do grupo é infundir o valor de doar: não se trata de transações, não é preciso permutar. Ao fazer algo por alguém no grupo, quando você precisar de qualquer coisa, algum participante também o ajudará."

Para os tomadores e compensadores, esse tipo de boa ação reiterada ainda parece um tanto arriscado. Doadores como Adam Rifkin conseguem manter a produtividade, sobretudo quando não há garantias de que a ajuda prestada será revertida diretamente em proveito deles? Para esclarecer a questão, Frank Flynn, professor de Stanford, fez um estudo com engenheiros de uma grande empresa de telecomunicações de São Francisco.[27] Pediu a eles que avaliassem a si mesmos e uns aos outros sobre como davam e recebiam ajuda entre si, de maneira a identificar os doadores, os tomadores e os compensadores. Também pediu a cada engenheiro que avaliasse a postura de 10 outros engenheiros: até que ponto impunham respeito?

Os tomadores eram os que tinham o mais baixo status. Fechavam portas ao pedirem favores constantes mas raramente os retribuíam. Os colegas os consideravam egoístas e os puniam com falta de respeito. Os doadores desfrutavam do mais alto status, superando os compensadores e os tomadores. Quanto mais generosos eram, mais respeito e prestígio angariavam entre os colegas. Embora doassem mais do que recebiam, os doadores sinalizavam suas habilidades singulares, demonstrando valor e revelando boas intenções.

Apesar da alta estima que cultivavam entre os colegas, os doadores enfrentavam um problema: a produtividade menor. Durante três meses, Flynn mediu a quantidade e a qualidade do trabalho de cada engenheiro. Os doadores eram mais produtivos que os tomadores: trabalhavam com mais afinco e executavam mais. Os compensadores, porém, eram os mais produtivos, superando os doadores. O tempo dedicado pelos doadores a ajudar os colegas aparentemente prejudicava a capacidade deles de terminar tarefas, relatórios e esboços. Os compensadores eram mais propensos a pedir favores e receber ajuda, o que talvez os mantivesse no rumo. À primeira vista, o estilo de networking dos doadores seria um obstáculo ao bom desempenho no trabalho. Se eles sacrificam a produtividade ao ajudarem os colegas, será que vale a pena ser generoso?

Adam Rifkin, no entanto, consegue ser doador e manter a produtividade alta, inclusive como fundador de várias empresas bem-sucedidas. Como será que ele evita o dilema entre doação e produtividade? Dando mais.

No estudo dos engenheiros, os doadores nem sempre assumiam o ônus da baixa produtividade. Flynn determinou se os engenheiros eram doadores, compensadores ou tomadores pedindo aos colegas que avaliassem se eles davam mais, o mesmo ou menos do que recebiam. Com isso, alguns poderiam ser considerados doadores mesmo que não ajudassem os outros com muita frequência mas pedissem menos em troca. Quando Flynn examinou os dados com base na frequência com que os engenheiros davam ou recebiam ajuda, a produtividade dos doadores só era baixa quando doavam com pouca frequência. De todos os engenheiros, os mais produtivos eram aqueles que doavam com muita frequência – e doavam mais do que recebiam. Esses eram os verdadeiros doadores, que apresentavam a mais alta produtividade e desfrutavam do mais alto status: eram reverenciados pelos pares. Ao doarem com frequência, os engenheiros conquistavam mais confiança e atraíam mais ajuda valiosa de todo o grupo de trabalho – não apenas das pessoas que auxiliavam.

Foi exatamente o que aconteceu com Adam Rifkin e seus favores de cinco minutos. Nos tempos anteriores às mídias sociais, ele talvez tivesse ficado no anonimato. No mundo conectado, porém, a reputação dele como doador viajou com rapidez. "Ele não demora muito para obter financiamento para seus novos empreendimentos", diz Rouf com certo espanto. "A reputação dele é excelente; todos sabem que ele é um cara legal. Este é o dividendo que recebe por ser quem é."

A experiência de Rifkin mostra como os doadores são capazes de desenvolver e explorar redes de relacionamentos extremamente ricas. Por causa da maneira como interagem com outros participantes, os doadores criam padrões que favoreçam a agregação de valor – em vez da cobrança ou da permuta –, aumentando o bolo para todos os envolvidos. Quando realmente precisam de ajuda, podem se reconectar com os laços latentes, recebendo favores de fontes quase esquecidas, mas confiáveis. "Resumirei o segredo do sucesso numa única palavra: generosidade", escreve Keith Ferrazzi. "Se suas interações forem regidas pela generosidade, as recompensas logo aparecerão." Talvez não seja coincidência o fato de Ivan Misner, fundador do BNI, a maior organização de networking de negócios do mundo, precisar de apenas três palavras para descrever sua filosofia norteadora: "Os doadores ganham."

3

O efeito propagador

A colaboração e a dinâmica de dar e de ficar com os créditos

*É bom lembrar que todo o universo,
com uma exceção insignificante, é composto de outros.*

– John Andrew Holmes, ex-deputado e senador dos Estados Unidos[1]

Talvez você não saiba quem é George Meyer,[2] mas sem dúvida conhece seu trabalho. É provável que algum amigo seu seja um grande fã de Meyer, cujas ideias cativaram uma geração inteira em todo o mundo. Embora até recentemente eu não soubesse de que se tratava de algo produzido por ele, admiro seu trabalho desde os meus 9 anos.

Meyer estudou em Harvard, de onde quase foi suspenso depois de vender uma geladeira a um calouro e receber o pagamento mas nunca entregar o produto. Quase foi suspenso outra vez ao estilhaçar a janela de um quarto de dormitório com uma guitarra. Um dos poucos pontos brilhantes de sua carreira universitária foi ser eleito presidente da *Harvard Lampoon*, famosa revista de humor, mas esse acontecimento foi logo ofuscado por uma tentativa de golpe. De acordo com o jornalista David Owen, os colegas de Meyer "tentaram derrubá-lo ao concluírem que ele não era muito responsável".

Depois de se formar em 1978, Meyer voltou para casa e procurou maneiras de ganhar dinheiro rapidamente. Como passara boa parte do tempo da faculdade apostando em corridas de cães, achou que poderia fazer carreira na área. Enfurnou-se em uma biblioteca pública e começou a analisar estratégias científicas para vencer o sistema. Não funcionou: depois de duas semanas, estava sem dinheiro.

Três décadas depois, George Meyer é um dos profissionais mais bem-sucedidos do show business. Foi um importante colaborador de um filme que faturou mais de US$527 milhões. Ganhou inúmeros prêmios Emmy e inventou várias palavras que entraram nos dicionários de inglês. Ele é mais badalado, porém, por um fenômeno de televisão que mudou o mundo. Segundo ex-colegas, ele, mais do que ninguém, é responsável pelo sucesso do programa que a revista *Time* considerou a melhor série de televisão do século XX.

Em 1981, recomendado por dois amigos, Meyer enviou roteiros para o novo programa da NBC chamado *Late Night with David Letterman*. "Tudo na apresentação dele, até o último detalhe, era maravilhoso", Letterman disse a Owen, num arroubo. "Nunca conheci alguém tão brilhante quanto ele." Na primeira temporada, Meyer inventou o que veio a ser um dos números típicos de Letterman: usar um rolo compressor para esmagar objetos comuns, como pedaços de fruta. Depois de dois anos com Letterman, Meyer o deixou para trabalhar no *The New Show*, com Lorne Michaels, e em seguida juntou-se ao *Saturday Night Live*, partindo em 1987 para escrever o script de um filme de Letterman, que acabou engavetado.

Ao recomendá-lo a Letterman, os dois amigos de Meyer o chamaram de "o homem mais engraçado dos Estados Unidos". A afirmação não poderia deixar de ser levada a sério, vinda de dois redatores de humor ganhadores do Emmy por seriados como *Seinfeld, Anos incríveis* e *Monk*.

George Meyer é a mente criativa por trás do humor de *Os Simpsons*, sitcom em cartaz há mais tempo nos Estados Unidos. A série ganhou 27 prêmios Emmy, 6 dos quais foram para Meyer, e mudou a cara da comédia em desenho animado. Embora Meyer não tenha lançado *Os Simpsons* – criação de Matt Groening desenvolvida por James L. Brooks e Sam Simon –, é amplo o consenso de que Meyer foi a força mais importante a impulsionar o sucesso do programa. Ele foi contratado para escrever *Os Simpsons* antes de sua estreia em 1989 e destacou-se como importante colaborador durante 16 temporadas, nas condições de redator e de produtor executivo. Meyer "moldou o programa a tal ponto que, hoje, a sensibilidade humorística de *Os Simpsons* poderia ser atribuída principalmente a ele", escreve Owen. De acordo com o redator de humor Mike Sacks, "Meyer é considerado por grande parte da equipe de redação o gênio dos gênios que atuam nos bastidores", o homem "responsável pelas melhores piadas". Jon Vitti, um dos redatores originais de *Os Simpsons*, foi mais longe ao afirmar que Meyer "é o redator que mais escreve para o programa – as digitais dele estão em quase todos os scripts". E concluiu: "Tirando os criadores, é a maior influência sobre o programa."

Como será que alguém como George Meyer alcança tamanho sucesso em trabalho colaborativo? Os estilos de reciprocidade podem explicar por que algumas pessoas progridem nas equipes enquanto outras fracassam. Em *Multiplicadores*, Liz Wiseman, ex-executiva da Oracle, distingue entre gênios e criadores de gênios.[3] Os gênios tendem a ser tomadores: para promover os próprios interesses, "drenam inteligência, energia e capacidade" alheias. Os criadores de gênios, por sua vez, costumam ser doadores: usam a própria "inteligência para ampliar a sagacidade e a capacidade" alheias, escreve Liz, de modo que "as ideias fluem e os problemas se resolvem". Meu objetivo neste capítulo é explorar como essas diferenças entre doadores e tomadores afetam o sucesso individual e coletivo.

Colaboração e caráter criativo

Quando consideramos o que é preciso para alcançar o nível de impacto humorístico de George Meyer, supõe-se que a criatividade componha grande parte da equação. Carolyn Omine, durante muito tempo redatora e produtora de *Os Simpsons*, diz que Meyer "tem uma maneira diferente de ver o mundo". E conclui: "É algo absolutamente singular."

Em 1958, Donald MacMinnon, psicólogo de Berkeley, conduziu um estudo desbravador para desvendar o mistério de como as pessoas se tornam altamente criativas. O objetivo dele era identificar as características únicas de gente criativa nas artes, nas ciências e nos negócios, estudando um grupo de profissionais cujos trabalhos envolviam todas as três áreas: arquitetos.[4] Para começar, MacKinnon e colegas pediram a cinco especialistas em arquitetura que apresentassem uma lista dos 40 arquitetos mais criativos dos Estados Unidos. Embora não tenham conversado entre si, os especialistas chegaram a um alto grau de consenso. Eles poderiam ter indicado até 200 arquitetos no total, mas, depois de considerar as sobreposições, as listas abrangeram 86. Mais da metade desses arquitetos foi escolhida por mais de um especialista; mais de um terço, pela maioria dos especialistas; e 15%, por todos os cinco especialistas.

Em seguida, 40 dos arquitetos mais criativos dos Estados Unidos concordaram em passar por uma "dissecação psicológica". A equipe de MacKinnon comparou-os a 84 outros arquitetos bem-sucedidos mas não tão criativos, agrupando os criativos e "comuns" por idade e localização geográfica. Todos os arquitetos viajaram para Berkeley, onde passaram três dias inteiros abrindo suas mentes para a equipe de MacKinnon e para a ciência. Preencheram uma bateria de questionários sobre personalidade, experimentaram situações sociais estressantes, submeteram-se a testes com problemas de difícil solução e participaram de entrevistas exaustivas sobre suas histórias de vida. A equipe de MacKinnon computou montanhas de dados, usando pseudônimos para cada arquiteto a fim de não identificar os altamente criativos e os nem tanto.

Um grupo de arquitetos despontou como nitidamente mais "responsáveis, sinceros e confiáveis", com mais "bom caráter" e mais "empatia", em comparação aos demais. O senso comum sugere que esses deveriam ser os arquitetos criativos, mas não eram. Eram os arquitetos comuns. MacKinnon descobriu que os arquitetos criativos se destacavam como substancialmente mais "exigentes, agressivos e egocêntricos" que o grupo de comparação. Os criativos tinham egos gigantescos e reagiam de maneira hostil e defensiva às críticas. Em estudos posteriores, os mesmos padrões emergiram de comparações entre cientistas mais criativos e menos criativos: os cientistas criativos obtiveram pontuações muito mais altas em dominância, hostilidade e desvios psicopatas.[5] Os cientistas altamente criativos foram avaliados por observadores como indivíduos que criavam e exploravam a dependência dos outros. Até eles mesmos concordaram com afirmações como "Tendo a menosprezar as contribuições alheias e a assumir méritos indevidos" e "Tendo a ser sarcástico e depreciativo ao descrever o valor de outros pesquisadores".

Os tomadores têm um jeito todo especial de gerar ideias criativas e defendê-las das contestações. Como confiam ao extremo nas próprias opiniões, não se consideram presos aos grilhões da aprovação social que confinam a imaginação de tantas pessoas. Essa é a característica diferenciadora do humor de George Meyer.

Então o segredo da criatividade seria atuar como tomador?

Vamos devagar. Meyer talvez cultive um senso de humor cínico e uma profunda suspeição em relação a tradições veneráveis; no universo de Hollywood, porém, dominado por tomadores, passou boa parte da carreira praticando o estilo doador. Começou cedo na vida: quando garoto, foi escoteiro e coroinha. Em Harvard, especializou-se em bioquímica e foi aceito na faculdade de medicina, mas decidiu não prosseguir. Acabou rejeitado pelos estudantes hipercompetitivos do curso, que, regularmente, "sabotavam os experimentos uns dos outros". Depois de eleito presidente da *Lampoon*, quando os colegas tentaram destituí-lo, observa Owen, "Meyer não só sobreviveu ao golpe como também tornou-se grande amigo do principal adversário". Já formado, Meyer trabalhou num laboratório de pesquisa do câncer e lecionou como professor substituto. Quando lhe perguntei o que o atraíra para o humor, respondeu: "Adoro fazer os outros rirem, gosto de entreter as pessoas e tento tornar o mundo um lugar melhor."

Meyer usou seu talento humorístico para promover a responsabilidade social e ambiental. Em 1992, graças a um dos primeiros episódios de *Os Simpsons* que escreveu, foi indicado para o Environmental Media Award, prêmio concedido ao melhor episódio humorístico de televisão com mensagem favorável ao meio ambiente. Durante seu período como redator, *Os Simpsons* conquistou seis desses prêmios. Em 1995, recebeu o Genesis Award, da Humane Society, por conscientizar o público em relação a temas referentes a animais. Meyer é vegetariano e praticante de ioga. Em 2005, coescreveu *Earth to America*, especial da TBS que usou a comédia como veículo para promover a conscientização quanto ao aquecimento global e a questões ambientais correlatas. Produziu muitos trabalhos para a Conservation International, elaborando palestras humorísticas para promover a biodiversidade.

Ainda mais impressionante que o trabalho de Meyer em favor do planeta é a maneira como colabora com outras pessoas. A grande chance dele ocorreu quando trabalhava no script do filme de Letterman, em 1988. Para quebrar a rotina, escreveu e publicou uma revista de humor intitulada *Army Man*. "Havia poucas publicações que somente tentavam ser engraçadas", relatou Meyer ao humorista Eric Spitznagel, "e procurei criar algo sem outro compromisso a não ser fazer rir." A primeira edição de *Army Man* tinha somente oito páginas. Meyer digitou-a ele mesmo, fez a composição na cama e começou a fazer fotocópias. E então distribuiu sua melhor comédia, enviando exemplares gratuitos para cerca de 20 amigos.

Os leitores acharam *Army Man* hilária e a repassaram para os amigos. A revista rapidamente atraiu seguidores fiéis, entrando na lista de favoritos da revista *Rolling Stone* daquele ano como a melhor em entretenimento. Logo os amigos de Meyer passaram a enviar contribuições para serem incluídas em futuras edições. Na segunda edição, já havia demanda suficiente para mil exemplares, mas ele interrompeu a publicação depois da terceira edição, talvez pela impossibilidade de publicar todas as contribuições dos amigos, ou pela incapacidade de suportar o incômodo da rejeição de muitas delas.

A primeira edição de *Army Man* foi lançada quando *Os Simpsons* estava decolando, chegando às mãos do produtor executivo Sam Simon no momento em que estava prestes a recrutar uma equipe de redatores. Simon contratou Meyer e alguns outros colaboradores de *Army Man* que, juntos, fizeram de *Os Simpsons* um grande sucesso. Na sala dos redatores, George Meyer estabeleceu-se como doador. Tim Long, redator da série e cinco vezes ganhador do Emmy, me disse: "George tem a melhor reputação de todas as pessoas que conheço. É incrivelmente generoso." Carolyn Omine expressou igual admiração: "Todos que conhecem George sabem que ele é uma pessoa realmente boa. Tem um código de honra e o vivencia, demonstrando uma integridade sobrenatural."

O sucesso de George Meyer enfatiza que os doadores podem ser tão criativos quanto os tomadores. Ao estudar os hábitos de colaboração dele, desenvolvemos uma percepção clara de como os doadores trabalham de maneira a contribuir para o próprio sucesso – e para o sucesso das pessoas ao seu redor. No entanto, para compreender esse processo em profundidade, é importante compará-los com os tomadores. A pesquisa sobre arquitetos criativos sugere que os tomadores têm confiança para gerar ideias originais contrárias às tradições e para defender com unhas e dentes suas propostas. Mas qual será o preço dessa independência?

Voo solo

No século XX, talvez ninguém tenha sido mais emblemático da alta criatividade que Frank Lloyd Wright.[6] Em 1991, o American Institute of Architects o reconheceu como o maior arquiteto americano de todos os tempos. Extremamente produtivo, sua carreira inclui, entre outros projetos, a famosa casa Fallingwater, perto de Pittsburgh, o Guggenheim Museum de Nova York e mais de mil outras estruturas – cerca da metade delas foi construída. Em sete décadas, produziu, em média, 140 projetos e 70 estruturas a cada 10 anos.

Apesar da grande fecundidade no início do século XX, a partir de 1924 teve nove anos de baixíssima produção. Em 1925, "a carreira de Wright se resumiu a poucos projetos de casas em Los Angeles", escreveram o sociólogo Roger Friedland e o arquiteto Harold Zellman. Ao longo desses nove anos, Wright foi cerca de 35 vezes menos produtivo que o habitual. Durante um período de dois anos, não recebeu nenhuma encomenda, enquanto "afundava na profissão", observa o crítico de arquitetura Christopher Hawthorne. Em 1932, "o famoso Frank Lloyd Wright" estava "quase desempregado", escreveu a biógrafa Brendan Gill. "Seu último grande projeto a ser executado fora uma casa para o primo", em 1929. Na época, "estava sempre endividado", a ponto de ter dificuldade em "encontrar recursos para comprar mantimentos". O que teria provocado tamanha letargia num dos maiores arquitetos do mundo?

Wright foi um dos arquitetos convidados a participar do estudo de criatividade de MacKinnon. Embora tenha recusado o convite, o perfil do arquiteto criativo resultante da análise refletia com exatidão a imagem de Wright. Em seus projetos, Frank Lloyd Wright parecia um humanitário. Lançou o conceito de arquitetura orgânica, empenhando-se em fomentar a harmonia entre as pessoas e os ambientes em que viviam. Nessas interações com outras pessoas, porém, ele atuava como um tomador. Os especialistas acreditam que, na fase de aprendiz, Wright projetou pelo menos nove casas clandestinas, transgredindo os termos do contrato, que proibia projetos independentes. Para ocultar o trabalho ilegal, diz-se que Wright teria convencido um dos colegas desenhistas a assinar vários dos projetos. A certa altura, anos depois, Wright prometeu remunerar o filho John para que trabalhasse como assistente em alguns de seus projetos. Quando John lhe cobrou o pagamento acertado, o pai enviou-lhe uma conta relacionando item por item o que o filho lhe custara ao longo da vida, desde o nascimento até aquele momento.

Ao projetar a famosa casa Fallingwater, Wright ficou empacotado durante meses. Quando o cliente, Edgar Kaufmann, finalmente telefonou dizendo que dirigiria mais de 200 quilômetros para ver a obra, Wright respondeu que a casa estava pronta. Mas, quando Kaufmann chegou, Wright não tinha nem mesmo completado o desenho, quanto mais a casa. Em poucas horas, diante dos olhos de Kaufmann, Wright esboçou um projeto detalhado. Kaufmann havia encomendado uma casa pequena, para fins de semana, em um dos lugares preferidos da família para piqueniques, com vista para uma cachoeira. O arquiteto tinha em mente uma ideia totalmente diferente: projetou a casa sobre um rochedo, de onde caía a cachoeira, que não era vista do interior da construção. Mesmo assim, convenceu Kaufmann a aceitá-la cobrando US$125 mil por ela, mais que o triplo dos US$35 mil previstos no contrato. Dificilmente um doador se sentiria à vontade ao contrariar de tal maneira as expectativas do cliente, muito menos ao convencê-lo a endossar o projeto com entusiasmo e ainda a pagar mais pela mudança. Ao que parece, foi a mentalidade de tomador que levou Wright a seguir a própria visão e a vendê-la ao cliente.

As mesmas tendências de tomador que lhe foram tão úteis na casa Fallingwater precipitaram a letargia de nove anos. Durante duas décadas, até 1911, Wright ganhou fama como arquiteto residente em Chicago e em Oak Park, Illinois, onde se beneficiava da ajuda de artesãos e escultores. Em 1911, projetou Taliesin, residência em um vale distante, no Wisconsin. Acreditando que poderia progredir sozinho, mudou-se para lá. Com o passar do tempo, entretanto, Wright empacou, durante "longos anos de ociosidade forçada", escreveu Brendan Gill. Em Taliesin, Wright não tinha acesso a aprendizes talentosos. "O isolamento em que imergiu ao se mudar para Taliesin", observa o psicólogo Ed de St. Aubin, "deixou-o sem os elementos que tinham sido essenciais em sua vida: encomendas de projetos arquitetônicos e disponibilidade de profissionais habilidosos que o ajudavam a executar os projetos."

A esterilidade de Frank Lloyd Wright perdurou até ele desistir do novo modo de trabalho e retornar à interdependência com colaboradores talentosos. E a ideia não foi dele: a esposa Olgivanna convenceu-o a iniciar um programa de estágio para aprendizes que o ajudassem no trabalho. Com a chegada dos aprendizes, em 1932, a produtividade dele disparou, e logo começou a trabalhar na casa Fallingwater, considerada por muitos o maior trabalho de arquitetura da história moderna. Wright manteve o programa de estágio durante 25 anos, mas, mesmo assim, tinha dificuldade em reconhecer quanto dependia dos aprendizes. Relutava em pagar aos jovens e exigia que cozinhassem, faxinassem e fizessem trabalho de campo. Wright "foi um grande arquiteto", declarou seu ex-aprendiz Edgar Tafel,[7] que trabalhou no projeto Fallingwater, "mas precisava de pessoas como eu para executar seus projetos – embora não se pudesse lhe dizer isso".

A história de Wright expõe a lacuna entre a ilusão do gênio individual por trás do sucesso criativo, de um lado, e a realidade do trabalho colaborativo subjacente às grandes obras, de outro. Esse hiato não se limita à criatividade em sentido estrito. Mesmo em trabalhos a princípio independentes, que demandariam somente capacidade mental, o êxito envolve mais contribuição alheia do que supomos. Nos últimos 10 anos, vários professores de Harvard estudaram cirurgiões cardíacos em hospitais e analistas de títulos mobiliários em bancos de investimentos.[8] Ambos os grupos se especializam em trabalho do conhecimento: precisam de muita inteligência para reparar o coração dos pacientes e para organizar informações complexas sobre ações. De acordo com Peter Drucker, guru da administração, esses "trabalhadores do conhecimento, ao contrário dos trabalhadores manuais das fábricas, possuem os meios de produção: acumulam conhecimentos no cérebro e os levam consigo". Mas, na verdade, carregar conhecimento não é assim tão fácil.

Em um estudo, os professores Robert Huckman e Gary Pisano queriam saber se os cirurgiões melhoram com a prática. Como a demanda por cirurgiões é grande, esses profissionais trabalham em vários hospitais. Durante um período de dois anos, Huckman e Pisano acompanharam 38.577 procedimentos executados por 203 cirurgiões cardíacos em 43 hospitais diferentes. Os pesquisadores se concentraram em pontes de safena, em que os cirurgiões abrem o peito dos pacientes e enxertam parte de uma veia da perna (ou da artéria torácica) para contornar um bloqueio em uma artéria do coração. Em média, 3% dos pacientes morrem durante esses procedimentos.

Quando Huckman e Pisano examinaram os dados, descobriram um padrão notável. Em geral, os cirurgiões não melhoravam com a prática. Só progrediam no *hospital específico* onde faziam mais cirurgias. A cada procedimento no mesmo hospital, o risco de morte do paciente diminuía em 1%. Mas a mortalidade continuava a mesma em outros hospitais. Os cirurgiões não "carregavam" o desempenho com eles. Não se aprimoravam na execução de cirurgias cardíacas, mas, sim, se entrosavam melhor com os médicos e paramédicos que participavam do procedimento, conhecendo suas forças e fraquezas, seus hábitos e estilos. Essa familiaridade os ajudava a evitar mortes de pacientes, mas não era levada para outros hospitais. A fim de reduzir a mortalidade dos pacientes, os cirurgiões precisavam manter um bom relacionamento com a equipe cirúrgica.

Enquanto Huckman e Pisano coletavam dados sobre hospitais, um estudo semelhante sobre o setor financeiro estava em andamento em Harvard. Nos bancos de investimentos, os analistas de títulos mobiliários fazem pesquisas para prever os resultados de empresas e recomendar a compra ou venda de ações. Os melhores analistas carregam consigo conhecimentos e expertise superiores, que supostamente podem usar em qualquer lugar, não importa com quem trabalhem.[9] Fred Fraenkel, executivo de pesquisas de investimentos, explicou: "Os analistas se incluem entre os profissionais mais móveis de Wall Street, porque a expertise deles é portátil. Em outras palavras, está disponível em qualquer lugar."

Para testar essa premissa, Boris Groysberg estudou mais de mil analistas de títulos mobiliários de 78 instituições financeiras diferentes durante nove anos. A eficácia dos profissionais foi avaliada por milhares de clientes, com base na qualidade das previsões de resultados, no conhecimento dos setores de atividade, no conteúdo e apresentação dos relatórios, na prestação de serviços, na seleção de papéis e na acessibilidade e agilidade. Os três primeiros analistas de cada um dos 80 setores de atividade foram considerados estrelas, ganhando entre US$2 milhões e US$5 milhões. Groysberg e colegas acompanharam o que aconteceu quando os analistas mudaram de empresa. Durante os nove anos, 366 analistas – 9% – se recolocaram, criando condições para averiguar se os analistas estrelas mantinham o sucesso nas novas empresas.

Embora tenham sido considerados talentos individuais, o desempenho deles não se provou portátil. Quando os analistas estrelas se transferiam para outra empresa, o desempenho deles caía, e continuava mais baixo pelo menos durante cinco anos. No primeiro ano depois da mudança, a probabilidade de o analista ser classificado em primeiro lugar caía 5%; de ser classificado em segundo lugar, 6%; de ser classificado em terceiro lugar, 1%; e a probabilidade de ser desclassificado aumentava em 6%. Mesmo cinco anos depois da mudança, a probabilidade de os analistas estrelas serem classificados em primeiro lugar era 5% menor; e de ser desclassificados, 8% maior. Em média, as empresas perderam US$24 milhões ao contratar analistas estrelas. Ao contrário das crenças de Fraenkel e de outros especialistas, Groysberg e colegas concluíram que "contratar analistas estrelas não era vantajoso nem para os profissionais em si, em termos de desempenho, nem para as empresas contratantes, em termos de valor de mercado".

No entanto, alguns analistas estrelas realmente conseguiam manter o nível de sucesso. Quando levavam as equipes consigo, os profissionais não apresentavam declínio no desempenho. Os analistas estrelas que se transferiam sozinhos tinham 5% de probabilidade de serem classificados em primeiro lugar, ao passo que os que se transferiam com as equipes tinham 10% de probabilidade de alcançar a mesma classificação – idêntica à dos que continuavam na mesma empresa. Em outro estudo, Groysberg e colegas descobriram que a probabilidade de os analistas manterem o alto desempenho era maior se trabalhassem com colegas competentes nas equipes e departamentos. Os analistas estrelas recorriam a eles na busca de informações e de novas ideias.

Os analistas de investimento e os cirurgiões cardíacos dependem intensamente de colaboradores que os conhecem bem ou que têm excelentes qualificações próprias. Se fosse mais doador que tomador, teria Frank Lloyd Wright evitado os nove anos de letargia em que sua renda e sua reputação despencaram? George Meyer acha que sim.

Sem medo do concorrente

Depois de deixar o *Saturday Night Live* em 1987, Meyer se mudou de Nova York para Boulder, no Colorado, onde trabalharia sozinho no script do filme de Letterman. Como Frank Lloyd Wright, Meyer se isolara dos colaboradores. Em forte contraste com Wright, porém, Meyer admitiu que precisava de outras pessoas para ser bem-sucedido. Ele sabia que seu desempenho era interdependente: a capacidade dele de fazer as pessoas rirem resultava em parte da colaboração com outros redatores de humor. Assim, procurou as pessoas que haviam trabalhado com ele na *Lampoon* e em seus programas do passado, convidando-as a contribuir para *Army Man*. Quatro colegas acabaram ajudando Meyer na edição inaugural. Um deles foi Jack Handey, que contribuiu para a primeira versão de "Deep Thoughts" (Pensamentos Profundos), que se converteu em uma série de piadas extremamente popular. Meyer publicou "Deep Thoughts" três anos antes de ficarem famosas no *Saturday Night Live*, e elas também contribuíram em muito para o sucesso de *Army Man*.

A comparação de George Meyer com Frank Lloyd Wright mostra como doadores e tomadores veem o sucesso de maneira diferente. Wright achava que poderia levar consigo seu gênio em arquitetura de Chicago, onde trabalhava com uma equipe de especialistas, para uma área remota do Wisconsin, onde ficava quase sempre sozinho. O lema da família Wright era "A verdade contra o mundo", conceito comum na cultura ocidental. Tendemos a privilegiar o gênio solitário, capaz de lançar ideias que nos fascinam ou que mudam nosso mundo. De acordo com uma pesquisa de um trio de psicólogos de Stanford, os americanos encaram a independência como símbolo de força e consideram a interdependência sinal de fraqueza.[10] Essa visão é ainda mais intensa entre os tomadores, que tendem a se julgar superiores e a se segregar dos outros. Eles entendem que, se dependerem muito dos outros, ficarão vulneráveis a serem superados. Como Wright, os analistas estrelas que deixaram os bancos de investimentos sem levarem as equipes bem-sucedidas – ou sem considerar a qualidade das novas equipes a que se juntariam – caíram nessa armadilha.

Os doadores rejeitam a noção de que a interdependência seja sinal de debilidade. Costumam ver a interdependência como fonte de força, como meio de canalizar as habilidades de várias pessoas em prol do bem maior. Esse raciocínio influenciou profundamente a maneira como Meyer colaborava. Ele reconhecia que, se pudesse contribuir com eficácia para o grupo, todos se beneficiariam, razão por que se desviava do caminho para ajudar os colegas. Quando Meyer escrevia para o *Saturday Night Live* em meados da década de 1980 como ilustre desconhecido, passava quase o tempo todo no escritório, disponível para dar feedback. Acabou ajudando humoristas famosos, como Jon Lovitz, Phil Hartman e Randy Quaid, na elaboração de seus textos.

Nos bastidores do *Saturday Night Live*, muitos redatores competiam para incluir seus esquetes no programa. "Havia um elemento darwiniano", admite Meyer. "Cada programa poderia apresentar 10 esquetes, mas tínhamos 35 ou 40 na mesa. Era como uma batalha, e eu simplesmente tentava ser um bom colaborador." Quando sabiam que grandes estrelas como Madonna estariam no programa, os colegas dele se acotovelavam para apresentar esquetes. Meyer oferecia material para esses programas, mas também se empenhava na produção de textos para convidados que tendiam a atrair menos interesse, pois era nessas horas que o programa mais precisava dele.

O padrão de doação de Meyers continuou em *Os Simpsons*. Entre os redatores, a tarefa preferida sempre era escrever a primeira versão de um episódio, o que lhes permitia imprimir nele seu selo criativo. Meyer apresentava muitas ideias para os episódios, mas raramente escrevia a primeira versão. Em vez disso, sentindo que suas habilidades eram mais necessárias na elaboração final dos textos, assumiu o trabalho sujo de passar meses ajudando a revisar e a reescrever cada episódio. Eis uma característica típica da colaboração dos doadores: responsabilizar-se pelas tarefas de interesse do grupo, não necessariamente do próprio interesse pessoal. Essa iniciativa deixa o grupo em melhores condições: estudos demonstram que, em média, quanto mais os membros dos grupos doam entre si, mais altas são a quantidade e a qualidade dos produtos e serviços.[11] Os grupos não são, porém, os únicos a serem recompensados: como Adam Rifkin, os doadores bem-sucedidos expandem o bolo, de maneira a beneficiar não só o seu grupo, mas também a si mesmos. Amplas pesquisas revelam que quem doa tempo e conhecimento com regularidade para ajudar os colegas acaba recebendo mais aumentos salariais e promoções.

As ações de Meyer têm um nome: em montanhismo, chama-se *comportamento de expedição*.[12] O termo foi cunhado pela National Outdoor Leadership School (Nols), que prepara milhares de pessoas para atuação em ambientes hostis, inclusive equipes de astronautas da Nasa. O comportamento de expedição consiste em considerar primeiro os objetivos do grupo e da missão e demonstrar pelos outros a mesma preocupação que se tem por si mesmo. Jeff Ashby, comandante de ônibus espacial da Nasa que orbitou a Terra mais de 400 vezes, diz que "o comportamento de expedição – ser altruísta, generoso e pôr a equipe à frente de si mesmo – é o que nos ajuda a sermos bem-sucedidos no espaço, mais que qualquer outro fator".

Parte do sucesso de Meyer resultou do aumento do bolo: quanto mais ele contribuía para o êxito dos programas, maiores eram as fatias a serem recebidas pela equipe. O comportamento de expedição de Meyer, no entanto, também mudou a maneira como os colegas o viam. Ao colocarem os interesses do grupo à frente dos próprios, os doadores demonstram que o principal objetivo deles é beneficiar a coletividade. Em consequência, conquistam o respeito dos colaboradores. Se Meyer tivesse competido na elaboração dos principais esquetes para Madonna, os colegas redatores talvez o tivessem visto como uma ameaça ao status e à carreira deles. Ao fazer seus melhores trabalhos para convidados menos cobiçados, Meyer prestava um favor aos colegas. Os tomadores sentiam que não precisavam competir com ele, os compensadores se consideravam seus devedores e os doadores o viam como um deles. "Se alguém estava desenvolvendo sua história ou reescrevendo o script, recebia George de braços abertos", diz Don Payne, redator de Os Simpsons desde 1998. "Ele sempre aparecia com algo que melhorava o script. É isso que atrai as pessoas para ele; elas o respeitam e o admiram."

Além de mostrar boa vontade, as iniciativas de se voluntariar para tarefas preteridas e oferecer feedback davam a Meyer a chance de demonstrar seus dons humorísticos sem levar os colegas a se sentir inseguros. Em um estudo, Eugene Kim e Theresa Glomb, da Universidade de Minnesota, descobriram que pessoas altamente talentosas tendem a despertar inveja nos outros, correndo o risco de serem detestadas, de provocarem ressentimentos, de sofrerem discriminação e até de se tornarem alvos de sabotagens. Se forem doadoras, porém, elas saem da mira.[13] Em vez disso, passam a ser admiradas pelas contribuições ao grupo. Ao assumir tarefas que os colegas rejeitavam, Meyer os impressionava com sua inteligência e seu humor, sem provocar inveja.

Meyer resume assim seu código de honra: "(1) Esteja presente; (2) trabalhe duro; (3) seja gentil; (4) faça a coisa certa." À medida que contribuía, demonstrando suas habilidades sem disseminar inveja, os colegas começaram a admirar e a confiar em seu gênio humorístico.[14] "As pessoas passaram a vê-lo como alguém que não tinha apenas motivações pessoais", explica Tim. "Você não o considera seu concorrente, mas alguém a quem pode revelar suas criações com confiança."

Em um artigo clássico, o psicólogo Edwin Hollander argumentou que, quando agem com generosidade em grupo, as pessoas recebem *créditos idiossincráticos*[15] – impressões positivas que se acumulam na mente dos participantes. Como muita gente pensa como os compensadores, é muito comum que, ao trabalharem em grupo, acompanhem os créditos e os débitos de cada membro. Quando um deles recebe créditos idiossincráticos em consequência de doações, os compensadores lhe permitem desviar das normas ou expectativas do grupo. É como resume Robb Willer,[16] sociólogo de Berkeley: "Os grupos recompensam o sacrifício individual." Em *Os Simpsons*, Meyer acumulou muitos créditos idiossincráticos, conquistando espaço para contribuir com ideias originais e para alterar a direção criativa do programa. "Uma das melhores consequências do desenvolvimento dessa credibilidade foi que, se eu quisesse experimentar algo que parecesse um tanto estranho, as pessoas estavam dispostas a me dar pelo menos uma chance", reflete Meyer. "Depois de algum tempo, já não mudavam meus textos como faziam de início, pois sabiam que meus antecedentes eram positivos. Talvez as pessoas tenham concluído que minhas intenções eram boas. Isso vale muito."

Confirmando a experiência de Meyer, as pesquisas mostram que os doadores recebem créditos extras quando oferecem ideias que questionam o status quo.[17] Em estudos que conduzi com as colegas Sharon Parker e Catherine Collins, quando os tomadores apresentavam sugestões de melhorias, os colegas se mostravam céticos quanto às intenções deles, descartando-as como interesseiras. No entanto, quando as ideias com potencial ameaçador eram apresentadas por doadores, os colegas os ouviam e os recompensavam pela contribuição, sabendo que a motivação deles era o desejo autêntico de contribuir.

Em 1995, durante a sexta temporada de *Os Simpsons*, Meyer disse aos colegas que deixaria o programa. Em vez de ver a partida dele como uma oportunidade de promoção, os redatores não quiseram que ele fosse embora. Rapidamente se aliaram para convencê-lo a ficar, mesmo que como consultor. "Logo de cara, concluíram que George era importante demais para deixar o grupo", disse Jon Vitti a *The Harvard Crimson*. "Nenhuma opinião é mais valiosa que a de George." Lembrando-se de suas experiências de trabalho com Meyer, Tim Long acrescenta: "Há algo mágico em conquistar a reputação de se importar com os outros mais do que consigo mesmo. Isso se reverte em benefício próprio de inúmeras maneiras."

A maior parte dos créditos

Embora a capacidade de doação de Meyer tenha reforçado sua reputação nos círculos internos do show business, ele permanecia no anonimato no mundo exterior. Em Hollywood, há uma solução fácil para esse problema. Os redatores se destacam ao reivindicar créditos em tantos episódios quanto possível, demonstrando que criaram muitas das ideias e cenas.

George Meyer deu forma a mais de 300 episódios de *Os Simpsons*, mas, desafiando discretamente as normas de Hollywood, apareceu como redator em apenas 12. Em centenas de episódios, outros redatores ficaram com os créditos pelas ideias e piadas de Meyer. "George nunca recebeu créditos expressos por *Os Simpsons*, embora fosse uma verdadeira máquina de ideias", disse-me Tim Long. "As pessoas tendem a propor sugestões e a reservá-las para si com orgulho, mas George fazia suas criações e as dava para os outros, sem nunca ficar com os créditos. Numa fase crucial de *Os Simpsons*, durante 10 anos, ele não recebeu um único crédito, embora tivesse imaginado boa parte das piadas."*

Ao ceder os créditos, Meyer comprometeu a própria visibilidade. "Durante muito tempo, a formidável contribuição de George para o que é considerado por alguns o mais importante programa de televisão da época não foi tão bem conhecida quanto deveria ter sido", lembra-se Tim Long. "Ele produzia uma enorme quantidade de material, e realmente não recebia os créditos." Deveria Meyer ter reivindicado mais créditos por suas contribuições? Empanturrar-se deles certamente parecia importante para Frank Lloyd Wright: em Taliesin, ele insistia em que seu nome constasse de todos os documentos como arquiteto-chefe, mesmo quando aprendizes conduziam o projeto. Ele ameaçava os aprendizes de acusá-los de fraude e de processá-los se não lhe submetessem todos os documentos para aprovação e se não destacassem seu nome em todos os projetos.

No entanto, se analisarmos mais de perto a experiência de Meyer, talvez cheguemos à conclusão de que Wright foi bem-sucedido como arquiteto apesar da insistência com que reivindicava créditos, não em consequência dessa ênfase na autopromoção. A relutância de Meyer em ficar com os créditos talvez lhe tenha custado alguma fama a curto prazo, mas ele não estava preocupado com isso. Recebeu créditos como produtor executivo, conquistando meia dúzia de Emmys pelo trabalho em *Os Simpsons*, e achava que havia muitos créditos a serem distribuídos. "Muita gente se sente diminuída se aparecem muitos nomes no roteiro", diz Meyer. "Mas não é assim que

---

* Embora meu foco aqui seja George Meyer, é importante reconhecer que o humor em *Os Simpsons* sempre foi uma realização coletiva. Em especial, Meyer não hesita em elogiar Jon Swartzwelder, que escreveu 60 episódios, mais que o dobro de qualquer outro redator na história do programa. Outros colaboradores com muitos créditos são Joel Cohen, John Frink, Dan Greaney, Al Jean, Tim Long, Ian Maxtone-Graham, Carolyn Omine, Don Payne, Matt Selman e Jon Vitti. Evidentemente, observa Meyer, essa lista não inclui os criadores e muitos outros redatores, produtores e animadores que fizeram o sucesso do programa. Meyer começou a compartilhar créditos desde cedo. "Em *Army Man*, senti que, se as pessoas iriam escrever, deveriam receber os créditos, principalmente se o faziam de graça."

funciona. Há espaço para todo mundo, e você brilhará mesmo que outros também se destaquem."

O tempo demonstraria que Meyer estava certo. Apesar dos sacrifícios a curto prazo, ele acabou recebendo os créditos a que fazia jus. Era praticamente desconhecido fora de Hollywood até 2000, quando David Owen publicou o perfil dele na *The New Yorker*, sob um título que o descrevia como "o homem mais engraçado por trás do programa de TV mais engraçado". Quando Owen entrevistou os principais redatores de *Os Simpsons*, todos aproveitaram a oportunidade para enaltecer Meyer. Nas palavras de Tim Long: "Sinto-me extremamente feliz ao exaltar as virtudes de George, mesmo que eu o deixe meio sem jeito."

Nas colaborações, os compensadores, da mesma maneira como concedem bônus aos doadores, também impõem ônus aos tomadores. Em um estudo sobre empresas eslovenas conduzido por Matej Cerne, os funcionários que ocultavam informações tinham dificuldade em conceber ideias criativas, pois os colegas reagiam com a mesma atitude, recusando-se a compartilhar conhecimentos com eles.[18] Como exemplo, considere a carreira do médico pesquisador Jonas Salk,[19] que, em 1948, começou a trabalhar no desenvolvimento da vacina contra a poliomielite. No ano seguinte, os cientistas John Enders, Frederick Robbins e Thomas Weller conseguiram cultivar, in vitro, o vírus da doença, abrindo caminho para a produção em massa da vacina, com base no microrganismo vivo. Em 1952, o laboratório de pesquisa de Salk, na Universidade de Pittsburgh, desenvolveu uma vacina que parecia eficaz. Naquele ano ocorreu a pior epidemia de poliomielite da história dos Estados Unidos. O vírus infectou mais de 57 mil pessoas, resultando em mais de 3 mil mortes e em 20 mil casos de paralisia. Nos três anos seguintes, o mentor de Salk, Thomas Francis, dirigiu a avaliação de um experimento de campo da vacina Salk, testando-a em mais de 1,8 milhão de crianças com a ajuda de 220 mil voluntários, 64 mil funcionários de escolas e 20 mil profissionais de assistência médica. Em 12 de abril de 1955, em Ann Arbor, no Michigan, Francis fez um anúncio que desencadeou uma onda de esperança em todo o país: a vacina Salk era "segura, eficaz e potente". Em dois anos, ela se disseminou e a incidência da doença caiu quase 90%. Em 1961, houve apenas 161 casos nos Estados Unidos. A vacina produziu efeitos semelhantes em todo o mundo.

Jonas Salk tornou-se herói internacional. Mas, em uma coletiva de imprensa em 1955, Salk fez um discurso de despedida que prejudicou suas relações e sua reputação na comunidade científica. Ele não reconheceu as contribuições importantes de Enders, Robbins e Weller, que haviam recebido o Prêmio Nobel um ano antes pelo trabalho pioneiro que permitiu à equipe de Salk produzir a vacina. Ainda mais desconcertante, Salk não atribuiu créditos a seis pesquisadores de seu laboratório, que muito colaboraram para o desenvolvimento da vacina – Byron Bennett, Percival Bazeley, L. James Lewis, Julius Youngner, Elsie Ward e Francis Yurochko.

A equipe de Salk deixou a reunião arrasada. Como escreveu o historiador David Oshinsky em *Polio: An American Story* (Pólio: Uma história americana), Salk nunca admitiu os méritos "das pessoas em seu próprio laboratório". Prosseguindo, afirmou: "Esse grupo de pessoas, que se sentaram orgulhosamente juntas no auditório repleto, se sentiu dolorosamente insultado (...). Os colegas de Salk de Pittsburgh esperavam ser homenageados pelo chefe."[20]

Com o passar do tempo, ficou claro que Julius Youngner era um dos que se sentiam mais ofendidos. "Todo mundo gosta de receber os créditos pelo que fez", Youngner disse a Oshinsky. "Foi um grande choque." A ofensa rompeu o relacionamento: Youngner deixou o laboratório de Salk em 1957 e continuou fazendo numerosas contribuições para a virologia e a imunologia. Em 1993, os dois finalmente se cruzaram na Universidade de Pittsburgh, e Youngner expôs seus sentimentos. "Estávamos na plateia, seus colegas mais próximos e associados mais dedicados, que trabalharam duro e com lealdade pelos mesmos objetivos que você almejava", começou Youngner. "Você se lembra de quem mencionou e de quem omitiu? Você se dá conta de como nos sentimos arrasados diante de sua insistência em tornar invisíveis seus colaboradores?" Youngner ponderou que Salk parecia "realmente transtornado com as lembranças e pouco contestou do que ouvira".

Aquele momento em que Jonas Salk assumiu sozinho todos os méritos de grande benfeitor solo passou a assombrá-lo pelo resto da vida. Ele fundou o Salk Institute for Biological Studies, onde centenas de pesquisadores ainda se dedicam à causa da ciência humanitária. Mas a própria produtividade de Salk despencou – no fim da carreira, tentou em vão desenvolver a vacina contra a aids – e passou a ser evitado pelos colegas. Jamais ganhou o Prêmio Nobel e nunca foi eleito para a prestigiosa National Academy of Sciences.* "Nos anos

---

* Muitos acreditam que o incidente da omissão dos créditos e da atenção excessiva de Salk à imprensa foram as principais razões para que ele nunca tenha sido admitido na National Academy of Siences. Mas ainda se discute por que ele não foi agraciado com o Prêmio Nobel. Alguns cientistas argumentam que, embora a vacina contra a pólio tenha representado uma contribuição prática inestimável para a saúde pública, não foi algo original para o conhecimento científico básico.

seguintes, quase todos os principais pesquisadores da poliomielite seriam admitidos na instituição", escreve Oshinsky. "A principal exceção, evidentemente, foi Jonas Salk (...). Como disse um observador, Salk infringira os 'mandamentos tácitos' da pesquisa científica", que incluem: 'Darás crédito ao próximo.'" De acordo com Youngner, "as pessoas realmente o condenaram por se vangloriar daquela maneira e por cometer o ato mais antiacadêmico que se pode imaginar".

Salk achava que os colegas estavam com inveja. "Se alguém faz algo importante e recebe os créditos, tende a enfrentar uma reação competitiva", reconheceu ele, em raro comentário sobre o incidente.[21] "Não saí incólume daquela coletiva." Salk faleceu em 1995, sem jamais ter reconhecido as contribuições dos colegas. Dez anos depois, em 2005, a Universidade de Pittsburgh promoveu um evento comemorativo do quinquagésimo aniversário do anúncio da vacina. Com Youngner presente, o filho de Salk, Peter Salk,[22] pesquisador da aids, finalmente reparou a injustiça. "Não foi a realização de um único homem, mas de uma equipe dedicada e qualificada", disse Peter Salk. "Foi um esforço colaborativo."

Parece que Jonas Salk cometeu o mesmo erro de Frank Lloyd Wright: considerou-se independente em vez de interdependente. Por conseguinte, não acumulou os créditos idiossincráticos alcançados por George Meyer e, ainda por cima, foi punido pelos colegas por monopolizar os méritos.

Por que Salk não reconheceu as contribuições dos colegas para o desenvolvimento da vacina contra a poliomielite? É possível que estivesse reservando somente para si todos os louros pela realização, como seria natural por parte de um tomador, mas acredito que haja uma resposta mais convincente: ele realmente não achava que os colegas mereciam crédito. Por quê?

O viés da responsabilidade[23]

Para decifrar o enigma, precisamos fazer uma viagem ao Canadá, onde psicólogos estão pedindo a casais que relatem as condições de sua convivência. Pense em seu casamento, ou em seu relacionamento romântico mais recente. Considerando todas as atitudes que compõem essas interações, como fazer o jantar, comemorar datas, organizar a casa e resolver conflitos, que proporção do trabalho você assume?

Digamos que você reivindique responsabilidade por 55% do esforço total despendido no relacionamento. Se vocês estiverem perfeitamente ajustados, seu parceiro reivindicará responsabilidade por 45%, e ambos totalizarão 100%. Na verdade, os psicólogos Michael Ross e Fiore Sicoly constataram que três de cada quatro casais perfazem muito mais que 100%. Os parceiros superestimam suas contribuições. Essa tendência é conhecida como *viés da responsabilidade*: exagerar nossas contribuições em comparação com o que os outros acrescentam. É um erro a que os tomadores são especialmente vulneráveis, resultante, em parte, do desejo de se ver e de se apresentar de maneira positiva. Em consonância com essa ideia, Jonas Salk com certeza não evitava os holofotes. "Um dos grandes dons dele", escreve Oshinsky, "era o jeito de se projetar de maneira a parecer indiferente à fama (...). Os repórteres e fotógrafos sempre o encontravam resmungando contra o assédio, mas disponível. Pedia que não o ocupassem durante muito tempo; referia-se aos trabalhos importantes que o estavam impedindo de realizar; em seguida, depois de protestar com veemência, deleitava-se sob os refletores."

Há, contudo, outro fator em jogo, mais poderoso e mais lisonjeiro: a discrepância de informações. Dispomos de mais acesso às próprias contribuições que às dos outros. Temos consciência de todos os nossos esforços, mas testemunhamos apenas um subconjunto do trabalho dos parceiros. Quando pensamos em quem merece crédito, temos mais conhecimento das nossas contribuições. De fato, quando incumbidas de listar as contribuições específicas de cada cônjuge para o casamento, as pessoas relacionavam em média 11 das próprias ações, mas apenas 8 das dos parceiros.

Ao reivindicar o crédito exclusivo pela vacina contra a poliomielite, Salk tinha lembranças vívidas de quanto suor investira na busca da solução, mas, em comparação, pouco sabia das contribuições dos colegas. Não vivenciara o esforço de Youngner e dos demais membros da equipe – tampouco participara da descoberta de Enders, Robbins e Weller, que lhes rendeu o Prêmio Nobel.

"Mesmo quando estão bem-intencionadas", escreve Reid Hoffman, fundador do LinkedIn, "as pessoas tendem a superestimar as próprias contribuições e a subestimar as dos outros." Esse viés da responsabilidade é a principal causa de fracasso nas colaborações. Os relacionamentos profissionais se desintegram quando inventores, empreendedores, investidores e executivos acham que os parceiros não estão reconhecendo os méritos de que se consideram merecedores ou que não estão fazendo a sua parte.

Em Hollywood, só no período entre 1993 e 1997, mais de 400 roteiros cinematográficos – quase um terço do total – foram submetidos a arbitragem de créditos. A principal motivação dos tomadores é receber mais do que dão. É muito fácil acreditar que se fez a maior parte do trabalho e ignorar as contribuições alheias.

George Meyer conseguiu superar o viés da responsabilidade. *Os Simpsons* contribuiu com muitas palavras para o léxico inglês, das quais algumas foram criadas por Meyer. Em 2007, a revista de humor *Cracked* publicou uma matéria sobre os principais termos lançados por *Os Simpsons*.[24] Desses neologismos, o mais conhecido é *meh*, expressão de pura indiferença que surgiu na sexta temporada do programa. *Meh* foi incluída em numerosos dicionários, como *Macmillan* ("usada para demonstrar que você não se importa com o que acontece ou não está muito interessado em algo"), Dictionary.com ("expressão de enfado ou de apatia") e *Collins English Dictionary* ("interjeição que sugere indiferença ou fastio – ou adjetivo que qualifica algo medíocre ou pessoa não impressionada"). Vários anos depois, George Meyer foi surpreendido quando um redator de *Os Simpsons* se recordou com ele do episódio em que *meh* apareceu pela primeira vez. "Ele disse que eu havia trabalhado naquele episódio e que tinha proposto a palavra *meh*. Eu não me lembrava disso." Quando perguntei a Tim Long quem criara *meh*, ele disse ter quase certeza de que fora George Meyer. Finalmente, as conversas com os redatores ativaram a memória de Meyer: "Eu estava tentando imaginar uma palavra que fosse a mais fácil de dizer com o mínimo de esforço – mera junção dos lábios e expulsão do ar."

Por que Meyer não se lembrava muito bem de suas contribuições? Como doador, o propósito dele era alcançar resultados coletivos que divertissem outras pessoas, sem reivindicar méritos pessoais. Portanto, sugeriria tantas piadas, frases e palavras quanto possível, deixando que os outros as incluíssem nos scripts. A atenção dele se concentrava em melhorar a qualidade total do roteiro, não em determinar quem era responsável por isto ou aquilo.

As pesquisas demonstram que não é assim tão difícil para compensadores e tomadores cultivarem essa prática. Lembre-se de que o viés da responsabilidade se manifesta porque temos mais informações sobre as próprias contribuições que sobre as dos outros. A chave para equilibrar nossos julgamentos a esse respeito é prestar atenção no que os outros acrescentam. Basta preparar uma lista das contribuições dos parceiros *antes* de estimar as próprias. Estudos demonstram que, quando funcionários pensam em quanta ajuda receberam dos chefes antes de se gabar de quanto ajudaram os chefes, as estimativas das contribuições dos chefes duplicam, de menos de 17% para mais de 33%. Reúna um grupo de três a seis pessoas e peça a cada membro que avalie a porcentagem da própria participação no trabalho total. Some a estimativa de cada um e o total será superior a 140%. Diga-lhes para refletir sobre as contribuições de cada membro antes de estimar a própria, e o total cai para 123%.[25]

Doadores como Meyer o fazem naturalmente: têm o cuidado de reconhecer as contribuições das outras pessoas. Em um estudo, o psicólogo Michael McCall[26] pediu aos participantes que preenchessem um formulário de pesquisa que mediria se eram doadores ou tomadores, e que tomassem decisões em pares sobre a importância de diferentes itens para a sobrevivência no deserto. Aleatoriamente, disse a metade dos pares que haviam fracassado e à outra metade que tinham sido bem-sucedidos. Os tomadores culparam os parceiros pelo fracasso e reivindicaram os méritos pelo sucesso. Os doadores assumiram a culpa pelo fracasso e atribuíram aos parceiros mais créditos pelo sucesso.

Este é o modus operandi de George Meyer: ser extremamente rigoroso consigo mesmo quando as coisas dão errado, mas se apressar em parabenizar os outros quando as coisas dão certo. "O humor de mau gosto fere George fisicamente", diz Tim Long. Meyer quer que todas as piadas façam as pessoas rir – e que muitas as façam pensar. Embora exija dos outros os mesmos altos padrões que impõe a si mesmo, Meyer é mais tolerante com os erros alheios. No começo da carreira, George foi demitido de um programa chamado *Not Necessarily the News* depois de seis semanas. Vinte anos mais tarde topou com a chefe que o demitira. Ela se desculpou – demiti-lo foi sem dúvida um erro – e se preparou para enfrentar o ressentimento de Meyer. Ao me contar essa história, Meyer riu: "Foi muito bom vê-la de novo. Eu disse: 'Deixe isso para lá. Vamos falar sobre o presente; esqueça o passado!' Algumas pessoas em Hollywood vibram ao jogar os inimigos na lama. Isso é uma motivação vazia. E ninguém quer que tanta gente fique por aí torcendo pelo seu fracasso."

Na sala de redação de *Os Simpsons*, ser mais transigente com os outros do que consigo mesmo ajudou Meyer a extrair dos colaboradores as melhores ideias. "Tentei criar um ambiente onde todos sentissem que podiam contribuir, que errar é humano", diz. Isso é conhecido como *segurança psicológica*[27] – a crença em que você pode correr riscos sem ser condenado nem punido. Uma pesquisa de Amy Edmondson, professora da Harvard Business School, mostra que, no tipo de espaço de segurança psicológica que Meyer ajudou a criar, as pessoas aprendem e inovam mais.* E são os doadores que, em geral, fomentam esses ambientes: em outro estudo, constatou-se que os engenheiros capazes de compartilhar ideias sem esperar nada em troca tendiam a desempenhar um papel mais relevante na inovação, na medida em que tornavam a troca de informações mais segura.[28] Don Payne se lembra de que, quando ele e o colega redator John Frink entraram em *Os Simpsons*, sentiam-se intimidados pelos veteranos talentosos do programa, mas que Meyer lhes transmitia segurança para que apresentassem as próprias ideias. "George oferecia muito apoio e nos colocava sob suas asas. Facilitava nossa integração e participação, deixando-nos falar sem nos sentirmos ameaçados. Ouvia nossas sugestões e nos pedia opiniões."

Ao revisar scripts, muitos redatores de humor cortam as propostas com impiedade, magoando os autores. Meyer, por outro lado, diz que tentou "se especializar em prestar apoio psicológico". Quando os redatores surtavam ao ver seus roteiros reformulados, com frequência ele era o primeiro a acalmá-los e a consolá-los. No final das contas, mesmo quando ele retalhava o trabalho original, todos sabiam que se preocupava com os redatores. Carolyn Omine observa: "George não media palavras; dizia de cara que achava a piada boba, mas você nunca sentia que ele a estava chamando de boba." Tim Long me disse que, quando alguém dava a Meyer um script para ler, "era como se lhe tivesse passado um bebê, cabendo a ele dizer se a criança estava doente. Ele realmente se importa com a qualidade do seu texto – e também com você".

---

* Existiria um lado negativo da segurança psicológica? Muitos gestores acreditam que, ao tolerar erros, enviam a mensagem de que não há problema em errar. Os equívocos podem não ser desastrosos numa série de televisão, mas e quanto a um ambiente que envolve vidas humanas, como um hospital? Amy Edmondson pediu a membros de oito unidades hospitalares que avaliassem o grau de segurança psicológica nos ambientes de trabalho e a frequência dos erros médicos. Sem dúvida, quanto mais alta era a percepção de segurança psicológica, maior o número de erros médicos relatados. Nas unidades em que os profissionais de assistência médica sentiam que seus deslizes seriam perdoados, eles pareciam ter uma tendência maior a dar medicamentos errados aos pacientes, submetendo-os a riscos por tratamento ineficaz ou por reações alérgicas. A intuição diz que a tolerância aos erros torna as pessoas complacentes e mais propensas a eles, mas Amy não se convenceu. Ela raciocinou que a segurança psicológica deixava as pessoas mais à vontade para relatar erros, e não que as tornava mais propensas a cometê-los. De fato, quanto mais alta era a segurança psicológica na unidade, mais erros se relatavam. No entanto, quando Edmondson analisou dados mais objetivos e independentes sobre as falhas, constatou que as unidades com mais segurança psicológica realmente não erravam mais. Com efeito, quanto mais alta era a segurança psicológica, *menos* erros se cometiam. Por quê? Nas unidades que careciam de segurança psicológica, os profissionais de assistência médica ocultavam as próprias falhas, temendo retaliação. Em consequência, não aprendiam com elas. Nas unidades com alta segurança psicológica, por outro lado, o relato e a análise de equívocos possibilitavam a prevenção e o progresso.

Hiato da perspectiva[29]

Se superar o viés da responsabilidade nos proporciona uma compreensão melhor das contribuições alheias, o que nos permite oferecer apoio aos colegas nas colaborações, quando as emoções podem se acirrar e as pessoas não raro levam as críticas para o lado pessoal? Compartilhar créditos é apenas um ingrediente do grupo de trabalho bem-sucedido. A capacidade de Meyer de consolar os colegas redatores quando o trabalho deles sofria cortes e de fomentar ambientes propícios à segurança psicológica é um atributo típico de outra atitude dos doadores nas colaborações: ver além do hiato da perspectiva.

Em um experimento liderado por Loran Nordgren, psicólogo da Northwestern University, os participantes previam até que ponto seria doloroso ficar durante cinco horas em um ambiente com baixíssima temperatura, como um frigorífico. Duas condições diferentes eram dadas: quente e frio. Um grupo estimava a dor com um braço mergulhado em um balde com água quente; o outro, com um braço em um balde com água gelada. Que grupo provavelmente receava sentir mais dor no ambiente resfriado?

Como você provavelmente adivinhou, foi o grupo frio. Os participantes previram que ficar no frigorífico seria 14% mais doloroso quando opinavam com o braço na água gelada. Depois de literalmente sentir frio por um minuto, eles sabiam que várias horas em ambiente resfriado seriam terríveis. Um terceiro grupo, porém, experimentou o frio em circunstâncias diferentes. Os participantes mergulhavam o braço na água gelada, mas só estimavam quão doloroso seria o ambiente congelado 10 minutos depois de retirar o braço da condição adversa.

As previsões do terceiro grupo deveriam ter sido parecidas com as do grupo frio, pelo fato de seus participantes terem sentido a temperatura de congelamento apenas 10 minutos antes, mas não foram. Elas se assemelharam às do grupo quente. Embora tivessem sentido frio havia tão pouco tempo, uma vez eliminada a situação agressiva, os participantes não mais conseguiam imaginá-la. Esse é o *hiato da perspectiva*: quando não estamos experimentando uma situação agressiva, seja psicológica ou física, subestimamos em muito a intensidade com que seremos afetados por ela. Por exemplo, as evidências demonstram que os médicos sempre acham que os pacientes sentem menos dor do que na realidade sentem. Por não estarem eles próprios em uma condição dolorosa, não se dão conta completamente da sensação de dor.

Em um hospital de São Francisco, na Califórnia, um respeitado oncologista[30] estava preocupado com um paciente: "Ele não está tão lúcido quanto antes." O paciente era idoso e tinha câncer metastático. O oncologista resolveu submetê-lo a uma punção lombar para verificar o que havia de errado, na esperança de prolongar a vida do paciente. "Talvez ele tenha uma infecção, algo tratável."

O neurologista de plantão, Robert Burton, tinha dúvidas. O prognóstico do paciente era sombrio e a punção lombar seria extremamente dolorosa. Mas o oncologista não estava disposto a jogar a toalha. Quando Burton entrou na sala com a bandeja de punção lombar, a família do paciente protestou. "Por favor, chega!", disseram a uma só voz. O paciente – fraco demais para falar, acenou, recusando o procedimento. Burton procurou o oncologista e explicou o desejo da família de evitar o procedimento, mas ele continuou irredutível. Finalmente, a esposa do paciente agarrou o braço de Burton, implorando-lhe apoio para não aceitar o plano do oncologista. "Não é o que queremos", suplicou a mulher. O oncologista parecia decidido a salvar a vida do paciente. Explicou por que a punção lombar era essencial, e a família acabou cedendo.

Burton fez a punção lombar, que foi difícil e muito dolorosa. O paciente desenvolveu uma dor de cabeça lancinante, entrou em coma e morreu três dias depois por causa do câncer. Embora o oncologista fosse um especialista eminente, Burton se lembra dele "principalmente por me haver ensinado sobre a aceitação acrítica de 'estar fazendo o bem'. A única maneira de realmente saber é perguntar ao paciente e ter um diálogo".

Nas colaborações, os tomadores raramente transpõem o hiato da perspectiva. Estão de tal forma focados nos próprios pontos de vista que jamais conseguem ver como os outros estão reagindo às suas ideias e lhes dando feedback. Por outro lado, o pesquisador Jim Berry e eu descobrimos que, no trabalho criativo, os doadores se sentem mais motivados a beneficiar os outros, descobrindo maneiras de se colocar na situação deles.[31] Quando editava o trabalho dos animadores e redatores de *Os Simpsons*, George Meyer enfrentava o hiato da perspectiva. Estava cortando piadas e cenas favoritas alheias, não as próprias. Reconhecendo que, literalmente, não podia sentir o que eles sentiam, encontrou um substituto próximo: refletia sobre como seria receber feedback e ter o trabalho revisado se estivesse na posição deles.

Logo que se juntou à equipe de *Os Simpsons*, em 1989, Meyer havia escrito um episódio referente ao Dia de Ação de Graças que incluía uma sequência de sonho. Na opinião dele, a sequência era hilária, mas Sam Simon, produtor na época, não concordou. Quando Simon eliminou a cena do sonho, Meyer ficou furioso. "Surtei. Minha raiva era tanta que Sam teve me dar outra tarefa, só para que eu saísse da sala." Quando chegou sua vez de criticar e alterar o trabalho dos outros, Meyer se recordou da própria experiência. Isso o deixou mais empático e solidário, ajudando os outros a esfriar a cabeça e aceitar as revisões.

Como Meyer, os doadores bem-sucedidos mudam seus padrões de referência para a perspectiva dos receptores. Para a maioria das pessoas, esse não é o ponto de vista natural. Pense no dilema comum de dar um presente de casamento. Quando o destinatário deixa uma lista de desejos numa loja, você escolhe uma das alternativas já escolhidas ou o surpreende com algo singular e imprevisto?

Uma noite, minha esposa estava procurando um presente de casamento para uns amigos. Ela concluiu que seria mais atencioso e delicado dar algo que não estivesse na lista, e escolheu castiçais, supondo que nossos amigos apreciariam o presente diferente. Fiquei perplexo. Vários anos antes, quando recebemos nossos presentes de casamento, minha esposa ficou decepcionada na grande maioria das vezes em que nos enviaram algo fora da lista em vez de escolher os que já havíamos indicado. Ela sabia o que queria e muito dificilmente alguém mandaria um presente que preferíssemos aos que já tínhamos selecionado. Lembrando-se de que ela mesma preferira os itens da lista de desejos quando fora sua vez de recebê-los, por que teria optado pelo presente singular, agora que estava do outro lado?

Para decifrar o enigma, os pesquisadores Francesca Gino, de Harvard, e Frank Flynn, de Stanford, examinaram como os presenteadores e os presenteados reagiam a presentes da lista e a presentes de fora da lista.[32] Eles constataram que os presenteadores sempre subestimavam quanto os presenteados apreciavam os presentes da lista. Em um experimento, recrutaram 90 pessoas para dar ou receber um presente da Amazon.com. Os presenteados tinham 24 horas para criar uma lista de desejos de 10 produtos, na faixa de preço de US$20 a US$30. Os presenteadores acessavam a lista de desejos e eram incumbidos, ao acaso, de escolher um presente da lista ou um presente de fora da lista.

Os presenteadores esperavam que os presenteados apreciassem mais os presentes de fora da lista, como algo mais atencioso e pessoal. Na verdade, ocorreu exatamente o contrário. Os presenteados relataram uma preferência muito maior pelos presentes da lista. O mesmo padrão se repetiu entre amigos que davam e recebiam presentes de casamento. Os presenteadores preferiam oferecer presentes pessoais e os presenteados efetivamente ficavam mais satisfeitos com os itens que haviam solicitado nas listas de desejos.

Por quê? As pesquisas mostram que, quando tentamos assumir as perspectivas alheias, tendemos a manter nossos padrões de referência,[33] perguntando: "Como *eu* me sentiria nessa situação?" Quando damos um presente, imaginamos nossa alegria ao receber o que escolhemos. Mas a alegria de quem recebe não será igual à nossa, pois o presenteado tem outras preferências. Como doadora, minha mulher adorou os castiçais que escolheu. No entanto, se nossos amigos tivessem gostado tanto assim desses itens, por que não os teriam incluído na lista de presentes?

Para realmente ajudar os colegas, deve-se abandonar os próprios padrões de referência. Como fez George Meyer, é preciso perguntar: "De que maneira o *recebedor* se sentirá nessa situação?" Essa capacidade de ver o mundo sob a perspectiva do outro se desenvolve muito cedo na vida. Em um experimento, Betty Repacholi e Alison Gopnik, psicólogas de Berkeley, estudaram bebês de 14 e de 18 meses. Diante deles eram colocados dois pratos: um com biscoitinhos em forma de peixe e outro com brócolis. Os bebês provaram a comida dos dois pratos, demonstrando forte preferência pelos biscoitos.[34] Assistiram, então, a um pesquisador demonstrar aversão ao provar os biscoitos e prazer ao provar o brócolis. Quando o pesquisador estendeu a mão e pediu comida, os bebês tinham a chance de lhe oferecer uma ou outra coisa. Será que os bebês abandonariam as próprias perspectivas e ofereceriam brócolis ao pesquisador, embora o tivessem detestado?

Os bebês de 14 meses não o fizeram, mas os de 18 meses, sim. Dos de 14 meses, 87% ofereceram biscoitos em vez de brócolis. Dos de 18, apenas 31% o fizeram, ao passo que 69% aprenderam a aceitar as preferências alheias, mesmo que diferissem das suas. Essa capacidade de considerar o ponto de vista dos outros em vez de seguir apenas o próprio é uma habilidade típica dos doadores bem-sucedidos nas colaborações.* Curiosamente, quando George

---

* Como filho mais velho, Meyer teve muitas oportunidades de adotar outras perspectivas. Estudos mostram que ter irmãos mais novos desenvolve os instintos de doador, ao propiciar experiências de ensinar, cuidar e alimentar crianças menores.[35] Os especialistas há muito reconhecem que quando irmãos mais velhos, sobretudo os primogênitos, são incumbidos de cuidar dos mais novos, isso exige muita atenção aos desejos e necessidades singulares deles – e às diferenças deles em relação a si mesmos. Mas Frank Lloyd Wright e Jonas Salk eram primogênitos: Wright tinha duas irmãs mais novas e Salk, dois irmãos. Algo mais na família de Meyer talvez o tenha empurrado na direção dos doadores.

Meyer iniciou a carreira de redator de humor, ele não era capaz de adotar outras perspectivas para ajudar melhor os colegas. Ele os via como rivais:

> No começo, você vê as pessoas como obstáculos para o sucesso. Mas isso significa que seu mundo será cheio de obstáculos, o que é ruim. Nos primeiros anos, quando alguns de meus colegas e amigos – até amigos próximos – alcançavam um sucesso retumbante em suas áreas, era difícil para mim. Eu sentia inveja e que a vitória deles de alguma maneira me diminuía. No início da carreira, você está interessado acima de tudo em avançar e em se promover.

À medida que se integrava ao ambiente de programas de televisão, porém, Meyer se entrosava cada vez mais com as mesmas pessoas. Era um mundo pequeno, e um microcosmo conectado. "Dei-me conta de que poucas centenas de pessoas escreviam humor para televisão como meio de vida", diz Meyer. "É uma boa ideia não se indispor com esses caras, pois a maioria das novas oportunidades de emprego é divulgada boca a boca ou por meio de recomendações. É realmente importante ter uma boa reputação. Logo aprendi a ver os outros redatores de humor como aliados." Meyer começou a torcer pelo sucesso dos colegas. "Quando o projeto de alguém é aprovado ou o programa de outro vira série, sob certo aspecto isso é bom, pois significa que o humor está progredindo."

Essa não foi a trajetória de Frank Lloyd Wright. Ele era sem dúvida um gênio, mas não era um criador de gênios. Ao alcançar o sucesso, não disseminou o seu sucesso para outros arquitetos; em geral, os colegas se incumbiam de conquistá-lo às próprias custas. É como refletiu o filho de Wright, John: "Ele trabalhou bem ao construir seus edifícios conforme seus ideais, mas foi fraco em apoiar o anseio alheio por essa mesma realização." Quando se tratava de aprendizes, acusou-o o filho, Wright nunca deu apoio a algum deles nem o ajudou. Certa vez, Wright prometeu aos aprendizes uma sala

---

Em uma série de estudos liderados pelo psicólogo holandês Paul van Lange, constatou-se que os doadores tinham mais irmãos que os tomadores e os compensadores. Os doadores tinham em média dois irmãos; os tomadores e os compensadores, em média um e meio. Mais irmãos significa mais compartilhamento, o que parece predispor as pessoas a dar. Talvez não seja coincidência o fato de George Meyer ser o mais velho de oito irmãos. O interessante é que os dados de Van Lange sugerem um efeito irmã, não só um efeito ninhada. Os doadores não tinham mais irmãos que os tomadores e os compensadores, mas a probabilidade de terem irmãs era 50% mais alta. Vale notar que, dos sete irmãos mais novos de Meyer, cinco eram do sexo feminino.

de desenho para que pudessem trabalhar, mas só cumpriu a promessa sete anos depois de iniciar o programa de estágio em Taliesin. A certa altura, um cliente admitiu que preferia contratar os aprendizes de Wright ao próprio Wright, uma vez que os aprendizes tinham tanto talento quanto ele, mas o superavam em responsabilidade pela conclusão do trabalho no prazo e dentro do orçamento. Wright ficou furioso e proibiu seus arquitetos de aceitar encomendas independentes, além de obrigá-los a incluir o nome dele no cabeçalho de qualquer projeto. Muitos de seus aprendizes mais talentosos e experientes foram embora, acusando Wright de explorá-los em proveito próprio e de roubar-lhes os créditos pelos trabalhos. "É espantoso", observa De St. Aubin, "que apenas poucos das centenas de aprendizes [de Wright] tenham seguido uma carreira independente significativa como arquitetos."[36]

O sucesso de George Meyer produziu o efeito oposto sobre os colaboradores: difundiu-se, contagiando todos ao seu redor. Os colegas de Meyer o consideram gênio, mas o admirável é que ele também se destaca como criador de gênios. Ao ajudar os colegas redatores em *Os Simpsons*, George Meyer tornou-os mais eficazes no trabalho, multiplicando a eficácia coletiva. "Ele me tornou um redator melhor, inspirando-me a pensar fora da caixa", reconhece Don Payne. A disposição de Meyer para executar tarefas impopulares, ajudar os outros redatores em suas piadas e trabalhar longas horas a fim de alcançar altos padrões coletivos foi repassada a todos. "Ele faz com que todo mundo se esforce mais", disse Jon Vitti a um repórter da *Harvard Crimson*, além de afirmar que "a presença de Meyer estimula os outros redatores de *Os Simpsons* a serem mais engraçados".

Meyer deixou *Os Simpsons* em 2004 e hoje trabalha em seu primeiro romance, mas a influência dele na sala de redação ainda persiste. Hoje "a voz de George continua forte no DNA do programa", diz Payne. "Ele me mostrou que você não precisa ser uma pessoa detestável para progredir." Carolyn Omine acrescenta: "Todos nós absorvemos muito do senso de humor de George. Embora ele não esteja mais aqui, às vezes ainda pensamos como ele." Anos mais tarde, Meyer ainda se esforça para promover os colegas. Embora tivesse recebido cinco prêmios Emmy, Tim Long não havia realizado seu grande sonho: queria que algo seu fosse publicado na revista *The New Yorker*. Em 2010, Long enviou a Meyer o rascunho de um artigo. Meyer respondeu rapidamente, com feedback incisivo. "Ele simplesmente analisou a matéria linha por linha, e foi extremamente generoso. As observações dele me ajudaram a consertar coisas que me incomodavam, mas que eu não conseguia articular muito bem." Em seguida, Meyer foi ainda mais longe: procurou um editor da *The New Yorker* para ajudar Long. Em 2011, o sonho de Long se realizou – duas vezes.

Ao lançar a segunda edição de *Army Man*, Meyer tinha 30 colaboradores. Todos escreviam piadas sem cobrar nada, e as carreiras deles dispararam, junto com a de Meyer. Pelo menos sete passaram a escrever para *Os Simpsons*. Um deles, Spike Feresten, escreveu um único episódio, em 1995, e tornou-se redator indicado para um Emmy e produtor de *Seinfeld*, para o qual escreveu o famoso episódio "Soup Nazi". E os colaboradores de *Army Man* que não se tornaram redatores de *Os Simpsons* fizeram sucesso em outros lugares. Por exemplo, Bob Odenkirk é escritor e ator, Roz Chast é cartunista da *The New Yorker* e Andy Borowitz tornou-se autor best-seller e criador de uma coluna satírica e um site com milhões de fãs. Antes, Borowitz coproduziu o filme de sucesso *Pleasantville* e criou o seriado que lançou a carreira do ator Will Smith. Ao chamá-los para escrever para *Army Man*, Meyer ajudou-os a subir. "Apenas convidei as pessoas que me faziam rir", Meyer disse a Mike Sacks. "Não imaginava que elas se tornariam ilustres."

4

Encontrando o diamante bruto

Fatos e ficções sobre reconhecimento do potencial

> *Quando tratamos uma pessoa como ela é, nós a tornamos pior
> do que já é; quando a tratamos como se já fosse o que poderia ser,
> nós a transformamos no que deveria ser.*
>
> – Atribuído a Johann Wolfgang von Goethe, escritor alemão

Quando Barack Obama chegou à Casa Branca, um repórter lhe perguntou qual era seu aplicativo favorito. Sem hesitar, Obama respondeu: "O iReggie, que tem meus livros, meus jornais, minha música, tudo em um só lugar." iReggie, porém, não é um software. É alguém chamado Reggie Love,[1] e ninguém teria adivinhado que ele se tornaria um recurso indispensável para o presidente Obama.

Love era um atleta de destaque na Duke University, onde realizou o feito raro de atuar em posições-chave nos times de futebol americano e de basquete. Entretanto, depois de dois anos de tentativas fracassadas de entrar na principal liga de futebol americano, logo após a formatura, decidiu mudar de rumo. Tendo estudado ciências políticas e administração pública em Duke, Love procurou um estágio no Congresso. Com antecedentes de esportista e pouca experiência de trabalho, acabou na sala de correspondências do gabinete de Obama no Senado. Depois de um ano, porém, com apenas 26 anos, Love foi promovido a assistente pessoal do então senador.

Love trabalhava 18 horas por dia e já voou mais de 1,5 milhão de quilômetros com Obama. "A capacidade dele de acumular tantas atribuições com tão poucas horas de sono é uma fonte de inspiração", disse Obama. "Ele é mestre no que faz." Quando Obama foi eleito presidente, um auxiliar observou que Love "cuidava do presidente". Love se desdobrava para responder a todas as cartas que chegavam ao gabinete. "Sempre fiz questão de ter consideração pelas pessoas e demonstrar que eram ouvidas", disse-me. De acordo com um repórter, Love é "conhecido pela gentileza excepcional e universal".

Décadas antes, no estado natal de Love, a Carolina do Norte, uma mulher, Beth Traynham, resolveu voltar à escola para estudar contabilidade. Beth tinha 30 e poucos anos, e números não eram seu forte. Na hora de fazer o exame da categoria (CPA, Certified Public Accountant), ela estava convencida de que não seria aprovada. Além de ter dificuldade em matemática, enfrentava sérias limitações de tempo, ao se dividir entre um emprego em tempo integral e a criação dos três filhos – dois deles ainda bebês, que haviam contraído catapora duas semanas antes da prova. Ela chegou ao fundo do poço ao passar todo um fim de semana estudando contabilidade de fundos de pensão, para, depois, concluir que sabia menos do que no começo. Ao sentar-se para fazer a prova, teve um ataque de pânico quando leu as perguntas de múltipla escolha. Deixou o local da prova desanimada, certa de que tinha sido reprovada.

Numa segunda-feira de manhã, em agosto de 1992, o telefone de Beth tocou. A voz no outro lado da linha disse que ela havia conquistado a medalha de ouro no exame de CPA na Carolina do Norte. Sua primeira reação foi imaginar que alguém estivesse brincando com ela. Mais tarde, no mesmo dia, telefonou para a seção local do órgão de certificação para confirmar a notícia. Não era brincadeira: Beth alcançara a pontuação mais alta em todo o estado. Tempos depois, ficou de novo estupefata ao receber outro prêmio: o Elijah Watt Sells Award for Distinctive Performance, concedido aos 10 primeiros classificados em todo o país, superando os resultados de outros 136.525 candidatos. Hoje, Beth é uma sócia muito respeitada da empresa de contabilidade Hughes, Pittman & Gupton, LLC e recebeu diversos prêmios de liderança.

Beth Traynham e Reggie Love tiveram experiências de vida drasticamente diferentes. Afora o sucesso profissional e as raízes na Carolina do Norte, porém, outro traço comum os une: C. J. Skender,[2] uma lenda viva.

Skender leciona contabilidade, mas chamá-lo de professor de contabilidade não lhe faria justiça. Ele é um personagem sem igual, conhecido pelas gravatas-borboletas e pela capacidade de memorizar trechos de milhares de músicas e filmes. Embora seja um verdadeiro mago com números, é impossível mensurar o impacto dele sobre os alunos. É tão procurado que tem permissão para lecionar ao mesmo tempo em duas universidades. Ganhou mais de uma dezena de prêmios como professor. Ao longo da carreira, já deu aulas para mais de 600 turmas e já avaliou mais de 35 mil alunos. Graças ao tempo que investe nos estudantes, desenvolveu o que talvez seja sua capacidade mais impressionante: uma sensibilidade notável para identificar talentos.

Em 2004, Reggie Love se matriculou no curso de contabilidade de C. J. Skender em Duke. Era um curso de verão de que Love precisava para se formar. Embora muitos professores o tivessem descartado como aluno mais dedicado aos esportes que aos estudos, Skender reconheceu o potencial de Love fora do atletismo. Assim, empenhou-se para envolver Love nas aulas, e acabou descobrindo que a intuição dele estava certa e que pagaria dividendos. "Eu não sabia nada de contabilidade antes de me matricular no curso de C. J.", diz Love, "e a base de conhecimentos fundamentais das aulas ajudou a me guiar rumo à Casa Branca." Na sala de correspondências de Obama, Love aplicou as noções sobre administração de estoques que adquirira no curso de Skender para desenvolver um processo mais eficiente na organização e digitalização do enorme volume de correspondências. "Foi a primeira mudança que implementei", diz Love, o que impressionou o chefe de gabinete de Obama. Em 2011, Love deixou a Casa Branca para estudar em Wharton. Na época, enviou um e-mail a Skender: "Estou no trem para a Filadélfia, onde farei um programa de MBA executivo, e uma das primeiras matérias é contabilidade financeira. Gostaria de aproveitar para lhe agradecer por acreditar em mim quando cursei sua disciplina."

Doze anos antes, pouco depois de Beth Traynham fazer o exame de CPA, sem ainda saber dos resultados, ela tinha procurado Skender para avisá-lo de seu desempenho decepcionante. Disse-lhe que estava certa de ter fracassado no exame, mas Skender confiava mais nela que ela própria. E prometeu: "Se você não passar, pago a sua hipoteca." Mais uma vez ele estava certo – e não só a respeito de Beth. Naquela primavera, os medalhistas de prata e bronze no exame de CPA na Carolina do Norte também tinham sido alunos dele. Seus alunos conquistaram os três primeiros lugares entre os 3.396 candidatos que fizeram as provas. Foi a primeira vez na Carolina do Norte que uma faculdade levou todas as medalhas principais, e, embora a contabilidade fosse uma área de atuação ainda dominada por homens, os três medalhistas de Skender eram mulheres. No total, ao longo dos anos, mais de 40 alunos dele ganharam medalhas no CPA, classificando-se nos três primeiros lugares no estado. Ele também demonstrou um dom para identificar futuros professores: mais de três dúzias de alunos seguiram seus passos e foram dar aula em universidades. Como será que ele identifica talentos?

Talvez pareça pura intuição, mas a capacidade de C. J. Skender de reconhecer potenciais tem uma rigorosa base científica. Identificar e cultivar talentos são habilidades essenciais em praticamente todos os setores de atividade. É difícil superestimar a importância de se cercar de estrelas. Da mesma forma que no networking e na colaboração, quando se trata de descobrir potencial os estilos de reciprocidade moldam nossas abordagens e eficácia. Neste capítulo, mostrarei como os doadores alcançam o sucesso reconhecendo o potencial de outras pessoas. Além de estudarmos as técnicas de Skender, analisaremos como os caçadores de talentos detectam atletas de alto nível, como as pessoas acabam investindo de mais em candidatos de baixo potencial e o que os grandes músicos dizem sobre seus primeiros professores. Mas o melhor ponto de partida é o contexto militar, no qual psicólogos passaram três décadas investigando o que é necessário para identificar os cadetes mais talentosos.

Em busca de estrelas

No começo da década de 1980, um psicólogo chamado Dov Eden publicou o primeiro de uma série de resultados extraordinários. Ele conseguia prever quais soldados das Forças de Defesa de Israel (FDI) apresentariam alto desempenho, mesmo antes de começarem a treinar.[3]

Depois de terminar o doutorado nos Estados Unidos, Eden emigrou para Israel e começou a realizar pesquisas com as FDI. Em um estudo, analisou avaliações abrangentes de quase mil soldados na iminência de iniciar o treinamento em seus pelotões. Tinha os resultados dos testes de aptidão, as avaliações durante o treinamento básico e as referências dos comandantes anteriores. Usando somente essas informações, que haviam sido reunidas antes do começo do treinamento para as atuais funções, Eden era capaz de identificar um grupo de recrutas com alto potencial, que poderiam se destacar.

Nas 11 semanas seguintes, os treinandos se submeteram a testes que mediam a expertise deles em táticas de combate, mapas e procedimentos operacionais comuns. Também demonstravam suas habilidades no manejo de armamentos, que era avaliada por especialistas. Os candidatos que Eden havia identificado no começo do programa como tendo alto potencial se saíram muito melhor que os colegas nos três meses seguintes: alcançaram uma pontuação 9% mais alta nos testes de expertise e 10% mais alta no manejo de armamentos. Que informações Eden usava para detectar o pessoal de alto potencial? Se você fosse líder de pelotão nas FDI, que características valorizaria mais em seus soldados?

É bom saber que Eden se inspirou em um estudo clássico liderado por Robert Rosenthal, psicólogo de Harvard, que contou com o apoio de Lenore Jacobson, diretora de uma escola de ensino fundamental em São Francisco. Alunos de 18 turmas, do jardim de infância até o quinto ano, fizeram testes de capacidade cognitiva, que mediam objetivamente suas habilidades verbal e lógica, consideradas fundamentais para o aprendizado e para a solução de problemas. Rosenthal e Lenore Jacobson apresentaram os resultados dos testes aos professores: aproximadamente 20% dos alunos tinham demonstrado potencial para uma arrancada intelectual.[4] Mesmo que talvez não se destacassem no momento, os resultados dos testes sugeriram que esses estudantes demonstrariam "ganhos intelectuais extraordinários" no decurso do ano letivo.

O teste de Harvard foi revelador: quando os alunos fizeram o teste de capacidade cognitiva um ano depois, constatou-se que aqueles com maior potencial tinham melhorado mais que o restante, ou seja, avançaram em média 12 pontos de QI, em comparação com ganhos médios de apenas 8 pontos para os colegas. Superaram os pares em mais ou menos 15 pontos de QI no primeiro ano e 10 pontos de QI no segundo. Dois anos depois, continuaram à frente dos demais. O teste de inteligência de fato conseguira identificar alunos de alto potencial: com efeito, aqueles com maior potencial no início se tornaram mais inteligentes – com mais rapidez – que os colegas.

Com base nesses resultados, a inteligência parecia ser um forte concorrente entre os principais fatores diferenciadores de alunos de alto potencial. Mas não era – pelo menos no começo. Por que não?

Os alunos rotulados como tendo maior potencial *não alcançaram* a pontuação mais alta nos testes de inteligência. Não há como saber, pois Rosenthal os escolheu ao acaso.

O estudo se destinava a descobrir o que acontecia com os alunos quando os professores *acreditavam* que eles tinham alto potencial. Rosenthal selecionou aleatoriamente 20% dos alunos em cada classe, a serem considerados com maior potencial, enquanto os demais 80% eram o grupo de controle. Os escolhidos *não eram mais inteligentes que os colegas* – a diferença "estava na cabeça do professor".

Os escolhidos, porém, de fato ficaram mais inteligentes que os colegas, em capacidade verbal e lógica. Alguns alunos rotulados aleatoriamente como promissores conseguiram mais de 50% em ganhos de inteligência em um único ano. Suas vantagens em capacidade se mantiveram quando fizeram testes de inteligência no fim do ano, aplicados por outros examinadores que não sabiam da realização do experimento, muito menos que os alunos haviam sido identificados como promissores. E os alunos rotulados como tais continuaram a apresentar ganhos depois de dois anos, mesmo tendo novos professores, que não sabiam quais alunos haviam sido considerados especiais. Por quê?

As crenças dos professores criavam profecias autorrealizáveis. Quando acreditavam que os alunos eram promissores, os professores criavam altas expectativas de sucesso. Em consequência, adotavam comportamentos mais apoiadores, que reforçavam a confiança dos alunos e aceleravam o aprendizado e o desenvolvimento. Os professores se comunicavam mais calorosamente com eles, atribuíam-lhes tarefas mais desafiadoras, lhes faziam perguntas com mais frequência e lhes ofereciam mais feedback. Muitos experimentos replicaram esses efeitos, demonstrando que as expectativas dos professores são especialmente importantes para melhorar as notas e as pontuações nos testes de inteligência de alunos com baixo desempenho e de membros de grupos minoritários estigmatizados. Em uma análise abrangente das evidências, os psicólogos Lee Jussim e Kent Harber concluíram: "As profecias autorrealizáveis nas salas de aula são reais."[5]

Todos sabemos, porém, que as crianças são impressionáveis nas primeiras fases do desenvolvimento intelectual. Quando Dov Eden começou suas pesquisas nas FDI, ele queria saber se esses tipos de profecias autorrealizáveis também se manifestariam em adultos plenamente formados. Nessas condições, disse a alguns líderes de pelotão que havia analisado os resultados dos testes de aptidão, as avaliações durante o treinamento básico e as referências dos comandantes anteriores, concluindo: "Em média, o potencial de comando de seus recrutas é consideravelmente superior ao nível habitual. Portanto, você pode esperar realizações extraordinárias dos membros de seu grupo."

Como no estudo da escola de ensino fundamental, Eden havia selecionado ao acaso esses recrutas de alto potencial. O objetivo era testar o efeito da crença dos líderes de que os treinandos eram promissores. Espantosamente, aqueles rotulados ao acaso como especiais apresentaram resultados muito superiores aos dos demais nos testes de expertise e nas avaliações de manejo de armas. A exemplo dos professores, os líderes de pelotão, ao acreditarem no potencial dos recrutas, passaram a agir de maneira que transformou em realidade o resultado esperado. Os líderes de pelotão que tinham altas expectativas em relação aos treinandos lhes ofereceram mais ajuda, orientação na carreira e feedback. Quando os soldados erravam, em vez de assumir que não tinham capacidade, os líderes viam oportunidades para ensino e aprendizado. Os comportamentos apoiadores dos chefes reforçaram a confiança e a capacidade dos recrutas, predispondo-os e estimulando-os a alcançar um desempenho maior.

As evidências demonstram que as crenças dos líderes podem catalisar profecias autorrealizáveis em muitos ambientes além do militar. O pesquisador de gestão Brian McNatt conduziu uma análise exaustiva de 17 estudos diferentes com quase 3 mil empregados em uma ampla variedade de empresas, desde instituições financeiras, passando por lojas de varejo, até fábricas. Em geral, quando os gestores eram preparados para ver certos empregados como promissores, estes progrediam mais.[6] McNatt conclui que essas intervenções "podem exercer um efeito bastante poderoso sobre o desempenho". Ele estimula os gestores a "reconhecer a possível força e influência de demonstrar um interesse genuíno e uma fé autêntica no potencial dos funcionários; e adotar práticas que apoiem as pessoas e transmitam essa crença, aumentando a motivação e os esforços alheios e ajudando-os a alcançar todo o seu potencial".

Alguns gestores e professores já internalizaram essa mensagem. Sempre veem grande potencial nas pessoas, sem que ninguém tenha dito a eles para agir assim. Raramente esse é o caso dos tomadores, que tendem a confiar pouco. Como assumem que todos são também tomadores, cultivam expectativas baixas em relação ao potencial dos colegas e subordinados. Pesquisas demonstram que os tomadores têm dúvidas sobre as intenções alheias, monitorando de perto possíveis pistas de que os outros possam prejudicá-los e tratando-os com suspeita e desconfiança. Essas baixas expectativas desencadeiam um círculo vicioso, restringindo o desenvolvimento e a motivação daqueles ao seu redor.[7] Mesmo quando ficam impressionados com a capacidade e a motivação de alguém, os tomadores tendem a ver essa pessoa mais como uma ameaça, o que os deixa menos propensos a apoiá-la e a desenvolvê-la. Em consequência, os tomadores raramente adotam os tipos de comportamento que reforçam a confiança e promovem a evolução dos colegas e subordinados.

Os compensadores dispõem de melhores condições para inspirar profecias autorrealizáveis. Como valorizam a reciprocidade, ao constatarem que um colega ou subordinado demonstra alto potencial, eles respondem à altura, desdobrando-se para apoiar, encorajar e desenvolver o colega ou subordinado promissor. O erro deles, porém, consiste em *esperar* sinais de alto potencial. Como tendem a jogar com segurança, em geral só oferecem ajuda quando veem demonstrações de talento. Em consequência, perdem oportunidades para aprimorar pessoas que, de início, não se destacam.

Os doadores não ficam à espera de indícios promissores. Como costumam ser confiantes e otimistas em relação às intenções alheias, os líderes, gestores ou mentores desse tipo enxergam potencial em todas as pessoas. Como padrão, começam encarando o outro como um talento latente. Esse foi o atributo que permitiu a C. J. Skender desenvolver tantos alunos brilhantes. Ele não tem nenhuma capacidade especial para reconhecer indivíduos talentosos; simplesmente parte do princípio de que todos têm qualidades e tenta trazer à tona o melhor de cada um. Na visão de Skender, cada aluno que entra na sala de aula é um diamante bruto a se garimpar, lapidar e polir. Ele descobre potencial onde outros só percebem deficiências, o que deflagrou uma série de profecias autorrealizáveis.

Polindo o diamante bruto

Em 1985, uma aluna de Skender chamada Marie Arcuri prestou o exame de CPA. Ela não estava muito acostumada com aquele tipo de prova e não passou na primeira tentativa. Poucos dias depois, recebeu uma carta de Skender. Ele escreveu para todos os alunos que haviam feito o exame, cumprimentando os que passaram e encorajando os que fracassaram. Marie guarda a carta até hoje:

> Seu marido, sua família e seus amigos a amam por causa da bela pessoa que você se tornou – não por causa do seu desempenho num exame. Lembre-se disso. Concentre-se. Quero o melhor para você. *Você* vai superar isso, Marie. Escrevo em todas as minhas provas: "O principal objetivo já foi atingido com a sua preparação para esse exame." Não é o sucesso que mede os seres humanos, mas o esforço.

Estudos demonstram que os contadores tendem mais a atingir seu potencial quando recebem o tipo de estímulo oferecido por Skender. Vários anos atrás, 72 novos auditores foram admitidos pelas quatro maiores empresas de contabilidade dos Estados Unidos.[8] Metade dos auditores, escolhidos ao acaso, recebeu informações indicando que tinha alto potencial de sucesso. O estudo foi liderado pelo pesquisador Brian McNatt, que tem doutorado, duas pós-graduações em contabilidade e certificação como CPA, além de cinco anos de experiência como contador e auditor. McNatt leu os currículos dos auditores que haviam sido selecionados aleatoriamente para acreditar no próprio potencial. Em seguida, reuniu-se com cada um deles e os informou de que tinham sido contratados depois de um processo seletivo extremamente competitivo, que a administração tinha expectativas altas quanto ao sucesso deles e que eles mostravam capacidade para superar desafios e alcançar o topo. Três semanas depois, McNatt enviou-lhes uma carta reforçando a mensagem. Durante um mês, os auditores que haviam recebido esse tratamento especial de McNatt conseguiram avaliações de desempenho mais altas que as do grupo de controle, cujos membros nunca se reuniram com McNatt nem receberam aquela carta.

Esse foi o efeito que a carta de Skender produziu sobre Marie Arcuri. O professor a estimulou a acreditar no próprio potencial e a ter expectativas altas em relação ao próprio sucesso. "Ele via e ainda vê o melhor nos alunos", diz Marie. Ela fez o exame outra vez e passou em duas seções, restando-lhe ainda duas. Ao longo do percurso, Skender continuou a encorajá-la. "Ele não me deixava relaxar. Sempre me procurava para verificar o meu progresso." Por fim, ela passou na última seção e conquistou a certificação como CPA em 1987, dois anos depois de começar a fazer o exame para as quatro seções. "Eu sabia quanto ele tinha investido em mim, e não o decepcionaria", conta Marie. Hoje ela é proprietária de duas concessionárias de automóveis. "A formação em contabilidade e o conhecimento de demonstrações financeiras foram muito importantes. No entanto, mais que me transmitir conhecimentos básicos para o meu trabalho, C. J. construiu o meu caráter, a minha paixão e a minha determinação. O empenho dele em não deixar que eu desistisse me levou a perceber que, mais importante que passar no exame, era cultivar a perseverança."

A abordagem de Skender contrasta com o modelo básico da maioria das empresas no desenvolvimento da liderança: identificar pessoas de talento e oferecer-lhes a orientação, o apoio e os recursos necessários para crescer e realizar o próprio potencial. A fim de identificar esses futuros líderes, gastam-se bilhões de dólares todos os anos, estimando e avaliando as qualidades desejadas. Apesar da popularidade do modelo, os doadores sabem que ele está fadado ao fracasso sob um aspecto: a busca do talento talvez seja o ponto de partida errado.

Durante muitos anos, os psicólogos acreditaram que, em qualquer campo de atuação, o sucesso depende primeiro do talento e depois da motivação. Para preparar atletas e músicos de alto nível, os especialistas primeiro procuravam pessoas com as habilidades brutas certas e, depois, tentavam motivá-las. Se você quisesse encontrar alguém capaz de jogar basquete como Michael Jordan ou tocar piano como Beethoven, nada mais natural que começasse por uma seleção de candidatos com o potencial dos dois mestres. Nos últimos anos, porém, os psicólogos passaram a acreditar que esse método talvez não seja o mais eficaz.

Na década de 1960, um psicólogo pioneiro chamado Raymond Cattell lançou uma nova teoria sobre a formação da inteligência, segundo a qual o interesse é o fator que induz as pessoas a investir tempo e energia em determinadas habilidades e conhecimentos.[9] Hoje, dispomos de evidências contundentes de que o interesse precede o desenvolvimento do talento, pois é a motivação daí decorrente que leva as pessoas a se tornarem talentosas.

Na década de 1980, o psicólogo Benjamin Bloom liderou um estudo de referência com músicos, cientistas e atletas de alto nível.[10] Sua equipe entrevistou 21 pianistas que foram finalistas em grandes competições internacionais. Quando os pesquisadores começaram a investigar as primeiras experiências dos eminentes pianistas com a música, constataram a falta inesperada do talento inato. O estudo mostrou que, de início, quase todos os pianistas estrelas pareciam "especiais apenas quando comparados a crianças na família ou no bairro". Eles não se destacavam em âmbito local, regional nem nacional – e não ganharam muitas das primeiras competições.

Quando a equipe de Bloom entrevistou os pianistas brilhantes e seus pais, deparou com outra surpresa. Os músicos não começaram a aprender com professores de piano notáveis. Quase sempre tiveram as primeiras aulas com alguém que morava nas imediações. Em *O código do talento*, Daniel Coyle escreve: "Sob a perspectiva científica, era como se os pesquisadores tivessem identificado a linhagem dos mais belos cisnes do mundo em um bando de galinhas de fundo de quintal."[11] Com o passar do tempo, mesmo sem a ajuda de um grande mestre no começo da carreira, os pianistas conseguiram se tornar os melhores músicos do mundo, alcançando a maestria por praticarem muito mais que os colegas. Como Malcolm Gladwell nos mostrou em *Fora de série – Outliers*, uma pesquisa liderada pelo psicólogo Anders Ericsson revela que a conquista da excelência em qualquer atividade exige 10 mil horas de prática deliberada.[12] Mas o que motivaria as pessoas a praticar tanto? É aqui que os doadores entram em cena.

Quando os pianistas e os pais se referiam aos primeiros professores de piano, sempre enfatizavam um aspecto: os professores eram atenciosos, gentis e pacientes. Os pianistas gostavam das aulas de piano porque os primeiros professores tornavam a música divertida e interessante. "As crianças tiveram experiências muito positivas com as lições iniciais. Passaram a se relacionar fora de casa com outros adultos que se mostravam calorosos, solidários e amorosos", explica a equipe de Bloom. Os pianistas premiados tiveram seu interesse incial pela música estimulado porque os professores eram doadores. Ao procurarem maneiras de tornar as aulas de piano agradáveis, eles atuaram como catalisadores da prática intensa necessária para adquirir expertise. "Explorar possibilidades e participar de uma ampla variedade de atividades musicais assumiram precedência" em relação a outros fatores como "certo ou errado e bom ou ruim".

O mesmo padrão emergiu entre tenistas de alto nível. Ao entrevistar 18 tenistas americanos que já haviam sido incluídos entre os 10 melhores do mundo, a equipe de Bloom constatou que, embora os primeiros treinadores deles "não fossem excepcionais, eram muito bons com crianças pequenas (...). Eles ofereceram a motivação para que as crianças se interessassem pelo tênis e dedicassem mais tempo à prática".

Ao desempenharem papéis de líderes e mentores ou coaches, os doadores resistem à tentação de procurar primeiro o talento. Ao reconhecerem que todos têm capacidade de alcançar a excelência, os doadores concentram a atenção na motivação. Em geral, os tenistas do estudo haviam tido como primeiro treinador alguém que se interessava especialmente pelo "desenvolvimento deles como jogadores de tênis", diz a equipe de Bloom, "quase sempre porque considerava a criança motivada e disposta a trabalhar com empenho, não por causa de quaisquer aptidões físicas notáveis".

Na turma de contabilidade, a busca de motivação e de ética do trabalho, em vez de apenas capacidade intelectual, é parte do que tornou C. J. Skender tão bem-sucedido no reconhecimento de talentos. Quando apostou que Beth Traynham passaria no exame de CPA, não o fez porque ela se destacasse em contabilidade, mas, sim, porque percebeu "o afinco com que a aluna trabalhara todo o semestre". Ao reconhecer que Reggie Love era promissor, enquanto outros o descartaram como aluno mais dedicado aos esportes que aos estudos, baseou-se na percepção de que o jovem "era esforçado e sempre se preparava para as aulas", explica o professor. "Ele se interessava em aprender e se aprimorar." Ao encorajar Marie Arcuri, Skender foi induzido pela constatação de que ela era "a pessoa mais envolvida e mais dedicada que eu já conhecera. Sua persistência a destacava".

A psicóloga Angela Duckworth chama esse atributo de *garra*: ter paixão e perseverança para realizar objetivos de longo prazo.[13] As pesquisas dela mostram que, acima da inteligência e da aptidão, as pessoas com garra – pela intensidade dos interesses, do foco e do impulso – alcançam um desempenho melhor. "A importância da persistência é enorme", diz o psicólogo Tom Kolditz, brigadeiro que chefiou o setor de ciências comportamentais e liderança na Academia Militar dos Estados Unidos durante 12 anos. Embora, em média, apenas 12% dos oficiais do Exército sejam selecionados para posições de alto comando, os antigos alunos de Tom Kolditz eram escolhidos na proporção de 75%, o que ele atribui em grande parte a selecionar pessoal com base na garra. É como George Anders escreve em *Você é bom o suficiente para pertencer a esta equipe?*: "Não se pode banalizar a motivação."[14]

Evidentemente, o talento inato também importa, mas, quando se tem um grupo de candidatos acima do limiar do potencial necessário, a garra é um fator importante que prevê até que ponto poderão realizar seu potencial. Eis por que os doadores se concentram em pessoas com garra: é com elas que conseguem o retorno mais elevado para seus investimentos, ou seja, o impacto mais significativo e duradouro. E, além de investir tempo na motivação de pessoas com garra, doadores como Skender, para começar, se empenham em cultivar a garra em todos. "Estabelecer expectativas altas é extremamente importante", diz Skender. "*É preciso* impulsionar as pessoas, levá-las a crescer e inspirá-las a realizar mais do que consideram possível. Ao fazerem meus testes, quero que os considerem os mais difíceis que já viram na vida. Isso as torna melhores aprendizes." Para encorajar o esforço, ele lhes oferece exemplos de provas já aplicadas anteriormente para se familiarizarem e se exercitarem com o padrão. "Eles precisam investir alto, e vale a pena. Forçá-los a trabalhar com mais afinco do que jamais fizeram na vida é bom para eles no longo prazo."

Uma das chaves para reforçar a garra é tornar a tarefa a ser executada mais interessante e motivadora. No estudo de Bloom, de maneira geral, os músicos e atletas talentosos, de início, eram ensinados por doadores, ou seja, professores que

> gostavam de crianças e as recompensavam com elogios, sinais de aprovação e até balas, quando faziam algo certo. Esses professores eram extremamente encorajadores. Entusiasmavam-se com o talento e com o que tinham que ensinar a esses jovens. Em muitos casos, tratavam-nos como se fossem ami-

gos da família. Talvez a principal qualidade desses professores fosse tornar o aprendizado inicial muito agradável e gratificante.

Essas descrições também se aplicam a Skender. À primeira vista, ele parece se encaixar no estereótipo de um contador.* Mas, em várias fases da vida, Skender pensou em ser DJ, músico, ator, apresentador e comediante. Quem assiste às aulas dele logo percebe que ele não desistiu de todo desses sonhos. Seguindo sua natureza compulsiva e seu gosto eclético, ele pontua o curso com exercícios divertidos para manter o envolvimento dos alunos, tocando músicas no início de cada aula e atirando balas aos primeiros alunos que gritam as respostas certas. "Se você quer envolver o público, se realmente pretende chamar atenção, tem que conhecer o mundo em que vivem, a música que ouvem, os filmes que veem", explica. "Para a maioria desses jovens, estudar contabilidade é como fazer um tratamento de canal. Quando me ouvem citar Usher ou Cee Lo Green, porém, eles dizem para si mesmos: 'Uau, será que aquele velho gordo de cabelos brancos entende disso?' Essa reação indica que foram fisgados."

Ao despertar o interesse dos alunos pela contabilidade, Skender acredita que os tornará mais propensos a investir o tempo e a energia necessários para dominar a disciplina. "Quando se pensa em fazer um curso difícil", diz Reggie Love, "persistir é um desafio. C. J. conseguia torná-lo interessante e, em consequência, eu acabava trabalhando com mais afinco." Ele alcançou a nota máxima no curso de Skender. David Moltz, ex-aluno de Skender que trabalha no Google, vai mais longe ao afirmar que Skender "ajuda todos os alunos (e pessoas) que conhece de todas as maneiras possíveis". Ele continua:

---

* Skender faz listas de tudo, desde suas músicas favoritas até os 10 melhores dias de sua vida, e arruma as notas de dólar na carteira de acordo com o número de série. Tem mais de 800 pares de suspensórios, cada um com nome e número exclusivos. Organiza por ordem alfabética as meias e as peças íntimas e escolhe as roupas com semanas de antecedência. Há mais de 20 anos usa gravata-borboleta todas as segundas, quintas e sábados – mesmo enquanto corta a grama. É o primeiro a chegar ao trabalho, geralmente antes das 5 da manhã, mas é conhecido por ficar até depois da meia-noite, em aulas de revisão, ajudando os alunos a se preparar para as provas. Traduz seus conceitos sobre reciprocidade em linguagem contábil: "Prefiro ter grandes contas a receber a ter grandes contas a pagar." Para pôr sua carga docente em perspectiva, um professor universitário típico tem, em média, três a oito turmas por ano. Durante a carreira, isso significa um total de 100 a 300 turmas. Skender praticamente dobra esse padrão e, recentemente, disse ao reitor que pretende lecionar por mais 35 anos. Só em 2012 mais de 2 mil alunos assistiram às aulas de Skender. Para atender à demanda, a universidade certa vez transferiu seus cursos para uma sala maior, distante do prédio principal. Mesmo quando dá aula bem cedo, a sala fica apinhada, e muito mais alunos ficam sem vaga. Numa disciplina que começa às 8 da manhã, havia mais de 190 alunos na lista de espera.

"Sacrifica centenas de horas da vida pessoal para provocar impacto na vida dos alunos e ensinar ao máximo de pessoas possível. Ele se desdobra para fazer com que cada pessoa se sinta especial."

Nem sempre o investimento dá o retorno esperado

Como veem talento em todos, os doadores acabam investindo muito tempo em encorajar e em desenvolver as pessoas para que realizem seu potencial. Esses investimentos nem sempre dão retorno. Alguns candidatos carecem de talento bruto; outros não sustentam a paixão nem mantêm a garra indispensáveis. Skender certa vez escreveu mais de uma centena de cartas de recomendação para uma aluna que se candidatava a programas de pós-graduação fora da área de contabilidade. No primeiro ano, ela foi rejeitada por todas as instituições em que se inscrevera, mas resolveu tentar de novo. Diligentemente, ele reescreveu as cartas. Depois de nova rejeição, ele revisou as referências à estudante pelo terceiro ano seguido. Finalmente, depois de três séries de tentativas, sugeriu-lhe procurar um caminho diferente.

Se Skender fosse mais tomador ou compensador, não teria desistido mais cedo, economizando o próprio tempo e o da aluna? Será que os doadores não investem demais em pessoas com muita paixão mas pouca aptidão? Como gerenciar suas prioridades para se concentrar mais nas pessoas promissoras e menos nas pouco promissoras? Para descobrir, não há alternativa melhor que observar o basquete profissional e a campanha de recrutamento anual da NBA que testa talentos no cenário internacional.

O falecido Stu Inman é lembrado como o homem que cometeu os três piores erros de seleção na história da liga.[15] Em 1972, o Portland Trail Blazers participou pela primeira vez da campanha de recrutamento. Inman atuava como diretor de pessoal dos jogadores, e selecionou o pivô LaRue Martin, que veio a se revelar decepcionante, alcançando a média de apenas cinco pontos e quatro rebotes por jogo, em quatro temporadas com o time. Ao escolher Martin, Inman relegou dois dos melhores jogadores da história da NBA. Um deles foi Bob McAdoo, que fez mais pontos na primeira temporada do que Martin em toda a carreira. McAdoo foi escolhido como Calouro do Ano; dois anos depois recebeu o título de Jogador Mais Valioso da NBA. Nos 14 anos de carreira na liga, McAdoo se destacou duas vezes como maior pontuador, jogou em dois times campeões e participou de cinco times All-Star. Naquela campanha, Inman também perdeu Julius Erving, selecionado em décimo segundo lugar. Erving acabou levando os times dele a três campeonatos, atuando em 16 times All-Star e tornando-se um dos cinco maiores cestinhas da história do basquete profissional. McAdoo e Erving são membros do Hall da Fama do Basquete.

Doze anos mais tarde, depois de ser promovido a gerente geral do Blazers, Stu Inman teve a chance de se redimir. Na campanha de recrutamento da NBA de 1984, Inman ficou com a segunda escolha. Selecionou outro pivô, Sam Bowie, com mais de 2,13 metros, embora fosse atlético e coordenado – arremessava, passava e roubava a bola, para não mencionar as interceptações de lançamentos e as conquistas de rebotes. Mas Bowie nunca realizou seu potencial. Ao se aposentar do basquete, a ESPN o considerou a pior escolha na história do esporte profissional nos Estados Unidos. Em 2003, a *Sports Illustrated*, da qual Bowie fora capa anos antes, tachou-o de segundo maior fiasco das campanhas de recrutamento na história da NBA – perdendo apenas para LaRue Martin.

Ao escolher Bowie em segundo, Inman deixou passar um ala-armador da Carolina do Norte chamado Michael Jordan. Com a terceira escolha, o Chicago Bulls selecionou Jordan, e o resto é história. Depois de ser o Calouro do Ano, Jordan acumulou 6 campeonatos, 10 títulos de maior pontuador e 11 prêmios de Jogador Mais Valioso, além de compor 14 times All-Star e alcançar uma média de pontos mais alta que a de qualquer outro jogador. Foi considerado pela ESPN o maior atleta dos Estados Unidos no século XX.

Inman reconheceu o potencial de Jordan, mas o Blazers já tinha dois bons alas-armadores. Como precisava de um pivô, selecionou Sam Bowie. Com essa escolha, não só perdeu Michael Jordan; também deixou passar Charles Barkeley e John Stockton, dois futuros integrantes do Hall da Fama. As preferências de Inman por Martin, em detrimento de McAdoo e Erving, e por Bowie, em lugar de Jordan, Barkley e Stockton, já haviam sido muito ruins. Mas a escolha de jogadores de basquete profissional é na melhor das hipóteses uma ciência imperfeita, e até os melhores gestores e técnicos cometem erros.

Pior ainda foi o Blazers ter ficado com ambos os jogadores por mais tempo que o razoável. Manteve LaRue Martin durante quatro temporadas e, quando resolveu vendê-lo, ele praticamente já não valia nada. Não conseguiu nem mesmo trocá-lo por outro jogador – acabou cedendo-o em troca de "futuras considerações" ao Seattle SuperSonics, time que dispensou Martin antes mesmo do início da temporada. E assim acabou a carreira de Martin como jogador de basquete, um desfecho embaraçoso para Inman. "Foi uma questão delicada", disse Jack Ramsay, técnico do Blazers no último ano de Martin e hoje analista da ESPN. "LaRue não jogava bem. Ele tentou ficar no time quando cheguei, mas não tínhamos lugar para ele. Ele não tinha jogo ofensivo, não era bom no rebote nem na interceptação, apesar da estatura. Carecia de habilidades especiais." O Blazers seguiu uma trajetória semelhante com Sam Bowie. Em 1989, depois de cinco campeonatos sem brilho, finalmente o time o negociou com o New Jersey Nets. Por que o Blazers segurou Sam Bowie e LaRue Martin durante tanto tempo?

Stu Inman era muito conhecido como doador. Depois de jogar basquete na faculdade e de treinar equipes de escolas de ensino médio durante anos, Inman fez a escalada para times universitários, e acabou tornando-se treinador-chefe da San Jose State University. Nessa função, Inman parecia priorizar os interesses dos jogadores em vez do próprio sucesso. Um dos melhores recrutas de Inman foi Tommie Smith, atleta excepcional que chegou à San Jose State como velocista e jogador de futebol americano e de basquete. Como no time de basquete de calouros Smith era o principal cestinha e reboteador, no ano seguinte começou a praticar com o time da universidade, sob a orientação de Inman. Um dia, Smith entrou na sala de Inman e disse que deixaria o basquete para se concentrar na corrida. "Pensei que ele explodiria comigo", escreve Smith, "mas ele respondeu 'Tudo bem, Tom, compreendo', apertou minha mão e me disse que *não deixa*sse de procurá-lo sempre que quisesse, e que eu sempre seria bem-vindo se mudasse de opinião. Foi a melhor coisa do mundo para mim."

Para Inman, porém, não foi. A velocidade de Smith poderia ter contribuído muito para a equipe de basquete da San Jose State. Poucos anos depois, em 1968, Smith conquistou a medalha de ouro olímpica nos 200 metros rasos, estabelecendo um novo recorde mundial. Mas Inman quis o melhor para Smith. Além de concordar com a saída dos principais talentos, Inman recebia bem jogadores que tinham garra, mesmo que não tivessem habilidade. Quando um jogador branco e magro chamado Terry Murphy tentou entrar no time da universidade, Inman respeitou a própria ética de trabalho e o recebeu. Murphy se lembra de ter sido um dos piores jogadores que Inman já treinara: "Fiz apenas quatro pontos durante o ano inteiro."

Apesar do mau desempenho, Inman disse a Murphy: "Nunca o cortarei do time. Você é entusiasmado e joga com garra, além de ser um cara legal." Inmam "sempre dava conselhos a quem o procurasse, por pior que fosse o jogador", escreve Wayne Thompson, repórter que cobriu o Blazers durante toda a época de Inmam. Era algo que ele não conseguia evitar: "Ensinar em qualquer nível, sobre qualquer assunto, é a coisa mais gratificante que você pode fazer", disse Inman a Thompson. "Adoro ver a expressão no rosto dos alunos quando vivem a experiência pela primeira vez. Fico empolgado só de constatar o avanço do processo de aprendizado."

Depois que formava uma opinião positiva sobre os jogadores, Inmam ficaria tão empenhado em prepará-los e em desenvolvê-los a ponto de investir em jogadores pouco talentosos, desde que estivessem motivados? Na sala de aula, C. J. Skender pode se dar ao luxo de se dedicar a alunos que demonstram interesse e vontade, uma vez que tem condições de ensinar e de orientar um grande número de alunos por semestre. No basquete profissional, no entanto, assim como na maioria das organizações, apostar no potencial de uma pessoa significa preterir outras.

Inman se empenhou em desenvolver LaRue Martin e Sam Bowie. Se fosse mais tomador, não parece óbvio que teria admitido as perdas com muito mais rapidez, passando a se concentrar em outros jogadores? No momento em que percebesse que não estavam contribuindo para o sucesso do time, sem dúvida alguém mais tomador não sentiria qualquer responsabilidade pelos dois. E se Inman fosse mais compensador, não estaria mais propenso a deixá-los ir? Certamente um compensador ficaria frustrado com a falta de retorno de seus investimentos em Martin e Bowie.

Nesses termos, talvez pareça que os doadores têm mais dificuldade em mudar de posição, mas, na realidade, ocorre exatamente o oposto. Os doadores são *menos* propensos ao erro de investir demais nas pessoas – e ser um doador evitou que Stu Inman cometesse equívocos muito mais graves.

Comprometimento

Barry Staw é um professor renomado de comportamento organizacional na Universidade da Califórnia em Berkeley e passou a carreira tentando compreender por que as pessoas tomam más decisões nas organizações. Em um estudo, Staw e Ha Hoang coletaram dados sobre os mais de 240 jogadores que foram selecionados nas primeiras duas rodadas do recrutamento da NBA entre 1980 e 1986, na esperança de detectar o efeito que a posição no recrutamento exercera sobre a carreira do jogador. Para tanto, avaliaram o desempenho do jogador sob diferentes critérios técnicos: pontuação (pontos por minuto, porcentagens de cestas de campo e de lances livres), vigor (rebotes e interceptações por minuto) e rapidez (passes e roubadas de bola). Staw e Hoang controlaram o desempenho dos jogadores sob todos esses critérios, assim como quanto a contusões e doenças, qualquer que fosse a posição (armador, ala ou pivô) e a qualidade da equipe, com base nos registros de vitórias e derrotas. Em seguida, examinaram quanto tempo os jogadores ficavam na quadra e permaneciam nas equipes, para verificar a frequência com que se incidia no erro de investir demais neles só porque tinham sido recrutados nas primeiras rodadas (com expectativas altas).

Os resultados produziram uma conclusão devastadora: os times não desistiam de suas grandes apostas.[16] Insistiam nos jogadores recrutados nas primeiras rodadas, dando-lhes mais tempo de jogo e recusando-se a negociá-los, mesmo no caso de desempenho insatisfatório. Para cada avanço de uma posição na prioridade de recrutamento os jogadores ficavam, em média, na segunda temporada, 22 minutos a mais em quadra, além de continuarem recebendo investimentos maiores dos times até a quinta temporada, quando cada posição a mais na prioridade de recrutamento significava mais 11 minutos em quadra. E para cada avanço de uma posição na prioridade de recrutamento os jogadores se tornavam 3% menos sujeitos a serem negociados.

Esse estudo é um caso clássico do que Staw denomina *escalada do comprometimento* com uma decisão anterior que não deu certo. Nas últimas quatro décadas, amplas pesquisas lideradas por Staw mostram que, quando um investimento inicial de tempo, energia e recursos não corresponde às expectativas, os investidores correm o risco de aumentá-lo. Jogadores de pôquer que perderam tudo acreditam que se jogarem mais uma rodada poderão recuperar as perdas ou até levar uma bolada. Empreendedores em dificuldade acham que se injetarem mais um pouco de recursos nas startups poderão dar a virada. Quando um investimento não produz o retorno previsto, tendemos a investir mais, mesmo que o valor esperado seja negativo.

Os economistas explicam esse comportamento com base em um conceito conhecido como "falácia do custo irrecuperável": quando estimamos o valor de um investimento futuro, temos dificuldade de ignorar o que já investimos no passado. Para descobrir por que e quando a escalada do comprometimento se manifesta, pesquisadores da Michigan State University analisaram 166 estudos.[17] Os custos irrecuperáveis realmente exercem um efeito – os responsáveis por decisões favorecem os investimentos passados –, mas três outros fatores são mais poderosos. Um é a antecipação do arrependimento:

será que vou lamentar não ter dado outra chance a esse projeto? O segundo é a conclusão do projeto: se continuar investindo, concluirei tudo. Mas o fator isolado mais importante é a *ameaça ao ego*: se eu parar de investir, parecerei e me sentirei tolo. Em resposta à ameaça ao ego, investe-se mais, na esperança de converter o projeto em um sucesso e demonstrar aos outros – e a si mesmo – que se estava certo desde o começo.

Em um estudo liderado por Staw, quando os clientes de um banco da Califórnia não pagavam os empréstimos, os gerentes que os tinham concedido encontravam dificuldade em desistir da cobrança e contabilizar o prejuízo.[18] "Quem participou mais de perto da concessão do financiamento demonstrava maior dificuldade em reconhecer os riscos do crédito e a probabilidade de inadimplência", escrevem Staw e seus colegas. Quando quem aprovou o empréstimo problemático deixava o banco, os novos gerentes eram muito mais propensos a registrar o prejuízo. Como os novos gerentes não tinham responsabilidade pessoal pelos empréstimos inadimplentes, seus egos não estavam sob ameaça, o que não os compelia a justificar as decisões originais.

As pesquisas sugerem que, por serem mais suscetíveis à ameaça ao ego, os tomadores tornam-se mais vulneráveis que os doadores à escalada do comprometimento. Imagine que você dirija uma fabricante de aeronaves e que precise aprovar um investimento de US$1 milhão em um novo avião invisível ao radar.[19] Você sabe que o projeto não vem apresentando bons resultados financeiros e que um concorrente já terminou o projeto de um modelo melhor. Os investimentos até agora foram significativos: o projeto está na metade e nele já se investiram US$5 milhões em 18 meses. Qual é a probabilidade de que você invista mais US$1 milhão?

Nesse estudo de Henry Moon, da London Business School, antes de tomar a decisão, 360 pessoas preencheram um questionário em que podiam se identificar com declarações de doadores, como "Cumpro as promessas", ou de tomadores, como "Tento convencer os outros a executar minhas tarefas". Os tomadores se mostraram muito mais propensos que os doadores a investir mais US$1 milhão. Eles se sentiam responsáveis por um investimento que não estava dando certo e se empenhavam mais em proteger o orgulho e em salvar as aparências. Bruce Meglino e Audrey Korsgaard, professores da South Carolina University, explicam: "Embora para a organização em si talvez seja melhor abandonar o projeto, essa decisão acarretaria custos pessoais significativos para quem o aprovou (por exemplo: perda de mobilidade na carreira, danos à reputação como gestor). Como a escalada do comprometimento possibilita que o responsável pela decisão mantenha oculta a possibilidade de fracasso, esse comportamento é racional" do ponto de vista do tomador.[20]

Os doadores, por outro lado, se mostraram interessados primeiro em proteger os outros e a organização, estando, portanto, mais dispostos a admitir os erros iniciais e a atenuar seu comprometimento com o projeto. Outros estudos mostram que as pessoas efetivamente tomam decisões mais sensatas e criativas quando levam em consideração o bem-estar alheio.[21] Quando decidem com o foco mais voltado para si mesmas, tendem a se sujeitar mais à ameaça ao ego e, muitas vezes, a sofrer na tentativa de encontrar a solução ideal em todas as dimensões possíveis. Já quando o foco se concentra nos outros, como ocorre naturalmente com os doadores, é provável que se preocupem menos com o ego e com detalhes triviais, para observar o panorama geral e priorizar o que importa mais para os outros.

Compreendendo essa realidade, vale a pena rever a história de Stu Inman. Como doador, embora se sentisse comprometido com os jogadores que havia recrutado primeiro, ele achava que tinha uma responsabilidade maior com a equipe. "Stu era uma pessoa gentil, que levava em conta os sentimentos alheios", disse-me Wayne Thompson. "Mas nunca permitiu que isso influenciasse suas escolhas. Se não achasse que o jogador poderia se sair bem, dispensava-o e lhe desejava sorte", concluiu. Inman não foi o responsável por manter Sam Bowie no time; ele deixou o Blazers em 1986, não mais que dois anos depois de recrutar Bowie. Um tomador talvez tivesse continuado a defender a má decisão, mas Inman admitiu o erro de escolher Bowie em vez de Jordan. "Todos os olheiros consideravam Bowie a melhor resposta para nossos problemas, e eu concordei com eles", revelou Inman, mas "foi um erro."*

---

* Para ser justo, a carreira de Bowie foi prejudicada por contusões. Na universidade, ficou fora por duas temporadas em consequência de lesões na tíbia. Antes do recrutamento, para se certificar de que Bowie estava fisicamente apto, Inman submeteu-o a sete horas de exames físicos. Bowie teve uma boa primeira temporada, mas, em seguida, sofreu contusões que o levaram a perder 81% dos jogos das quatro temporadas subsequentes, inclusive quase duas temporadas inteiras. E Inman e seus olheiros não foram os únicos a apostar em Bowie contra Jordan. Em junho de 1984, depois do recrutamento, uma reportagem no *Chicago Tribune* trazia o seguinte título: "Bulls arrependidos 'empacam' com Jordan". O diretor administrativo do Bulls, Rod Thorn, parecia decepcionado. "Gostaríamos que ele tivesse 2,10 metros, mas não tem", lamentou Thorn. "Simplesmente não havia um pivô disponível. O que fazer? Jordan não vai fazer milagre (...). Como jogador ofensivo, é muito bom, mas não é extraordinário." Até mesmo Jordan parecia endossar a escolha de Bowie: "Bowie se encaixa melhor do que eu", disse, no ano de estreia, uma vez que o Portland tinha "um excesso de jogadores de defesa altos e de atacantes baixos". Talvez o melhor argumento em favor da escolha de Inman tenha sido o de Ray Patterson, que dirigiu o Houston Rockets em 1984, quando selecionou Hakeem Olajuwon em primeiro lugar naquele recrutamento, antes de Bowie e Jordan: "Quem disser que teria escolhido Jordan em vez de Bowie não sabe o que está dizendo. Jordan simplesmente não era tão bom assim."

Inman tampouco aumentou seu comprometimento com LaRue Martin. Embora o Blazers houvesse mantido Martin durante quatro temporadas, Inman e seus colegas agiram com rapidez em resposta ao seu desempenho. Na primeira temporada, quando já havia sinais nítidos de que Martin estava aquém do esperado, um tomador lhe teria dado mais tempo de jogo, na tentativa de justificar tê-lo escolhido em lugar de Bob McAdoo e Julius Erving. Mas não foi o que aconteceu. O Blazers escalou para a posição de pivô o esforçado Lloyd Neal, com apenas 2 metros, deixando Martin como reserva. Na temporada de estreia, a média de Martin na quadra foi inferior a 13 minutos por jogo, em comparação com 32 de McAdoo e 42 de Erving. Na segunda temporada, Martin continuou a apresentar mau desempenho e, em vez de se comprometer ainda mais com ele, dando-lhe mais tempo em quadra, o Blazers deixou-o menos tempo – abaixo dos 11 minutos por jogo, enquanto McAdoo jogava 43 e Erving, mais de 40. Inman e seus colegas conseguiram vencer a tentação de manter a aposta em Martin.

Uma das principais razões de os doadores serem menos vulneráveis que os tomadores à escalada do comprometimento tem a ver com as reações ao que recebem de feedback, como demonstrou a pesquisa de Audrey Korsgaard, Bruce Meglino e Scott Lester sobre como doadores e tomadores reagem a informações sobre seu desempenho. Em um estudo, os participantes responderam a uma pesquisa indicando se eram doadores ou tomadores e tomaram decisões para resolver 10 problemas. Depois, todos os participantes receberam pontos pelo próprio desempenho e sugestões para delegar autoridade nas decisões. A pontuação do desempenho foi atribuída ao acaso, de maneira que metade dos participantes fossem informados de que seu desempenho situou-se abaixo da média e a outra metade, acima da média. Em seguida, todos os participantes tomaram outras 10 decisões. Será que eles aceitaram a sugestão de delegar mais?

Ao acreditarem que estavam acima da média, os tomadores acataram a recomendação, delegando com frequência 30% mais alta que antes. Mas, quando supunham que estavam abaixo da média, os tomadores delegaram com frequência apenas 15% maior. Ao se sentirem criticados, os tomadores se mostraram menos dispostos a aceitar a sugestão para aprimoramento, protegendo o orgulho ao se recusarem a aceitar que haviam decidido mal, desconsiderando o feedback negativo. Os doadores, por outro lado, se mostraram mais propensos a aceitar a crítica e seguir a sugestão. Mesmo ao receberem feedback negativo, indicando que estavam abaixo da média, os doadores delegaram com frequência 30% mais alta.

Em situações de escalada do comprometimento, os tomadores em geral têm dificuldade em encarar a realidade de que a escolha inicial não deu certo, tendendo a "ignorar informações sociais e feedback sobre o desempenho que não confirmem a opinião favorável deles a respeito de si mesmos", escrevem Bruce Meglino e Audrey Korsgaard, ao passo que os doadores "podem ser mais capazes de aceitar as informações sociais e de agir com base nelas, sem avaliar cuidadosamente as consequências pessoais". Os doadores se concentram mais nas consequências interpessoais e organizacionais de suas decisões, aceitando efeitos negativos sobre o orgulho e sobre a reputação no curto prazo, a fim de fazerem melhores escolhas no longo prazo.

Essa receptividade ao feedback negativo ajudou Stu Inman a reconhecer que tinha feito um mau investimento. Inman era admirado em toda a liga por ser aberto a críticas. Muitos técnicos "contestavam minhas censuras mais incendiárias", escreve o repórter Steve Duin, mas "elas nunca incomodaram Inman", que era "paciente e generoso" e "uma das pessoas mais gentis que já passaram pela NBA". Quando LaRue Martin apresentou um desempenho insatisfatório, o técnico do Blazers na época, Jack McCloskey, falou de sua preocupação a Inman. "Ele trabalhava com afinco e era um cara muito legal, mas não era habilidoso. Simples assim." Um tomador talvez rejeitasse o feedback negativo, mas Inman ouviu a crítica.

Depois da segunda temporada de Martin, em 1974, o Blazers mais uma vez conseguiu a primeira escolha no recrutamento. Tendo atenuado o comprometimento com Martin, precisavam de outro pivô para substituí-lo, e Inman o recrutou, um jovem da UCLA chamado Bill Walton. Na temporada de estreia, Walton era o pivô que começava a partida, atingindo a média de 33 minutos por jogo, mais ou menos o dobro de Martin como reserva. Esse esquema perdurou por mais um ano, até que Inman dispensou Martin.

A temporada seguinte foi a de 1976-1977, quando Walton levou o Blazers à conquista do campeonato da NBA, vencendo o Philadelphia 76ers, então liderado por Julius Erving. Walton foi o melhor jogador das finais e, no ano seguinte, da liga. Depois de se aposentar, entrou para o Hall da Fama e foi considerado um dos 50 maiores jogadores da história da NBA. Inman foi o arquiteto do time do campeonato de 1977, a única equipe dos 40 anos de história dos Blazers a conquistar o título. De acordo com Jack Ramsay, que treinou o time vencedor, Inman "nunca procurou os refletores e jamais reivindicou créditos pela equipe que montou".

Identificando preciosidades

Como doador, Inman construiu o time campeão de maneira semelhante à de C. J. Skender: vendo potencial onde ninguém mais via. "Inman solicitava um currículo completo de todos os jogadores que lhe despertavam interesse", escreve Wayne Thompson. "Sem dúvida, esse foi o fator que lhe garantiu tanto sucesso no garimpo de diamantes brutos." Três dos seis maiores cestinhas do time campeão – e cinco dos nove maiores – foram recrutados por Inman na segunda ou na terceira rodadas. "Ele estava muito à frente dos demais na percepção do potencial", observa Steve Duin. "Stu, na subcultura dos gurus do basquete, situava-se quase no ápice. Era considerado um gênio", afirmou Norm Sonju, presidente do Mavericks. Em uma crônica sobre o recrutamento de 1984, Filip Bondy escreve que Inman era "tão bom, tão respeitado, que outros clubes acompanhavam suas missões como olheiro e ouviam com muita atenção os rumores sobre os jogadores que o interessavam".

Na década de 1970, a maioria dos times de basquete se concentrava em talentos físicos observáveis, como velocidade, força, coordenação, agilidade e impulsão. Inman achava que era igualmente importante prestar atenção aos atributos pessoais dos jogadores, e passou a avaliar também as características psicológicas. Antes de cada recrutamento, além de analisar as estatísticas dos jogadores e de vê-los em ação, Inman queria compreendê-los como pessoas. Observava-os de perto durante o aquecimento para ver a intensidade com que trabalhavam e conversava com os técnicos, familiares, amigos e professores sobre questões de motivação, mentalidade e integridade. De acordo com o jornal *Oregonian*, "Inman construiu sua reputação ao descobrir jogadores subavaliados. O olho dele para talentos era tão intenso quanto seu sentimento pelas pessoas. Ele queria jogadores cujo caráter e inteligência tivessem o mesmo alto nível de suas habilidades".

Em 1970, Inman foi trabalhar com o Blazers, uma equipe então novata na NBA, como olheiro-chefe de talentos. Naquele verão, realizou um teste aberto para que os candidatos comprovassem suas habilidades. Em parte, foi um evento de relações-públicas para aumentar a vibração do público com o basquete, mas Inman também estava em busca de jogadores que tivessem sido ignorados por outros times. Ninguém que participou do teste aberto foi aproveitado, mas o fascínio de Inman por candidatos improváveis daria frutos vários anos depois. Em 1975, com a vigésima quinta escolha, na segunda rodada do recrutamento, Inman selecionou um ala pouco conhecido, Bob Gross.[22] Técnicos e fãs acharam que foi um erro. Gross jogara basquete na faculdade, em Seattle, alcançando a média de 10 pontos por jogo, e, em seguida, transferiu-se para a Long Beach State, onde regrediu para a média de apenas 6,5 pontos no primeiro ano. "A história do basquete universitário e profissional de Bob Gross foi que ninguém o percebia", escreveu Frank Coffey, em um livro sobre o Blazers, "até que realmente começaram a observá-lo com mais cuidado."

Por acaso, Inman assistiu a um jogo entre a Long Beach e a Michigan State, e o interesse dele se aguçou quando Gross saltou para interceptar um arremesso que se converteria facilmente em bandeja. Inman passou a acompanhá-lo com mais atenção e constatou outras demonstrações da ética de trabalho de Gross: ele mais do que dobrou a média de pontos depois dos primeiros anos, chegando a superar 16 pontos por partida. Inman "descobriu uma joia, um jogador de basquete consistente, esforçado e extremamente eficaz", escreveu Coffey. Gross foi elogiado por um dos técnicos da faculdade pela "dedicação altruísta ao time". Quando o Blazers chegou à final na terceira temporada da NBA, Gross cumpriu o prometido, ostentando a média de 17 pontos por jogo. No quinto e no sexto jogos, de importância crucial, ele marcou Julius Erving e liderou o Blazers, alcançando 25 e 24 pontos. De acordo com Bill Walton, "Bob Gross era a 'graxa' do time. Fazia-o fluir (...). Bob corria sem parar, armava e defendia. Sem ele, Portland não ganharia o campeonato."

Inman reconhecia que os doadores eram subavaliados por muitos times, uma vez que não monopolizavam os refletores nem abusavam das jogadas mais espetaculares. A filosofia dele era "Mais importante que o que o jogador é hoje é o que ele pode se tornar. É isso que lhe permitirá crescer." Quando Inman via alguém treinar com garra e jogar como doador, ele o considerava um diamante bruto. De fato, constata-se uma ligação estreita entre garra e doação. Em minha pesquisa, descobri que, por causa da dedicação aos outros, os doadores têm mais disposição para trabalhar com mais afinco, durante mais tempo, que os tomadores e os compensadores.[23] Mesmo quando a prática já não é agradável, os doadores continuam a se esforçar, em consequência do senso de responsabilidade pelo time.

Esse padrão pode ser visto em muitas outras áreas de atuação. Considere a história de Russell Simmons, cofundador do selo de hip-hop Def Jam

Records, que lançou as carreiras de LL Cool J e dos Beastie Boys.[24] Simmons distribuía música de graça já em 1978, muito antes de a maioria dos selos começarem a fazê-lo. Quando lhe perguntei sobre seu sucesso, ele o atribuiu à descoberta e à promoção de doadores. "Os bons doadores são grandes realizadores; melhoram a situação de todos", explica Simmons. Um de seus doadores favoritos é Kevin Liles, que começou a trabalhar de graça como estagiário e subiu os degraus até se tornar presidente da Def Jam. Quando estagiava, Liles era o primeiro a chegar ao trabalho e o último a ir embora. Como diretor de promoções, cuidava de uma região, mas fazia o que podia para desenvolver as outras. "Todos passaram a ver Kevin como líder, pois sempre recorriam a ele em busca de orientação. E, assim, doou-se até que as pessoas não podiam mais viver sem ele." Na seleção e promoção de talentos, escreve Simmons, "a qualidade mais importante que alguém pode revelar é a disposição para doar-se."

Stu Inman sabia que os doadores com garra estariam dispostos a pôr o bem do time acima dos interesses pessoais, trabalhando arduamente no desempenho de suas atribuições. No lendário recrutamento de 1984, depois de selecionar Sam Bowie, Inman ficou com um ala chamado Jerome Kersey na segunda rodada, quadragésima sexta escolha. Kersey vinha de Longwood College, faculdade pouco conhecida da Virgínia, mas progrediu e se tornou um excelente jogador da NBA. Um gestor esportivo de Longwood disse que Kersey "tinha a melhor ética de trabalho que já vira", o que levou Inman a ter sido uma das primeiras pessoas da NBA a reconhecer o potencial dele. No ano seguinte, 1985, Inman descobriu outra joia oculta como armador, na vigésima quarta escolha do recrutamento: Terry Porter, doador com muita garra, aclamado pela energia e pelo altruísmo. Ele participou de dois times All-Star com o Blazers, e atuou em 17 temporadas da NBA. Em 1993, conquistou o J. Walter Kennedy Citizenship Award, prêmio concedido anualmente ao jogador, técnico ou treinador que demonstre "serviços e dedicação notáveis à comunidade". Além de distribuir ingressos de jogos a crianças carentes e de promover festas de formatura sem drogas e álcool, Porter fez muitas doações a instituições beneficentes dedicadas aos jovens, trabalhando em parceria com Jerome Kersey, ex-colega de equipe.

Talvez o melhor investimento de Inman tenha ocorrido no recrutamento de 1983, quando o Blazers exerceu a décima quarta escolha. Inman selecionou o armador Clyde Drexler, que havia sido preterido por outros times por não ser considerado um arremessador muito forte.[25] Embora tenha sido o quinto armador escolhido, Drexler é hoje considerado por muita gente a grande descoberta do recrutamento de 1983. Ele superou o desempenho de todos os outros jogadores selecionados naquele ano, alcançando uma média superior a 20 pontos por jogo em toda a carreira, além de ter sido o único jogador daquele recrutamento a ser escolhido para um time All-Star, a participar dos Jogos Olímpicos e a entrar no Hall da Fama. Ao se aposentar, Drexler juntou-se a lendas como Oscar Robertson e John Havlicek, por ter sido o terceiro jogador da história da NBA a completar mais de 20 mil pontos, 6 mil rebotes e 3 mil assistências. Como Walton, Drexler foi considerado um dos 50 maiores jogadores de todos os tempos. De que maneira teria Inman intuído que Drexler seria uma estrela dessa magnitude quando muitos outros times o relegaram?

Como doador, Inman se mantinha aberto a conselhos e opiniões. Na San Jose State, Inman conheceu Bruce Ogilvie, pioneiro na psicologia dos esportes. Na época, a maioria dos gestores e dos técnicos evitava psicólogos como Ogilvie, encarando a dita ciência com ceticismo. Alguns profissionais julgavam irrelevante a avaliação psicológica, enquanto outros a viam como uma ameaça à sua condição de especialista.

Enquanto os tomadores em geral se empenham em sobressair como os mais inteligentes, os doadores são mais receptivos à sabedoria alheia, mesmo que ela questione suas próprias crenças. Inman recebeu de braços abertos os métodos de Ogilvie, solicitando que os jogadores passassem por avaliações extensas antes do recrutamento. Os dois trabalharam para avaliá-los quanto a altruísmo, desejo de alcançar o sucesso, disposição para perseverar, receptividade ao treinamento e dedicação ao esporte. Por meio dessas avaliações, Inman desenvolvia um conhecimento profundo das tendências dos jogadores em termos de garra e doação. "Outros times da NBA faziam análises psicológicas dos candidatos a recrutamento, mas nenhum com a extensão em que as aplicávamos", disse Inman. "Você tinha que apostar no talento do jogador antes de considerá-lo para avaliação. Mas esta era um barômetro confiável da probabilidade de realização do potencial dele."

Quando Ogilvie avaliou Drexler, Inman ficou impressionado com seu perfil psicológico. Então entrevistou os técnicos que o tinham visto jogar em Houston, e daí surgiu um tema consistente: Drexler jogava como doador. "Ele era a cola do time. Fiquei impressionado com a reação quase unânime dos outros técnicos da liga", explicou Inman. "Disseram que ele fazia o necessário para ganhar o jogo. Seu ego nunca interferia na vontade de vencer."

Eis o que afirma Bucky Buckwalter, que na época era olheiro: "Havia alguma relutância dos times, pois ele não era um grande arremessador." Mas Inman e a equipe concluíram que Drexler poderia "aprender a arremessar de longe, ou, de alguma maneira, compensar essa deficiência com outros talentos". Inman estava certo: Drexler "revelou-se um jogador mais habilidoso do que eu esperava", disse Buckwalter.

Mesmo as apostas ruins de Inman nas quadras de basquete davam certo em outros contextos. O homem reconhecia doadores quando os via. LaRue Martin trabalhou na empresa de logística UPS durante 25 anos, mais recentemente como diretor de serviços comunitários em Illinois. Em 2008, recebeu uma carta inesperada do ex-proprietário do Blazers, Larry Weinberg: "Você sem dúvida é um modelo maravilhoso no trabalho que está fazendo na UPS." Martin jogou basquete com o presidente Obama e, em 2011, foi eleito para o conselho de administração da associação de jogadores e ex-jogadores.

Outro caso notável é o de Terry Murphy, o pior jogador de Inman na San Jose State. Depois de tentar aproveitá-lo e concluir que ele não tinha futuro no basquete, Inman estimulou-o a tentar o vôlei. Inman estava absolutamente certo quanto à ética de trabalho dele: Murphy acabou entrando para a seleção americana de vôlei, mas não deixou o basquete totalmente para trás: em 1986, no intuito de levantar dinheiro para a Special Olympics (organização internacional que apoia atletas portadores de deficiências), promoveu um torneio de basquete de rua em Dallas. Em 1992, o Hoop it Up, como ficou conhecido o torneio, tinha mais de 150 mil jogadores e um milhão de fãs. Cinco anos depois, já havia 302 eventos em 27 países diferentes, levantando milhões de dólares para caridade.

Talvez o melhor atestado do sucesso de Inman seja o fato de que, embora tenha preterido Michael Jordan como jogador, ele o superou como avaliador de talentos.[26] Na condição de executivo do basquete, Jordan desenvolveu uma reputação que sugere uma abordagen mais de tomador que de doador. Essa tendência já se manifestava nas quadras, onde era tido como egocêntrico e egoísta. O próprio Jordan um dia observou que "para ser bem-sucedido é preciso ser egoísta". Os técnicos pisavam em ovos ao lhe dar feedback construtivo; além disso, no discurso de admissão no Hall da Fama, Jordan foi muito criticado por agradecer a poucas pessoas e por depreciar quem duvidou dele. Nos tempos de jogador, defendia com ênfase a distribuição de uma parcela maior da receita dos jogos entre os jogadores. Agora, como proprietário, insiste na destinação de uma parcela maior da receita para os proprietários.*

Em termos de apostar no talento durante tempo demais, as manobras de Jordan como executivo oferecem um contraste fascinante com as de Inman. Ao se tornar presidente de operações de basquete do Washington Wizards, Jordan aproveitou a primeira escolha no recrutamento de 2001 para selecionar o pivô Kwame Brown, que acabara de sair do ensino médio e tinha talento de sobra, mas, aparentemente, pouca garra, tanto que nunca nem de longe realizou todo o seu potencial. (Mais tarde, ele seria considerado o segundo maior fiasco do recrutamento da NBA da década e uma das 100 piores escolhas na história do esporte.) Os dois jogadores escolhidos depois de Brown também eram pivôs, mas se saíram muito melhor. A segunda escolha foi Tyson Chandler, que viria a ser selecionado para a equipe olímpica dos Estados Unidos em 2012. A terceira recaiu sobre Pau Gasol, outro jovem pivô menos de um ano e meio mais velho que Brown. Gasol foi o Calouro do Ano e, nos 10 anos seguintes, participaria de quatro times All-Star, vencendo dois campeonatos da NBA. Tanto Gasol quanto Chandler superaram o desempenho de Brown em pontuação, rebote e interceptação.

Os resultados decepcionantes de Brown pareceram ameaçar o ego de Jordan. Ao abandonar a aposentadoria para jogar no Wizards ao lado de Brown, Jordan a toda hora censurava e depreciava Brown, cujo mau desempenho prejudicava o time – fazendo com que sua escolha no passado parecesse tola. Na primeira temporada, Brown produziu números desprezíveis, com a média de menos de cinco pontos e de quatro rebotes por jogo. No entanto, na segunda temporada, o tempo de Brown em quadra dobrou.

---

* Curiosamente, o técnico de basquete de Jordan na Universidade da Carolina do Norte, o lendário Dean Smith, tinha mais o estilo de doador.[27] Contra os próprios interesses e enfrentando forte resistência dos assistentes, Smith aconselhou Jordan a entrar no recrutamento da NBA mais cedo. Smith seguia uma regra: "Fazemos o melhor para o jogador fora da temporada e o melhor para o time durante a temporada." Quando os salários da NBA dispararam, Smith passou a estimular todos os jogadores com boas chances de se classificarem nos 5 ou 10 primeiros lugares a deixar a faculdade mais cedo e garantir seu futuro financeiro, desde que prometessem concluir o curso mais tarde. Em seus 36 anos como técnico-chefe, Smith enviou nove atletas para o recrutamento antecipado, e sete corresponderam às expectativas. Embora Smith encorajasse os melhores jogadores a deixar o time, colocar o interesse deles em primeiro lugar talvez o tenha ajudado a recrutar os maiores talentos e a desenvolver confiança e lealdade. Smith se aposentou com 879 vitórias, 10 a mais que qualquer outro técnico da história da liga universitária; e as equipes dele conquistaram dois campeonatos nacionais. É como explica Chris Granger, vice-presidente executivo da NBA: "As pessoas talentosas se sentem atraídas por quem se importa com elas. Quando você ajuda alguém a aproveitar uma oportunidade melhor fora do seu time, você perde no curto prazo, mas sem dúvida ganha no longo prazo. Torna-se mais fácil atrair outros talentos, pois todos passam a saber que sua filosofia é ajudar os outros."[28]

Jordan foi despedido do Wizards depois daquela temporada, mas não estava em condições de esquecer Brown. Quase 10 aos depois, em 2010, Brown assinou um contrato com o Charlotte Bobcats, de propriedade de ninguém menos que Michael Jordan. "Michael foi parte importante na decisão", revelou o agente de Brown.

A essa altura, Brown já jogara 10 temporadas em quatro times diferentes, com média inferior a sete pontos e seis rebotes em mais de 500 jogos. Na temporada anterior, ele passava em média apenas 13 minutos em quadra. Quando Brown foi para o Bobcats de Jordan, o tempo de quadra dele dobrou para 26 minutos por jogo. O time lhe deu mais minutos do que ele havia jogado nas duas temporadas anteriores juntas; mesmo assim, continuava avançando pouco, alcançando oito pontos e sete rebotes. Jordan "queria dar a Kwame outra oportunidade", disse o agente de Brown.

Um doador teria admitido o erro e virado a página, mas Jordan ainda tentava reverter os resultados do mau investimento. "Adoro o Michael, mas ele não fez um bom trabalho", diz o amigo e ex-colega de equipe olímpica Charles Barkley. Sob a direção de Jordan, em 2012 o Bobcats terminou com a pior porcentagem de vitórias na história da NBA.

Por outro lado, os times de Inman alcançaram níveis de sucesso surpreendentes. Além de montar o time de 1977, que avançou do último lugar para a conquista do título em apenas um ano com muitos desconhecidos, as escolhas de Inman nos recrutamentos transformaram o Blazers em uma equipe vencedora, situação que perdurou nos anos seguintes. Depois de ele deixar o Blazers, em 1986, o time progrediu sob a liderança de Drexler, Porter e Kersey. As três joias ocultas, descobertas por Inman em três anos consecutivos, levaram o Blazers às finais duas vezes. Mais uma vez, ele recebeu poucos créditos. Para o torcedor comum, talvez pareça que Inman foi um fracasso, mas os especialistas em basquete o consideram um dos melhores avaliadores de talentos desse esporte. A experiência de Inman, juntamente com os resultados das pesquisas, revelam que os doadores são excelentes não só no reconhecimento e desenvolvimento de talentos, mas também em partir para outra quando suas apostas não dão certo.

Stu Inman passou os últimos quatro anos da vida trabalhando como técnico assistente voluntário no time de basquete da Lake Oswego High School, no Oregon. "Ele não os melhorou só como jogadores", disse o técnico-chefe da Lake Oswego. "Stu ajudou a preparar um jovem jogador chamado Kevin Love, que veio a realizar o potencial que Sam Bowie e LaRue Martin nunca concretizaram: destacar-se como um jogador alto que também sabe arremessar. Como pivô, Love jogou na equipe olímpica dos Estados Unidos e em dois times All-Star nas quatro primeiras temporadas, foi escolhido como o jogador que mais progrediu na NBA e conquistou o campeonato de arremessos de três pontos.

"Ao optar por promover grandes talentos, você fará uma das coisas mais altruístas a que alguém pode se dedicar", escreve George Anders.[29] "Em um ano qualquer, os imediatistas podem fazer mais dinheiro e conquistar mais reconhecimento, pelo menos no curto prazo", reconhece. "Com o passar do tempo, porém, a dinâmica muda."

5
O poder da comunicação não autoritária

Como ser modesto e influenciar as pessoas

Fale suavemente, mas carregue um porrete.

– Theodore Roosevelt, presidente dos Estados Unidos[1]

Dave Walton[2] respirou fundo. Era especialista em direito do trabalho, segredos comerciais e em concorrência desleal de ex-empregados. Como sócio da Cozen O'Connor, foi um dos mais jovens advogados a ter participação societária na firma e recebeu vários prêmios de âmbito estadual. Naquele dia, daí a pouco, se levantaria e faria sua primeira sustentação oral conclusiva diante de um júri.

Era 2008 e Dave representava a empresa controladora da Acme-Hardesty, distribuidora de óleo de rícino que recebia suprimentos da Jayant Oils and Derivatives, com sede em Mumbai, na Índia. Em dezembro de 2006, o CEO da matriz da Acme foi informado de que a Jayant abriria uma filial nos Estados Unidos e que não mais lhe forneceria óleo de rícino. No mês seguinte, os executivos da Acme souberam que a Jayant planejava vender produtos diretamente aos clientes no mercado americano, constituindo uma concorrência direta.

No verão de 2006, dois empregados da Acme foram para a Jayant e a ajudaram a formar a empresa concorrente. A matriz da Acme processou a Jayant e os dois ex-funcionários, acusando-os de roubar segredos comerciais e informações confidenciais.

Dave se preparou bem e argumentou com eloquência. Apresentou evidências de que em março de 2006, enquanto ainda trabalhavam para a

Acme, os funcionários aceitaram vantagens financeiras para ajudar a Jayant a organizar a distribuidora concorrente. Em junho, cada um deles recebeu da Jayant o pagamento inicial de US$50 mil por serviços de consultoria.

Os empregados deram aviso prévio à Acme e partiram direto para a Índia, sem informar à ex-empregadora de suas novas posições. Dave sustentou que, na Índia, ambos se basearam em seus conhecimentos sobre as operações da Acme para desenvolver o plano de negócios da Jayant. Um deles teria fornecido à empresa indiana uma lista de clientes potenciais nos Estados Unidos, que ele desenvolvera para a Acme como parte de suas atribuições de empregado, afirmou Dave. O presidente da Jayant, por sua vez, admitiu que sua empresa usara documentos da Acme em projeções para os investidores. Dave argumentou ainda que, enquanto os ex-empregados desenvolviam o plano de negócios da Jayant na Índia, usavam e-mails falsos que lhes davam acesso contínuo aos pedidos de compra recebidos pela empresa americana.

Os réus foram representados por três renomados escritórios de advocacia, e o adversário de Dave no julgamento era extremamente convincente. Tinha 25 anos de experiência, era formado pela Cornell University e fizera pós-graduação na Columbia University. Também recebera numerosos prêmios, tendo sido eleito um dos 100 mais importantes advogados da Pensilvânia e escolhido como litigante da semana em nível nacional. Uma fonte descreveu-o como "jurista erudito e sofisticado, que provoca admiração nos tribunais".

O advogado de defesa foi persuasivo e elegante, dizendo ao júri que a Jayant entrara em uma competição leal e justa, como era seu direito. A Acme de fato perdeu alguns clientes, admitiu o advogado, mas não porque os ex-funcionários tivessem feito algo errado. A Acme atuava como intermediária na distribuição dos produtos de óleo de rícino para os clientes. Ao eliminar o intermediário, a Jayant venderia os produtos a preços mais baixos, que é exatamente o propósito da concorrência justa. Os funcionários eram maltratados na Acme: um deles a descreveu como sendo "um inferno", o pior emprego da vida dele. O advogado de defesa alinhavou seus pontos básicos e questionou a credibilidade das testemunhas mais importantes de Dave. Este ficou impressionado com a habilidade do oponente. "Ele era realmente bom. Apresentou argumentos melhores do que havíamos previsto."

Dave sabia que o resultado do julgamento era imprevisível. De um lado, ele havia apresentado dados convincentes mostrando que a Jayant e os dois ex-empregados eram culpados; de outro, aquele era um caso de alta pressão e de grande notoriedade. Era a primeira vez que Dave assumia a liderança de um julgamento em tribunal do júri; de longe, ele se destacava como o mais jovem advogado no recinto. Durante o interrogatório de uma testemunha, uma inimiga traiçoeira se manifestou: de repente, ele começou a gaguejar. O incidente se repetiu, sinalizando que ele estava inseguro.

Dave estava preocupado sobretudo com o efeito de sua atuação sobre um dos jurados. Durante o julgamento, o jurado deixara claro que era favorável aos réus: para ele, a Jayant e os ex-funcionários não tinham feito nada de errado. O jurado reagiu com entusiasmo à exposição do advogado de defesa, acenando afirmativamente o tempo todo e rindo alto das piadas dele. Em contraste, ao longo da exposição de Dave, o jurado evitou contato visual, sorriu com ironia e demonstrou desaprovação. Durante todo o julgamento, o jurado compareceu ao tribunal usando calça jeans. Mas, no dia das sustentações orais conclusivas, ele chegou de terno e gravata. Ao vê-lo entrar no tribunal, Dave reagiu com desânimo. O jurado queria assumir a liderança do grupo, com o objetivo óbvio de virar a decisão do júri a favor dos réus.

Dave terminou a sustentação oral conclusiva e os jurados se retiraram para formular o veredicto. Ao saírem, o jurado antagonista estava à frente dos demais. Fora eleito representante e competia a ele ler a decisão.

O júri decidiu em favor do cliente de Dave, condenando os réus a uma reparação de US$7 milhões. A vitória de Dave estabeleceu o recorde de maior pena por violação de segredo comercial na Pensilvânia. Não há dúvida de que Dave desenvolveu uma argumentação brilhante, falando com convicção, como verdadeiro especialista. Mas outro fator lhe conferiu uma pequena vantagem.

Algo diferencia Dave Walton de outros advogados notáveis – trata-se de um atributo que ele tem em comum com o ex-CEO da GE Jack Welch, o vice-presidente americano Joe Biden, a cantora Carly Simon, o âncora do programa de TV *20/20* John Stossel, o ator James Earl Jones e Bill Walton, do Portland Trail Blazers, hoje locutor de basquete.

Todos são gagos.

A gagueira é um distúrbio da fala que afeta cerca de 1% da população mundial. Na infância, Dave Walton era assediado e ridicularizado por gaguejar. Ao se formar na faculdade, candidatou-se a um emprego de vendedor, mas foi rejeitado. "O entrevistador disse a ele que nunca se sairia bem em vendas por causa da gagueira", conta a esposa, Mary. Quando Dave resolveu cursar a faculdade de direito, muitos amigos e familiares ficaram temerosos, rezando para que ele não tivesse de falar em público. Dave se lembra de que, durante seu primeiro julgamento simulado, a juíza começou a chorar. "Ela se sentiu mal por mim."

A maioria das pessoas vê a gagueira como uma deficiência, e se admira diante de pessoas como Jack Welch e James Earl Jones, cuja postura confiante revela poucos indícios de suas dificuldades de fala. Mas a verdade é muito mais interessante e complexa. Muitos gagos acabam sendo bastante bem-sucedidos, e nem sempre por superarem a gagueira. No julgamento do segredo comercial, quando Dave gaguejou e se atrapalhou durante umas duas argumentações, algo estranho aconteceu.

Os jurados *gostaram* dele.

No fim do julgamento, vários jurados o procuraram. "Disseram que me respeitavam por terem percebido que eu era gago", diz Dave. "Insistiram em afirmar que minha gagueira era mínima, mas que a haviam notado e que fizeram comentários a esse respeito. E que admiravam minha coragem de atuar como advogado".

Dave não ganhou a causa por ser gago, mas é possível que isso tenha estabelecido uma forte conexão com o júri, ajudando a inclinar a balança em favor dele. Quando os jurados o cumprimentaram, Dave ficou "surpreso e um pouco sem jeito. Meu primeiro pensamento foi: 'Não me lembro de ter gaguejado tanto.' Quando os jurados se afastaram, percebi que eu tinha um atributo natural e autêntico. Foi uma epifania: minha gagueira poderia ser uma vantagem".

Neste capítulo, quero explorar como a experiência de Dave Walton oferece pistas fundamentais (mas que parecem um contrassenso) sobre a maneira de influenciar outras pessoas – e como a atuação dele é um exemplo do estilo diferenciado dos doadores no esforço para formar e mudar opiniões. No livro *Saber vender é da natureza humana*, Daniel Pink argumenta que nosso sucesso depende muito da capacidade de influenciar.[3] Para convencer os outros a comprar nossos produtos, usar nossos serviços, aceitar nossas ideias e investir em nossos negócios, precisamos nos comunicar de maneira a persuadi-los e motivá-los. Mas o melhor método de influenciar talvez não seja o que primeiro vem à mente.

Pesquisas sugerem que existem dois caminhos possíveis para exercer a influência: domínio ou prestígio.[4] Quando estabelecemos domínio exercemos influência porque os outros nos consideram fortes, poderosos e competentes. Quando conquistamos prestígio também nos tornamos influentes porque os outros nos respeitam e nos admiram.

Essas duas maneiras de influenciar se relacionam estreitamente com nossos estilos de reciprocidade. Os tomadores são excelentes em estabelecer domínio. No esforço para reivindicar valor, esforçam-se para parecer superiores. No intuito de dominar, esmeram-se na *comunicação autoritária*: levantam a voz para demonstrar autoridade, falam com energia, ostentam segurança, transpiram confiança, promovem as próprias realizações e vendem com convicção e orgulho. Mostram força abrindo os braços em uma postura dominante, erguem as sobrancelhas em desafio, controlam tanto espaço físico quanto possível e demonstram raiva e fazem ameaças quando necessário. No esforço para influenciar, os tomadores dão o tom e controlam a conversa, emitindo poderosos sinais verbais e não verbais. Em consequência, tendem a ser mais eficazes que os doadores na conquista do domínio. Mas será esse o caminho mais sustentável para exercer influência?

Se o público é cético, quanto mais tentamos dominá-lo, mais ele resiste. Mesmo com um público receptivo, o domínio é um jogo de soma zero: quanto maiores forem meu poder e minha autoridade, menores serão os seus. Ao depararem com alguém mais dominador, os tomadores correm o risco de perder a influência. No sentido oposto, o prestígio não é um jogo de soma zero; não há limite para o poder e a admiração que podemos inspirar. Isso significa que o valor do prestígio é mais duradouro, e vale a pena analisar como ele é conquistado.

O oposto do estilo de comunicação dos tomadores é a *comunicação não autoritária*. Os comunicadores não autoritários tendem a se expressar com menos assertividade, expondo dúvidas e demonstrando confiança na opinião alheia. Falam de maneira que sinaliza vulnerabilidade, revelando suas fraquezas e recorrendo a ressalvas, a concessões e a hesitações. Nas sociedades ocidentais, escreve Susan Cain em *O poder dos quietos*, os outros esperam que nos comuniquemos com autoridade.[5] Aprendemos que os grandes líderes exploram "falas intensas" e "palavras fortes" para transmitir suas mensagens em tom convincente. Quem adota o estilo da comunicação não autoritária certamente fica em desvantagem na hora de influenciar o próximo.

Bem, pensando melhor, nem tanto.

Pelo menos é o que eu acho.

Neste capítulo, meu objetivo é questionar as suposições tradicionais sobre a importância da assertividade e da autoconfiança na influenciação. Ocorre que esse estilo nem sempre nos atende bem, o que leva os doadores a adotar por instinto um estilo de comunicação não autoritária, que se revela surpreendentemente eficaz no desenvolvimento do prestígio. Quero analisar como os doadores adquirem prestígio em quatro áreas de influência: apresentações, vendas, persuasão e negociação. Como valorizam as perspectivas e os interesses alheios, os doadores são mais propensos a fazer perguntas que a oferecer respostas; a falar com indecisão que a expressar certezas; a admitir fraquezas que a ostentar forças; e a pedir orientação que a impor suas opiniões. Será mesmo que essas formas de comunicação não autoritária dão mais resultado?

Apresentações – O valor da vulnerabilidade

Aos 26 anos, dois anos depois de terminar meu doutorado em psicologia organizacional e do trabalho, recebi a incumbência de ensinar importantes líderes militares a motivar as tropas. Os militares estavam em transição do modelo de comando e controle para uma abordagem mais colaborativa, e eu, por acaso, fazia pesquisas sobre esse assunto. Minha primeira atribuição foi dar uma palestra de quatro horas para 23 coronéis da Força Aérea dos Estados Unidos. Eram ex-pilotos de caça, com média superior a 3.500 horas de voo e 300 horas de combate. O avião preferido deles era o F-16, com mísseis e munições de precisão. E, como *Top Gun* me mostrara, todos tinham apelidos.

Striker era responsável por mais de 53 mil militares e por um orçamento operacional superior a US$300 milhões. Sand Dune era engenheiro aeroespacial e pilotou em missões de combate nas operações Tempestade no Deserto, Liberdade Iraquiana e Liberdade Duradoura. Boomer trabalhava com programas que custaram mais de US$15 bilhões, inclusive veículos aéreos não tripulados, capazes de voar dos Estados Unidos até o Afeganistão por controle remoto.

Os coronéis estavam na casa dos 40 ou 50 anos, o dobro de minha idade. Tinham passado grande parte da carreira em uma organização que valorizava a antiguidade, e minha experiência era um forte contraste a isso. Embora eu tivesse conhecimentos relevantes e um doutorado, aquela não era de modo algum a minha praia, e não havia dúvidas a esse respeito. No fim do dia, os coronéis preencheram os formulários de avaliação do curso. Dois comentários foram particularmente reveladores:

- Stealth: "Informações de mais qualidade no público que no pódio."
- Gunner: "O instrutor tinha muito conhecimento, mas ainda carecia de experiência (...). Não captou plenamente as necessidades do público. O material era muito acadêmico (...). Ganhei muito pouco com o curso. Acho que a experiência foi muito útil para o instrutor."

Outros foram mais gentis, mas a mensagem ainda era em alto e bom som. Bomber disse: "Os professores são cada vez mais jovens"; e Stingray acrescentou: "Prefiro professores mais velhos que eu, para não achar que estou chegando à meia-idade."

Eu começara minha apresentação aos coronéis adotando uma forma de comunicação autoritária: falei com confiança sobre minhas credenciais. Não era assim que geralmente abria minhas aulas. Como professor, sempre senti necessidade de transmitir um forte senso de responsabilidade aos alunos, e costumo dar mais importância a criar um vínculo com eles que a impor minha autoridade. Quando leciono a alunos de graduação, inicio a primeira aula com uma história sobre meus maiores fracassos. Com os coronéis da Força Aérea, no entanto, eu estava preocupado com a credibilidade e tinha só quatro horas para estabelecê-la – em vez dos usuais quatro meses. Deixando de lado meu típico estilo vulnerável, adotei um tom dominador ao descrever minhas qualificações. Quanto mais eu tentava dominar, no entanto, mais os coronéis resistiam. Não conquistei o respeito deles e me senti decepcionado e envergonhado.

Como tinha outra sessão com coronéis da Força Aérea em minha agenda, decidi experimentar uma abertura diferente. Em vez de transpirar confiança sobre minhas credenciais, adotei um estilo menos autoritário, com uma observação autodepreciativa:

"Sei o que muitos de vocês estão pensando neste exato momento: 'O que será que posso aprender com um professor de 12 anos?'"

Seguiu-se um segundo de silêncio incômodo, em que segurei a respiração.

De repente, a sala irrompeu em gargalhadas. Um coronel chamado Hawk deu o tom: "Vamos lá, você está escondendo a idade. Sei que tem 13 anos." Daí em diante, prossegui com a mesma palestra que tinha dado antes – afinal, as informações que eu tinha a transmitir sobre motivação ainda eram as mesmas. No final, porém, quando recebi feedback, as observações eram totalmente diferentes das anteriores:

- "Demonstrou experiência pessoal. Tem a idade certa! Muita energia; sem dúvida já alcançou o sucesso."
- "Adam obviamente conhece o assunto, o que se traduz em paixão e em interesse. Isso lhe permitiu ser muito eficaz. Uma palavra: EXCELENTE!"
- "Embora ainda jovem, abordou o tema de maneira interessante. Bom trabalho. Muito intenso e dinâmico."
- "Não acredito que Adam só tenha 12 anos! Ótimo trabalho."

A comunicação não autoritária fez toda a diferença. Em vez de me esforçar para confirmar minhas credenciais, mostrei-me vulnerável e admiti logo que o rei estava nu. Depois, mantive o mesmo método ao lecionar para generais do Exército e para altos oficiais da Marinha, e mais uma vez tudo correu muito bem. Eu estava me comunicando com naturalidade, o que me ajudou a me sintonizar com um público cético.

Em geral, os tomadores receiam que demonstrações de fraqueza comprometam o domínio e a autoridade. Os doadores se sentem muito mais à vontade transmitindo vulnerabilidade: como estão interessados em ajudar os outros, não em demonstrar poder, não têm medo de expor falhas na blindagem.[6] Ao se mostrarem vulneráveis, os doadores efetivamente conquistam prestígio.

Um ponto, porém, é importante: expressar vulnerabilidade só é eficaz se o público receber sinais inequívocos da competência do expositor. Em um experimento clássico liderado pelo psicólogo Elliot Aronson, os alunos ouviram uma de quatro fitas de um candidato sendo examinado para compor uma equipe de uma gincana de perguntas e respostas. Na metade das vezes, o candidato era notável, respondendo corretamente a 92% das perguntas. Na outra metade, o candidato era medíocre, acertando apenas 30% das vezes.

Como era de esperar, o público preferiu o notável. Mas algo interessante ocorreu quando a fita mostrou um momento em que o candidato se comportava de maneira desajeitada. Após o ruído de louça quebrando, o candidato dizia: "Ah, meu Deus. Derramei café no meu terno novo."

Quando o candidato medíocre era desajeitado, o público gostava dele ainda menos.

Mas, quando o candidato notável era desajeitado, o público gostava dele ainda mais.

Os psicólogos batizaram o fenômeno de *efeito cair de quatro*.[7] Derramar uma xícara de café prejudicava a imagem do candidato medíocre: era mais uma razão para o público não gostar dele. O mesmo fiasco, porém, ajudava o candidato notável a parecer humano e acessível – em vez de superior e distante.* Isso explica por que a gagueira de Dave Walton causou impressão positiva no júri. O fato de Dave estar disposto a parecer vulnerável, mostrando a gagueira ao mundo, rendeu-lhe respeito e admiração. Os jurados gostaram dele, confiaram em suas palavras e ouviram-no com atenção. Isso preparou o terreno para que Dave pudesse convencê-los com a firmeza de seus argumentos.

Demonstrar vulnerabilidade é importante especialmente para advogados como Dave Walton. Dave tem tendência a ser doador: passa grande parte do tempo orientando colegas mais jovens e luta com vigor pela justiça em favor dos clientes. Mas o júri não via esses atributos: a aparência dele não é das que mais evoca solidariedade. "Sou um cara grande, com aparência militar", explica Dave. E continua:

> No julgamento sobre segredos comerciais, não diria que ganhei por causa da gagueira, mas acho que ela reforçou minha credibilidade: fez com que eu parecesse real. Dei-lhes uma ideia de meu caráter, e eles gostaram. Isso me humanizou. Acharam-me menos perfeito e mais verossímil como advogado. Em geral, as pessoas valorizam a elegância e a perfeição, mas, no fundo, ninguém quer um advogado muito certinho. Os bons advogados que se expõem diante de um júri devem ser ao mesmo tempo profissionais brilhantes e indivíduos comuns.

Quando Dave Walton se posta diante do júri e assume sua gagueira, logo fica claro que ele se importa muito com os clientes – acredita tanto neles que se dispõe a expor a própria vulnerabilidade para defendê-los. Esse comportamento transmite uma mensagem vigorosa que o ajuda a conquistar os jurados e o público, aumentando seu prestígio e atenuando sua aparência imponente.

---

* Vale notar que o "efeito cair de quatro" depende da autoestima do público. A comunicação não autoritária humaniza o comunicador, razão por que é mais atraente para públicos que se consideram humanos: aqueles com autoestima média. De fato, Aronson e colegas descobriram que, quando pessoas competentes cometem fiascos, os públicos com autoestima média reagem de maneira mais favorável que os públicos com autoestima alta ou baixa.

Vendas – Distinguindo vigaristas de bons samaritanos

Expressar vulnerabilidade sem comprometer a competência pode aumentar o prestígio, mas é apenas o ponto de partida para os doadores exercerem influência. Para fazermos isso de forma eficaz, precisamos converter o respeito que inspiramos em motivos para que o público mude suas atitudes e comportamentos. Em nenhuma área isso é mais claro que em vendas, onde todo objetivo consiste em levar os consumidores a comprar – e a comprar mais.

Em geral, consideramos os vendedores pessoas manipuladoras e maquiavélicas, e os imaginamos intimidadores, belicosos, interesseiros e, às vezes, traiçoeiros. Em um estudo, os participantes classificaram 44 atividades para MBAs em termos do nível de responsabilidade social. Vendedor ficou em quadragésimo terceiro lugar, uma posição antes de corretor de ações, no fim da lista.[8] Daí resulta a expectativa de que os melhores vendedores devam ser tomadores, embora, no capítulo inicial, tenhamos apontado para evidências de que muitos vendedores altamente produtivos são doadores. Como será que os doadores fazem para vender?

Bill Grumbles[9] é um executivo importante, mas, ao conhecê-lo, você provavelmente não se daria conta disso. Ele fala tão suavemente que sem nem perceber você se inclina em sua direção a fim de escutá-lo. Depois de escalar a hierarquia até uma vice-presidência da HBO, tornou-se presidente de distribuição mundial da rede de TV TBS. Ao longo de toda a carreira, Grumbles desdobrou-se para ajudar e orientar os outros. Hoje, dedica-se a oferecer treinamento em liderança e orientação profissional a estudantes de administração. Antes, a comunicação não autoritária o ajudou a chegar ao topo do quadro de vendedores da HBO.

Em 1977, a HBO era uma marca desconhecida; a maioria dos americanos nem tinha televisão a cabo. Grumbles estava com quase 30 anos quando foi incumbido de abrir um escritório de vendas da HBO em Kansas City. Como não tinha experiência em vendas, começou a fazer o que fazia melhor como doador: perguntar. As perguntas dele eram sinceras, e os clientes reagiam bem. "Ao visitá-los, eu olhava para as paredes e imaginava quais eram seus interesses. Perguntava-lhes pelos netos ou pelo time do coração. Levantava um assunto e o cliente falava durante 20 minutos." Outros vendedores fechavam um contrato por mês. Grumbles era quatro vezes mais produtivo: conseguia um contrato por semana.

Ao fazer as perguntas e ouvir as respostas, Grumbles demonstrava aos clientes que se importava com o que eles pensavam. Isso lhe dava prestígio. Os clientes respeitavam e admiravam a preocupação que ele demonstrava. Depois de uma de suas primeiras visitas de vendas, um cliente lhe disse que ele era um "ótimo conversador". Grumbles ri ao se lembrar: "Eu não disse praticamente nada!"

Fazer perguntas abre a porta para que os clientes experimentem o que o psicólogo James Pennebaker denomina "alegria de falar".[10] Anos atrás, Pennebaker dividiu estranhos em pequenos grupos para uma pesquisa. Imagine que você acabou de entrar em um desses grupos e que tem 15 minutos para conversar com as pessoas sobre um tema de sua escolha. Você pode falar sobre sua cidade natal, sua escola ou sua carreira.

Ao final dos 15 minutos, você avalia até que ponto gostou do grupo. Ocorre que quanto mais você fala, mais gosta do grupo. Não há nenhuma surpresa nisso, uma vez que as pessoas adoram falar sobre si mesmas. Mas quero lhe fazer outra pergunta: quanto você aprendeu sobre o grupo enquanto falava?

Evidentemente, para aprender sobre os interlocutores é preciso ouvi-los. Quanto menos você falar, mais descobrirá sobre o grupo. Mas Pennebaker constatou o oposto: quanto *mais* você fala, *mais acha que aprendeu sobre o grupo*. Ao falar como tomador e dominar a conversa, você acredita que realmente passou a conhecer as pessoas ao seu redor, embora elas mal tenham falado. Em *Abra o seu coração*, Pennebaker brinca: "A maioria das pessoas acha que expor as próprias ideias é uma experiência de aprendizado extremamente agradável."

São os doadores, em virtude do interesse em nos conhecer, que fazem as perguntas capazes de nos proporcionar a alegria de aprender com nós mesmos. E, quando nos deixam falar e nos ouvem, os doadores passam a nos compreender, o que os ajuda a descobrir como nos vender o que já valorizamos.

Para esclarecer melhor como os doadores vendem com sucesso, quero levá-lo a uma viagem até Raleigh, Carolina do Norte, onde atuo como "comprador misterioso". Estou trabalhando para uma empresa de optometria inovadora, chamada Eye Care Associates, com o objetivo de descobrir o que diferencia vendedores brilhantes de vendedores medíocres. Todos os funcionários da empresa responderam a uma pesquisa que revela se são doadores, tomadores ou compensadores, e agora é hora de vê-los em ação.

Entro em uma loja e demonstro interesse em substituir um par de óculos escuros com a armação quebrada, que comprei em outra ótica. Dirijo-me a uma vitrine, onde sou abordado pelo primeiro vendedor. Ele me mostra uma armação estilosa e logo engata uma apresentação de vendas convincente por meio de uma comunicação autoritária. As lentes são feitas especialmente para dirigir. O contorno da armação valoriza o formato do meu rosto. A cor combina com o tom de minha pele. Nunca fui muito descolado, mas logo me deixo levar pela fantasia de que aqueles óculos poderiam me transformar no James Bond. Quando reclamo do preço, o vendedor me assegura, cheio de confiança, que é o valor justo pela qualidade do produto. A armação se encaixa em meu rosto tão perfeitamente, diz ele, que os designers devem ter imaginado uma fisionomia vencedora como a minha ao conceberem a peça. Os elogios são tantos que logo fico na dúvida pensando que todo aquele papo não passa de bajulação para fazer a venda. Será que ele é um *tomador*?

Em outra loja, o vendedor se propõe a me fazer um favor. Substituirá minha armação de graça se eu fizer o exame de vista lá. *Compensador... e tenho os dados da pesquisa para comprová-lo.*

Qual é o vendedor mais bem-sucedido: o tomador ou o compensador?

Nenhum dos dois. Ambos se perdem na mediocridade.

Numa terceira ótica, em Knightdale, na Carolina do Norte, conheço Kildare Escoto. Kildare é uma figura imponente, com sobrancelhas espessas e um cavanhaque fino. É fissurado em musculação e, se alguém lhe pede, faz na hora 100 flexões, sem transpirar nem uma gota. Os pais são da República Dominicana e ele cresceu em Nova York. Como os outros dois que me atenderam nas lojas anteriores, exerce a mesma função, mas seu estilo não poderia ser mais diferente.

Temos exatamente a mesma idade, mas Kildare me chama de "senhor" e percebo que está sendo autêntico. Com a fala suave, faz algumas perguntas básicas antes de puxar uma única bandeja de óculos escuros da vitrine. Já estive lá antes? Tenho receita de lentes? Como é o meu estilo de vida – pratico esportes? Ouve com atenção as respostas e me dá espaço para divagar.

Tenho visão perfeita, mas Kildare é tão competente que de repente sinto o ímpeto de comprar um par de óculos escuros. Acabo com meu disfarce. Confesso que estou estudando as técnicas de vendedores notáveis e pergunto se estaria disposto a conversar sobre seu método de vendas. Kildare contesta. "Não me vejo como vendedor", explica. "Considero-me um optometrista. Atuamos em primeiro lugar como um serviço de assistência à saúde; depois, no varejo; e, talvez, finalmente, em vendas. Meu trabalho é atender o paciente, fazer perguntas e descobrir suas reais necessidades. Meu foco não é vender. Meu trabalho é ajudar. Meu principal propósito é educar e informar os pacientes sobre o que é importante. Minha verdadeira preocupação é que o paciente desfrute da melhor visão possível no longo prazo."

Os dados revelam dois fatos surpreendentes sobre Kildare Escoto. Primeiro, em minha pesquisa, ele alcançou a mais alta pontuação de doador, em comparação com todos os funcionários da empresa. Segundo, também foi o optometrista que mais vendeu em toda a empresa, gerando mais que o dobro da receita média de vendas por vendedor.[11]

Não é coincidência. A segunda melhor vendedora, que, como Kildare, mais que dobrou a média, também era doadora. Ela se chama Nancy Phelps e tem a mesma filosofia de Kildare. "Eu estabeleço um vínculo com os pacientes, pergunto onde trabalham, quais são seus passatempos, o que gostam de fazer nas férias. Meu interesse está nos pacientes e em suas necessidades." É sugestivo que, ao entrarem, eles sempre perguntem por Nancy.

Para verificar se Kildare e Nancy são exceções à regra, Dane Barnes e eu pedimos a centenas de optometristas que respondessem a um questionário para medir se eram tomadores, compensadores ou doadores.[12] Também lhes aplicamos testes de inteligência, no intuito de avaliar a capacidade deles de resolver problemas complexos. Em seguida, acompanhamos suas receitas de vendas durante um ano inteiro.

Mesmo levando em conta as diferenças de inteligência, os doadores venderam mais que os compensadores e os tomadores, gerando, em média, receitas de vendas 30% e 68% superiores às destes, respectivamente. Embora os compensadores e os tomadores, juntos, representassem mais de 70% dos vendedores, metade dos melhores vendedores eram doadores. Se todos os optometristas fossem doadores, a receita anual média da empresa aumentaria de US$11,5 milhões para mais de US$15,1 milhões. Os doadores são os melhores vendedores, e uma importante razão para isso é a comunicação não autoritária.

Fazer perguntas é uma forma de comunicação não autoritária que os doadores adotam com naturalidade. Elas funcionam ainda melhor quando o público questiona a influência do interlocutor, como quando este carece de credibilidade ou de status e quando as condições são altamente competitivas. Neil Rackham passou nove anos estudando negociadores notáveis e medíocres. Para ele, negociadores notáveis eram aqueles considerados altamente eficazes por ambos os lados, com antecedentes de muitas vitórias e poucas derrotas.[13] Gravou mais de 100 negociações para verificar como os notáveis se diferenciavam dos medíocres. Os negociadores notáveis passavam muito mais tempo tentando compreender as perspectivas do outro lado: mais de 21% dos comentários dos negociadores notáveis consistiam em perguntas, em comparação com menos de 10% dos negociadores medíocres.

Se fosse um tomador, Kildare estaria mais interessado em conduzir a transação com as próprias respostas que em fazer perguntas. No entanto, como doador, em vez de dizer aos pacientes o que deviam comprar, Kildare os levava a falar de si mesmos para descobrir seus desejos e necessidades.

Um dia, a Sra. Jones saiu de um exame oftalmológico na loja e Kildare se dirigiu a ela para perguntar se estaria interessada em novos óculos. Em um olho, tinha miopia; no outro, hipermetropia. O médico lhe prescrevera lentes multifocais, mas ela não estava convencida. Fora lá para fazer exame de vista, mas não tinha intenção de gastar muito dinheiro, e disse a Kildare que não queria experimentar as novas lentes.

Em vez de tentar convencê-la com uma argumentação de vendas assertiva, Kildare começou fazendo perguntas. "Em que você trabalha?" Descobriu que ela passava horas diante do computador e observou que, ao tentar ler, inclinava a cabeça para favorecer a visão com o olho míope. Ao olhar para longe, como quando dirigia, inclinava a cabeça para o outro lado, de maneira a usar mais o olho hipermetrope. Kildare indagou por que procurara o oftalmologista e ela respondeu que tinha dificuldade para enxergar objetos distantes, trabalhar no computador e ler. Ele notou que ela estava ficando irritada e tentou acalmá-la: "Se você acha que não precisa de lentes corretivas, não vou desperdiçar seu tempo. Mas gostaria de lhe fazer só mais uma pergunta: quando você usaria esses óculos?" Ela disse que de fato seriam úteis no trabalho, mas que ficariam muito caros se os usasse apenas parte do dia.

Ao ouvir as respostas, Kildare percebeu que a cliente não compreendia muito bem o que eram lentes multifocais. Gentilmente, ele explicou que ela poderia usar as novas lentes não só no trabalho, mas também no carro e em casa. Ela ficou curiosa e as experimentou. Poucos minutos depois, resolveu comprar seu primeiro par de lentes multifocais, gastando US$725. Um tomador poderia ter perdido a venda; no entanto, ao fazer perguntas, Kildare compreendeu e solucionou as preocupações da cliente.

Mas talvez estejamos puxando a sardinha para o lado dos doadores. Afinal, os optometristas vendem no setor de assistência médica, onde é fácil acreditar no produto e atender às necessidades dos pacientes. Seriam os doadores igualmente bem-sucedidos como vendedores em áreas onde os clientes são mais céticos, como seguradoras? Em um estudo, os gestores avaliaram as atitudes de doação de mais de mil vendedores de apólices de seguro.[14] Mesmo aqui, quanto mais alta fosse a pontuação do vendedor como doador, melhor era seu desempenho nas vendas, envolvendo receita, volume de apólices, cumprimento de cotas, conversões de pedidos e comissões.

Ao fazer perguntas e conhecer melhor os clientes, os doadores conquistam sua confiança e compreendem melhor suas necessidades. Com o passar do tempo, essas características os tornam mais e mais eficazes. Em um estudo, vendedores de produtos farmacêuticos foram incumbidos de vender um novo produto ainda sem base de clientes.[15] A cada trimestre, mesmo recebendo comissão, os doadores se distanciaram à frente dos demais.* Além disso, a capacidade de doação era o único atributo capaz de prever o desempenho: não importava que o vendedor fosse cuidadoso ou displicente, extrovertido ou introvertido, emocionalmente estável ou ansioso, conservador ou inovador. A qualidade distintiva dos melhores vendedores de produtos farmacêuticos era ser doador. E a comunicação não autoritária, conduzida por meio de perguntas, define o estilo de venda típico dos doadores.

Só de curiosidade, você pretende votar nas próximas eleições presidenciais?[16]

Ao lhe fazer essa pergunta, acabei de aumentar em 41% as chances de que você de fato vote.

Temos aí outro benefício da comunicação não autoritária. Muita gente acha que a chave da capacidade de convencimento é uma argumentação confiante e assertiva. Mas, na vida cotidiana, somos bombardeados por anunciantes, vendedores, arrecadadores de fundos e políticos que tentam nos convencer a comprar seus produtos, usar seus serviços e apoiar suas causas. Quando ouvimos mensagens autoritárias incisivas, ficamos desconfiados.[17] Em alguns casos, receamos ser ludibriados ou manipulados por algum tomador. Em outras situações, apenas queremos preservar nossa liberdade de escolha, não permitindo que ninguém influencie nossas decisões. Portanto, se eu lhe disser para votar nas próximas eleições, você talvez resista. Mas, se eu perguntar se pretende votar, você não terá a impressão de que estou tentando

---

* O mesmo padrão emergiu de outro estudo,[18] no qual mais de 600 vendedores de produtos femininos preencheram um questionário que revelava se eram doadores: eles tentavam oferecer os produtos mais adequados às necessidades das clientes? Quando os pesquisadores monitoraram as receitas de vendas, os doadores de início não demonstraram vantagem. À medida que compreendiam as clientes, porém, passavam à frente e se afastavam cada vez mais dos colegas. No terceiro e no quarto trimestres, os doadores já geravam muito mais receita, além de coletarem mais informações sobre as necessidades das clientes e de se mostrarem mais flexíveis nas respostas a elas.

influenciá-lo. Não passa de uma pergunta inocente e, em vez de resistir à minha intromissão, você reflete sobre minha indagação. "Bom, eu me preocupo em ser um bom cidadão e quero apoiar meu candidato." Conforme explica Aronson, você foi convencido por alguém de quem já gosta e em quem confia. Você mesmo.[19]

Dave Walton sabe por que as perguntas são recursos persuasivos eficazes. Ele considera os grandes advogados acima de tudo vendedores, e é importante que não exponham seus argumentos de maneira muito assertiva, como tomadores. "A arte da advocacia é levá-lo à minha conclusão *em seus próprios termos*. Quero que você chegue a suas próprias conclusões, que por acaso coincidem com as minhas: você se aferrará a elas com mais persistência. Tento orientar os jurados ao longo de determinadas linhas, deixá-los por conta própria e permitir que decidam sozinhos." Perguntas inteligentes preparam o terreno para que os jurados convençam a si mesmos. De acordo com Aronson, "na persuasão direta, o público está plenamente consciente de que foi convencido por outra pessoa; na autopersuasão, as pessoas sentem que a motivação para a mudança veio de dentro".

Ao perguntar sobre os planos e intenções dos interlocutores, aumentamos a probabilidade de que efetivamente eles os levem adiante. Pesquisas mostram que, quando lhe pergunto se você está pensando em comprar um computador nos próximos seis meses, a probabilidade de que você o faça torna-se 18% maior. Mas só será assim se você já estiver à vontade com a questão levantada. Estudos mostram que perguntar sobre seus planos de passar fio dental e de evitar alimentos gordurosos aumenta substancialmente as chances de que você cultive esses hábitos. Por serem comportamentos desejáveis, as perguntas abrem as portas para que você se convença de praticá-los.* Mas, se indago sobre seus planos de fazer algo indesejável, a tática não dá certo. Por exemplo, você está pretendendo comer gafanhotos com cobertura de chocolate este mês?

Depois de pensar no assunto, é provável que você relute ainda mais em fazer algo do gênero. Em nossos exemplos até agora, os doadores ofereciam produtos desejáveis a clientes interessados. Quando vendia canais da HBO,

---

* Em parte, as perguntas intencionais são eficazes porque induzem ao comprometimento: depois de dizerem sim, as pessoas se sentem compelidas a cumprir a palavra.[20] Mas, curiosamente, as pesquisas sugerem que as perguntas intencionais podem funcionar mesmo quando a resposta inicial é não. O questionamento provoca reflexão e, se o comportamento for atraente, algumas pessoas mudam de opinião e decidem adotá-lo.

Bill Grumbles se dirigia a clientes abertos a ter uma TV a cabo melhor. Ao vender óculos, Kildare Escoto e Nancy Phelps lidavam com clientes que precisavam de novas armações ou lentes. Como os doadores mudam as opiniões de pessoas não tão receptivas?

Persuasão – A técnica da fala hesitante

Em 2004, o slogan da Volkswagen nos Estados Unidos era "Dirija. Você vai entender." Os consumidores captavam o duplo sentido. A mensagem sugeria que para apreciar plenamente o desempenho de um Volkswagen era preciso dirigi-lo. Mas também transmitia outro significado: se fizer um test drive, você gostará tanto do carro que acabará comprando-o. Essa foi apenas uma da série de campanhas memoráveis da Arnold Worldwide, agência de propaganda da Volkswagen. Mas Don Lane,[21] o homem que concebeu o slogan inteligente, nunca apareceu nos créditos.

Lane, executivo de contas sênior, não era membro do departamento de criação. O trabalho dele era embalar e vender as ideias da equipe de criação. Um dia, empacado em um briefing para a equipe de criação, ocorreu-lhe uma ideia. Em vez de desenvolver a estratégia, ele escreveu um script que terminava com o slogan: "Dirija. Você vai entender."

Não era uma prática comum do pessoal de contas propor soluções à equipe de criação, em vez de levar apenas o problema. Aliás, os membros da equipe de contas eram proibidos de fazer isso. Assim, Lane enfrentava um dilema: como conseguir que a equipe de criação o ouvisse? Se ele fosse um tomador, talvez irrompesse na sala do diretor de criação para lhe apresentar o slogan, defendê-lo com veemência e reivindicar os créditos. Se fosse um compensador, talvez oferecesse um favor à equipe de criação, esperando reciprocidade, ou cobrasse retribuição por um favor anterior. Mas Lane fazia mais o estilo doador. Não estava preocupado com os créditos; só queria ajudar a equipe de criação e desenvolver um bom anúncio para o cliente. "No nosso negócio, o pessoal de criação é talentoso e merece ficar com grande parte, se não com a totalidade dos créditos", afirma ele. "Alguns gestores de contas se ressentem disso. Eu sabia que meu trabalho era ajudar o pessoal de criação e lhes dar espaço para conceberem as ideias." E concluiu: "A origem da ideia não era importante; se funcionasse, todos compartilharíamos o sucesso."

Lane procurou o diretor de criação. Em vez de recorrer à comunicação autoritária – "Tenho um slogan excelente. Você devia usá-lo" –, ele adotou uma abordagem mais suave. Apresentou uma amostra de script de rádio para que o diretor visse como a ideia funcionaria. Em seguida, disse a ele: "Sei que isso é contra as regras, mas gostaria de lhe dar uma ideia do que estou falando. O que você acha do slogan 'Dirija. Você vai entender'? Interessante, não?"

O diretor de criação gostou. Ele olhou para Lane, sorriu e disse: "Essa é a nossa campanha." A campanha vendeu muitos carros e ganhou vários prêmios de propaganda.

Alison Fragale, professora da Universidade da Carolina do Norte, é especialista na forma de comunicação não autoritária que Don Lane adotou com eficácia. Ela acha que os estilos de discurso indicam quem é doador e quem é tomador. Os tomadores tendem a usar discursos de poder: são assertivos e diretos. Os doadores preferem recorrer a discursos menos incisivos, falando com marcadores de experimentação, como:

- Hesitação: "bem", "sabe", "hum", "hein";
- Proteção: "talvez", "provavelmente", "acho", "tipo";
- Ressalva: "Pode ser uma má ideia, mas...";
- Perguntas no final de frases afirmativas: "Interessante, não é?", "Boa ideia, certo?";
- Ênfase: "realmente", "muito", "bastante".

Esses marcadores transmitem uma mensagem clara ao público: o falante tem pouca confiança ou autoridade. Mas esses são atributos negativos, certo?

Se examinarmos a maneira como Don Lane vendeu sua ideia, identificamos duas características da comunicação não autoritária: uma ressalva e uma pergunta após a afirmação. A ressalva foi "Sei que isso é contra as regras, mas..."; e a pergunta, "Interessante, não?". Alison Fragale mostra que, quando as pessoas precisam trabalhar com as outras em um estreito relacionamento, como em equipes ou na prestação de serviços, o discurso não autoritário é de fato muito mais influente que o discurso de poder.

Para ilustrar um dos estudos dela, imagine que seu avião acabou de fazer um pouso forçado no deserto. Você está com James, seu colega de trabalho. Os dois precisam classificar juntos 12 itens, inclusive uma lanterna e um mapa, por ordem de importância para a sobrevivência. Você apresenta sua proposta a James, que discorda. Para você, a lanterna não é muito importante, mas ele a considera um item essencial e se manifesta com veemência:

A lanterna deve ser classificada entre os primeiros itens. É o único dispositivo de sinalização noturna confiável; além disso, o refletor e as lentes podem ser usados para fazer fogo, que é outra maneira de sinalizar nossa posição. Coloque a lanterna nas primeiras posições.

James fala como um tomador – o que realmente deve ser, uma vez que os tomadores são mais propensos a dar ordens. Você estaria disposto a ouvi-lo?
Se você for como a maioria das pessoas, a resposta é negativa. Você deve colaborar, mas não quer que lhe digam o que fazer; portanto, resiste ao autoritarismo de James. Ao tentar estabelecer domínio, seu colega perdeu prestígio. Mas e se ele fizer a mesma sugestão de maneira menos incisiva, em tom mais inseguro, acrescentando algumas perguntas e proteções:

Será que a lanterna não deveria ficar mais acima na lista? Ela pode ser um dispositivo de sinalização noturna muito útil. Além disso, talvez o refletor e as lentes sirvam para fazer fogo, que seria outro meio de sinalizar nossa posição, não concorda?

No estudo de Alison Fragale, os participantes se mostraram muito mais receptivos à segunda versão. O discurso não autoritário indica que James é um doador. Ao falar de maneira experimental, ele se mostra disposto a concordar com você, ou ao menos a considerar suas opiniões.[22] Alison acha que, mesmo quando James transmite exatamente a mesma mensagem, exatamente no mesmo tom, em ambas as ocasiões, a mera inclusão de marcadores de fala indecisa, como proteções, perguntas após afirmações e ênfases, conquista mais respeito e gera mais influência. Por isso o diretor de criação foi tão receptivo à fala de Don Lane: este sinalizou que não estava ameaçando a autoridade do interlocutor. Ficou claro que Lane só pretendia fazer uma sugestão, e o diretor de criação era rápido em reconhecer boas ideias.*
Com o passar do tempo, falar com indecisão foi útil para Lane. Ele expunha as ideias com gentileza e não reivindicava créditos. "As pessoas de

---

* Certos tipos de ressalvas são mais arriscados que outras formas de comunicação não autoritária.[23] Por exemplo, é comum que as pessoas comecem as frases com expressões do tipo "Não quero parecer egoísta, mas...". Os psicólogos já mostraram que esse tipo de ressalva pode ser um tiro pela culatra: aumenta a expectativa de que o falante diga algo egoísta, o que leva o ouvinte a procurar – e a encontrar – informações que confirmem o egoísmo do falante.

criação reagiam bem a essa abordagem, o que me dava credibilidade quando eu tinha uma ideia criativa para compartilhar", explica Lane. Enquanto muitos de seus colegas entravam em conflito com o pessoal de criação, Lane desenvolveu a reputação de ser um dos poucos executivos de contas com quem a equipe de criação gostava de trabalhar. Em vez de vê-lo como um intruso que pisava em seus calos, consideravam-no um colaborador útil. Muitas vezes o convidavam para participar de projetos, dizendo: "Ele nos ajuda. Não é como aquela turma de contas. Vamos inteirá-lo dos assuntos e oferecer mais oportunidades." Sabendo que ele era generoso e aberto, o pessoal de criação gostava de compartilhar ideias com ele e recebia de bom grado suas contribuições, em vez de se fechar e ficar na defensiva.

A capacidade de Lane de colaborar com a equipe de criação atraiu o interesse da alta administração. Ainda muito cedo na carreira, Lane foi convidado para exercer uma função-chave em uma campanha da Volkswagen que ficou mundialmente famosa. "Os doadores receiam tornar-se invisíveis", diz Lane. "Mas já vi muitos prosperarem porque as pessoas gostam de trabalhar com eles e confiam neles. Essa descoberta turbinou minha carreira logo no começo." Lane foi promovido com mais rapidez que muitos dos colegas, e hoje é diretor executivo da Arnold. Nas palavras de um diretor de criação: "Don é um ótimo jogador de equipe. Se eu tivesse outra oportunidade de trabalhar com ele, não hesitaria nem um instante."

Uma análise da fala indecisa sugere outra razão por que a gagueira de Dave Walton talvez o tenha ajudado a estabelecer uma ligação com os jurados no caso dos segredos comerciais. Hesitações, proteções e ênfases são características inerentes à gagueira. Quando os jurados ouvem a gagueira de Dave Walton, ele não mais parece dominador e autoritário. Já não acham que ele os está manipulando nem lhes impondo opiniões. Em consequência, baixam a guarda e ficam mais abertos a seus argumentos.

Ao usarem o discurso não autoritário, os doadores demonstram que consideram nossos interesses. Mas ao exercerem funções de liderança as pessoas tendem a evitar a fala indecisa. Há pouco tempo, um gerente de marketing chamado Barton Hill descobriu por quê.[24] Ele era líder de uma unidade de negócios em uma empresa de serviços financeiros e foi chamado para uma entrevista de promoção a um nível hierárquico mais alto, em que lideraria várias unidades de negócios. O entrevistador começou pedindo que falasse sobre seus sucessos. Hill relatou as realizações da equipe dele, que eram muito impressionantes.

Embora Hill fosse o favorito para exercer a função, ele não foi promovido. O entrevistador disse que ele não soava como um líder. "Preferi palavras do tipo *nós* e *nos*", diz Hill. "Não usei muitos pronomes na primeira pessoa do singular, como *eu*, *me* e *mim*. Soube depois que não despertei uma percepção de liderança. O entrevistador achou que eu não promovia o sucesso da equipe, e queria alguém que se mostrasse mais capaz de motivar." Ele esperava que um candidato a líder falasse com mais assertividade, e o estilo de comunicação não autoritária de Hill custou-lhe a promoção.

Ao falar mais rápido, mais alto, com mais certeza e confiança, os tomadores nos convencem de que sabem o que estão dizendo. Em um estudo conduzido por psicólogos da Califórnia, os tomadores foram considerados mais competentes pelos membros do grupo, mas, na realidade, não eram.[25] Os tomadores, relata o autor do estudo, "exercem influência por se comportarem de uma maneira que os faz parecer competentes – mesmo quando de fato não são."

Por não adotar um discurso autoritário na entrevista, Barton Hill não transmitiu a impressão de domínio. No entanto, a mesma comunicação não assertiva que o levou a ser preterido na promoção acabou lhe trazendo prestígio, contribuindo para o sucesso da equipe. Embora a comunicação autoritária possa ser eficaz em uma entrevista de emprego única, ela perde a eficácia em relacionamentos de equipe ou de serviços, ao provocar nos interlocutores a perda de respeito e de admiração.

Psicólogos de Amsterdã demonstraram que, embora os membros do grupo os percebam como líderes altamente eficazes, os tomadores realmente comprometem o desempenho da equipe.[26] A argumentação dominadora convence os membros do grupo de que os tomadores são poderosos, mas inibe a troca de informações e tolhe a apresentação de boas ideias pelos participantes. "As equipes adoram quando os líderes apresentam o trabalho como produto do esforço colaborativo. É o que inspira os participantes a contribuir", reflete Hill. "O paradoxo decorre do fato de se considerar que o líder includente não é forte o bastante para liderar uma equipe, quando de fato o líder se fortalece ao conquistar o apoio da equipe. As pessoas são atraídas pelos doadores feito ímãs." Hill acabou indo para outra empresa, e três de seus ex-funcionários o procuraram para se juntar à sua nova equipe. Esse tipo de lealdade foi muito útil para ele no longo prazo: as equipes de Hill alcançaram grande sucesso. Hoje ele é diretor gerente e chefe de marketing global da Citi Transaction Services, divisão com mais de 20 mil profissonais.

Evidentemente, há hora e lugar para os líderes usarem a comunicação autoritária. Em um estudo de franquias de pizzarias, os colegas Francesca Gino, Dave Hofmann e eu constatamos que, quando a maioria dos funcionários de uma filial era de seguidores passivos, os gerentes se davam bem quando agiam de maneira mais autoritária.[27] No entanto, quando a maioria dos empregados era proativa, apresentando ideias para o preparo e a entrega das pizzas com mais eficiência, os discursos de poder eram contraproducentes. As unidades cujos gerentes falavam com mais energia a funcionários proativos apresentavam lucro 14% inferior ao daquelas em que os gerentes eram menos assertivos e mais indecisos com eles. Ao demonstrar domínio, os falantes assertivos desestimulam a contribuição dos proativos. Quando os líderes praticam a comunicação autoritária, os outros entendem que são pessoas que "preferem e buscam realizações individuais", escreve Alison Fragale, "às custas das realizações coletivas". Ao discursarem com menos autoridade, os líderes conquistavam prestígio: demonstravam abertura a ideias proativas que beneficiavam o grupo.

Para verificar se esse efeito se mantinha em ambientes mais controlados, meus colegas e eu reunimos equipes para dobrar camisetas. Instruímos metade dos líderes de equipe a falar com autoridade e a outra metade a falar com certa indecisão. Mais uma vez, quando os membros das equipes eram seguidores passivos, os líderes autoritários se saíam muito bem. Mas quando os membros da equipe eram altamente proativos, tomando a iniciativa de propor maneiras mais rápidas de dobrar camisetas, os líderes não autoritários eram muito mais eficazes. As equipes proativas produziam em média 22% a mais sob líderes não autoritários que sob líderes autoritários. Os membros das equipes achavam que os líderes mais assertivos se sentiam ameaçados pelas ideias e consideravam os outros líderes mais receptivos a sugestões. A fala indecisa não estabelecia domínio, mas rendia muito prestígio. Os membros da equipe eram mais produtivos quando líderes indecisos se mostravam abertos ao diálogo.

Para os tomadores, essa receptividade a opiniões talvez pareça uma fraqueza. Ao ouvir as sugestões alheias, os doadores podem acabar sujeitos a influências indevidas dos colegas. Mas e se pedir opinião for de fato uma estratégia para influenciar pessoas? Ao se sentarem à mesa de negociações, os doadores se beneficiam com as opiniões alheias de maneiras inesperadas.

Negociação – Pedindo orientação

Em 2007, uma empresa da *Fortune 500* fechou uma fábrica no Meio-Oeste dos Estados Unidos. Uma das pessoas que perdeu o emprego foi uma animada cientista pesquisadora chamada Annie.[28] A empresa se dispôs a transferir Annie para a Costa Leste, mas, nesse caso, ela teria que desistir dos estudos. Embora trabalhando em tempo integral, Annie cursava um programa de MBA noturno. Ela não tinha condições de deixar o emprego e, se o fizesse, a empresa, ainda por cima, não mais pagaria seu curso. No entanto, se aceitasse a transferência, não poderia continuar o MBA. Ela estava numa situação difícil, com pouco tempo e poucas opções.

Duas semanas depois, algo extraordinário aconteceu: ofereceram-lhe um lugar no jatinho particular da empresa, sem restrições, até que terminasse o MBA. Ela aceitou a transferência e passou os nove meses subsequentes em viagens de ida e volta para o curso, no avião particular da empresa, duas vezes por semana, até concluir o programa. A empresa também pagou o aluguel do carro no percurso entre o aeroporto e a faculdade, além de passagens em aviões comerciais quando o jato da empresa não estivesse disponível. Como Annie conseguiu convencer a empresa a investir tanto nela?

Annie obteve todos esses benefícios sem nem sequer negociar. Em vez disso, recorreu a uma forma de comunicação não autoritária muito comum entre doadores.

Ao entrar em negociações, os tomadores em geral se esforçam para assumir uma posição dominante. Se fosse tomadora, Annie poderia ter preparado uma lista de todas as suas realizações e obtido propostas de empresas rivais para se fortalecer na mesa de negociações. Os compensadores são mais propensos a ver as negociações como oportunidades para toma lá dá cá. Se Annie seguisse esse estilo, teria procurado um alto executivo da empresa que lhe devesse algum favor, em busca de retribuição. Mas Annie é uma doadora: ela orienta dezenas de colegas, trabalha como voluntária e faz visitas a escolas de ensino fundamental para despertar o interesse dos alunos por ciências. Quando os colegas erram, ela em geral assume a responsabilidade, evitando que sejam punidos, às custas do próprio desempenho. Certa vez, desistiu de se candidatar a um emprego ao saber que um amigo se apresentara para a mesma posição.

Como doadora, Annie não se sentia à vontade negociando como tomadora ou compensadora, o que a levou a escolher uma estratégia totalmente diferente: pediu orientação a uma gerente de recursos humanos. "Se estivesse no meu lugar, o que você faria?", perguntou.

A gerente se tornou uma defensora da causa de Annie. Procurou o chefe do departamento em que a colega trabalhava e passou a lutar pelos interesses dela. Este, por seu turno, chamou Annie e perguntou o que poderia fazer para mantê-la. Ela disse que queria terminar o MBA, nas não podia pagar as passagens de ida e volta. Em resposta, o chefe do departamento ofereceu-lhe um lugar no jatinho da empresa.

Novas pesquisas mostram que pedir orientação é uma estratégia surpreendentemente eficaz para exercer influência quando não se tem autoridade.[29] Em um experimento, a pesquisadora Katie Liljenquist promoveu negociações fictícias referentes à possível venda de um imóvel comercial. Quando os vendedores se concentravam no objetivo de conseguir o preço mais alto possível, só 8% deles chegavam a acordos bem-sucedidos. Quando os vendedores pediam a opinião dos compradores sobre como realizar melhor seus objetivos, 42% alcançavam os resultados almejados. Esse tipo de atitude estimula maior cooperação e mais troca de informações, transformando uma negociação que poderia ser conflituosa em uma transação favorável a ambas as partes. Estudos demonstram que, nos setores de manufatura, serviços financeiros, seguros e produtos farmacêuticos, pedir opinião é uma das maneiras mais eficazes de influenciar colegas, superiores e subordinados.[30] Essa abordagem tende a ser muito mais convincente que as táticas preferidas dos tomadores de pressionar subordinados e bajular superiores. Em geral, também exerce muito mais influência que a abordagem comum dos compensadores de trocar favores.

Tudo isso se aplica até nos altos escalões das grandes empresas. Recentemente, os professores de estratégia Ithai Stern e James Westphal estudaram gestores de grandes empresas industriais e de serviços dos Estados Unidos na tentativa de descobrir como os executivos conseguem cadeiras nos conselhos de administração. Essas posições são muito cobiçadas, uma vez que significam salários de centenas de milhares de dólares, emitem sinais claros de status e enriquecem as redes de relacionamentos, ao oferecer acesso à elite empresarial.[31]

Os tomadores presumem que o melhor caminho para os conselhos de administração é ser puxa-saco. Eles bajulam os conselheiros com elogios ou procuram os amigos deles para adulá-los indiretamente. Stern e Westphal, porém, descobriram que a bajulação só funciona quando se associa à busca de orientação. Em vez de apenas lisonjear, os executivos que chegaram aos conselhos de administração tendiam a pedir ajuda, junto com as lisonjas. Ao exaltar as habilidades de um conselheiro, perguntavam como desenvolvê-las. Ao enaltecer o sucesso dele numa tarefa, pediam orientação sobre como conquistar vitória semelhante. Quando os executivos recorriam aos conselheiros dessa maneira, estes se tornavam muito mais propensos a recomendá-los para o conselho de administração – o que redundava em muito mais chances de alcançar a posição almejada.

Pedir orientação é uma forma de comunicação não autoritária que combina demonstrar vulnerabilidade, fazer perguntas e falar com indecisão. Ao agirmos assim, levantamos questões que transmitem incerteza e nos tornam vulneráveis. Em vez de demonstrar, cheios de confiança, que temos todas as respostas, admitimos que os interlocutores talvez conheçam melhor certo tema. Por sua vez, tomadores e compensadores relutam em pedir orientação. Da perspectiva dos tomadores, pedir orientação significa reconhecer que não sabem tudo. Eles receiam que isso talvez os faça parecer fracos, dependentes ou incompetentes. Estão errados: as pesquisas demonstram que quem pede orientação e ajuda a colegas bem informados e experientes é avaliado de maneira mais favorável pelos supervisores do que quem nunca recorre às opiniões e sugestões alheias.[32]

Parecer vulnerável não incomoda os doadores, que se preocupam muito menos em proteger o ego e em transmitir segurança. Quando os doadores pedem orientação, é porque estão realmente interessados em aprender com os outros. Os compensadores evitam agir assim por outro motivo: não querem dever favores.

De acordo com Katie Liljenquist, pedir orientação gera quatro benefícios: aprendizado, transferência de perspectiva, comprometimento e enaltecimento. Quando Annie buscou orientação, descobriu algo que não conhecia até então: o jatinho da empresa tinha lugares vagos e fazia viagens entre o local da sede da empresa e o da faculdade. Caso tivesse agido de maneira mais assertiva na defesa de seus interesses, talvez nem mesmo tomasse conhecimento desse fato. Na verdade, Annie teve várias conversas anteriores em que ninguém mencionou o jatinho.

Isso nos leva ao segundo benefício do pedido de orientação: estimular os interlocutores a assumir nossas perspectivas. Nas conversas anteriores de Annie, quando não pediu orientação, o chefe do departamento se concentrou nos interesses da empresa de transferi-la para outra unidade ao menor custo possível. O pedido de orientação mudou a conversa. Quando recorremos a essa abordagem, o interlocutor precisa analisar o problema ou dilema do nosso ponto de vista. Só quando Annie procurou o chefe do departamento e pediu-lhe orientação, ele passou a considerar o problema também da perspectiva dela, possibilitando que lhe ocorresse a solução do avião da empresa.

Depois que o chefe do departamento propôs essa solução, manifestou-se o terceiro benefício do pedido de opinião: comprometimento. O chefe do departamento desempenhou um papel fundamental na concretização da solução. Como já se empenhara muito na tentativa de resolver o problema de Annie, ele estava muito motivado para ajudá-la ainda mais. E acabou propondo pagar o aluguel do carro que ela usaria e a passagem nos voos comerciais quando o jato da empresa não estivesse disponível.

Não há dúvida de que Annie conquistou esses privilégios por meio de uma combinação de trabalho árduo, talento e generosidade. Mas um estudo inteligente lança novas luzes sobre o motivo pelo qual o chefe do departamento se mostrou tão disposto a ir além da ajuda com o jatinho da empresa. Meio século atrás, os psicólogos Jon Jecker e David Landy ofereceram dinheiro a profissionais que conseguissem resolver um problema de geometria. No grupo de controle, os participantes ficavam com o dinheiro e procuravam a secretária do departamento para preencher um último questionário. Mas, quando outro grupo de participantes se preparava para sair, os pesquisadores lhes pediam ajuda. "Queria saber se você poderia me fazer um favor. A verba para esse experimento acabou e estou usando meu próprio dinheiro para concluí-lo. Como favor pessoal, você se incomodaria em devolver o dinheiro que recebeu?"[33]

Quase todos os participantes devolveram o dinheiro. Quando lhes perguntavam até que ponto tinham gostado do pesquisador, os que lhe haviam feito o favor expressavam muito mais simpatia que quem não tinha atendido ao pedido. Por quê?

Quando doamos tempo, energia, conhecimento ou recursos para ajudar os outros, esforçamo-nos para manter a crença de que os beneficiários são dignos e merecedores de nossa ajuda. Pedir orientação é uma maneira sutil de convidar alguém a se comprometer conosco. Depois que o chefe do departamento dispôs de seu tempo para orientar Annie, ele se envolveu mais em sua causa. O empenho para ajudá-la gerou uma solução que reforçou esse compromisso: ela deveria ser merecedora do tempo e da energia despendidos. Se ela não fosse importante para ele, por que teria se importado em ajudá-la? Como escreveu Benjamin Franklin em sua autobiografia: "Quem já lhe fez uma gentileza estará mais disposto a fazer-lhe outra do que aquele a quem você já ajudou."[34]

Ao pedir orientação a uma pessoa, também a prestigiamos, mostrando-lhe que admiramos suas ideias e sua inteligência. Como os indivíduos, na maioria, são compensadores, eles tendem a reagir de maneira favorável e a nos apoiar em retribuição. Quando Annie pediu conselhos, a gerente de recursos humanos se esforçou para ajudá-la e batalhou por ela. De acordo com o biógrafo Walter Isaacson, Benjamin Franklin via o pedido de orientação como uma forma de elogio. Franklin "seguia uma regra básica para fazer amigos", escreve Isaacson: explore "o orgulho e a vaidade das pessoas pedindo-lhes constantemente opinião e conselhos, para que o admirem por seu discernimento e sua sabedoria".[35]

Independentemente do estilo de reciprocidade, as pessoas adoram receber pedidos de orientação. Dar conselhos leva os tomadores a se sentirem importantes e os doadores a se considerarem úteis. Os compensadores em geral gostam de fazê-lo por outro motivo: é uma maneira não dispendiosa de acumular créditos a serem capitalizados depois.

Mas há um problema: o pedido de orientação só funciona se for verdadeiro. Em suas pesquisas sobre pedido de orientação, Katie Liljenquist descobriu que o sucesso "depende de o alvo julgar o pedido sincero e autêntico". Quando ela estimulava diretamente os participantes a pedir conselhos como tática de influência, a tentativa não funcionava. A outra parte se dava conta da fraude: percebia que o interlocutor a estava bajulando com segundas intenções. "As pessoas suspeitas de manipular impressões com propósitos estratégicos estão mais sujeitas a serem vistas como egoístas, frias, manipuladoras e não confiáveis", escreve Katie. Pedir orientação só é eficaz quando constitui um ato espontâneo. Como os doadores são mais propensos a pedir conselhos que os tomadores e os compensadores, é provável que muitos dos participantes do estudo que o fizeram de maneira espontânea fossem doadores. Eles estavam de fato interessados nas perspectivas e recomendações alheias, e foram avaliados como bons ouvintes.

Acredito que isso se aplica de maneira mais geral à comunicação não autoritária: funciona para os doadores por envolver a intenção sincera de agir em defesa dos interesses alheios. Ao fazer apresentações, eles deixam claro que estão demonstrando vulnerabilidade não só para ganhar prestígio, mas também para estabelecer uma ligação genuína com o público. Ao vender, os doadores fazem perguntas de maneira a transmitir o desejo de ajudar os clientes, não para tirar vantagem deles. Ao persuadir e negociar, os doadores falam com indecisão e pedem orientação porque realmente valorizam as ideias e os pontos de vista dos outros.

A comunicação não autoritária é a linguagem natural de muitos doadores e um dos principais motores a impulsioná-los rumo ao sucesso. Demonstrar vulnerabilidade, fazer perguntas, falar com indecisão e pedir orientação certamente abrem portas para exercer influência, mas a maneira como direcionamos essa influência reverbera ao longo de toda a nossa vida profissional, inclusive de maneiras já analisadas aqui, como na construção de redes de relacionamentos e na colaboração com os colegas. Como se verá mais adiante, nem todos os doadores usam a comunicação não autoritária, mas os que o fazem geralmente concluem que ela é útil em situações nas quais precisamos desenvolver identificação e confiança. Esse tipo de comunicação pode ser simulado com facilidade, mas, se a simulação for bastante duradoura, pode se tornar mais real do que se supõe. E, como Dave Walton descobriu, a comunicação não autoritária quase sempre é muito mais poderosa e eficaz do que soa aos ouvidos.

6

A arte de preservar a motivação

Por que alguns doadores se exaurem, enquanto outros se energizam

Os altruístas inteligentes, embora menos altruístas que os altruístas não inteligentes, serão mais ajustados que os altruístas não inteligentes e os indivíduos egoístas.

– Herbert Simon, ganhador do Prêmio Nobel de Economia[1]

Até agora, concentramo-nos em como os doadores sobem ao topo da escala de sucesso pela maneira singular como constroem redes de relacionamentos, colaboram, se comunicam, influenciam e ajudam os outros a realizar seu potencial. No entanto, como vimos no primeiro capítulo, os doadores também estão mais sujeitos a descer à base dessa escala. O êxito envolve mais que apenas capitalizar os benefícios da doação; também é preciso contornar as armadilhas. Se doam muito do próprio tempo, os doadores acabam se sacrificando pelos colaboradores e pelos seus contatos, às custas da própria energia. Se cedem muito crédito e praticam muita comunicação não autoritária, é bastante provável que se tornem ingênuos e submissos, deixando de promover os interesses próprios. Em consequência, os doadores acabam exaustos e improdutivos.

Como as estratégias que lançam os doadores ao topo são diferentes daquelas que os empurram para baixo, é fundamental compreender as diferenças entre doadores bem-sucedidos e malsucedidos. Os próximos três capítulos examinam por que alguns doadores se exaurem, enquanto outros se energizam; como os doadores não se deixam explorar pelos tomadores; e o que indivíduos, grupos e organizações podem fazer para proteger os doadores e disseminar o sucesso deles.

Recentemente, os psicólogos canadenses Jeremy Frimer e Larry Walker lideraram um esforço ambicioso para descobrir o que motiva doadores altamente bem-sucedidos.[2] Os pesquisados eram ganhadores do Caring Canadian Award, a mais alta honraria do país para doadores, premiando pessoas que durante muitos anos se empenharam em ajudar suas comunidades ou em promover causas humanitárias. Muitos dos premiados sustentaram programas de doação ao longo de décadas e realmente fizeram diferença.

Para revelar o que os impulsionou, todos os participantes preencheram um questionário em que listavam 10 objetivos para completar a afirmação "Em geral, eu tento...". Em seguida, Walker entrevistou em profundidade 25 ganhadores do prêmio e 25 integrantes de um grupo de comparação, que reproduziam a composição dos doadores em gênero, idade, etnia e nível de educação, mas não haviam doado tanto nem durante tanto tempo. Walker passou 100 horas entrevistando as 50 pessoas sobre suas vidas, abrangendo períodos e acontecimentos fundamentais na infância, na adolescência e na idade adulta. A partir daí, avaliadores independentes leram as listas de objetivos, ouviram as gravações das entrevistas e classificaram a intensidade com que os participantes expressaram duas motivações-chave: interesse próprio e interesse alheio. Interesse próprio significava almejar poder e realizações, ao passo que interesse alheio envolvia enfatizar generosidade e solidariedade. Em que conjunto de motivações os ganhadores do Caring Canadian Award conseguiram maior pontuação que os do grupo de comparação?

A resposta intuitiva é interesse alheio, e está certa. Os Caring Canadians, em comparação com os participantes do grupo de controle, doaram e ajudaram três vezes mais, segundo seus relatos, e listaram duas vezes mais objetivos referentes a interesses alheios. Também enfatizaram objetivos do tipo "servir como modelo positivo para os jovens" e "dar assistência a mulheres na faixa da pobreza". Os participantes do grupo de controle tenderam mais a mencionar objetivos como "melhorar meu rendimento no golfe", "ser atraente para os outros" e "caçar o maior cervo e pegar o maior peixe".

Mas eis uma surpresa: os Caring Canadians também alcançaram a pontuação mais alta no quesito interesse próprio. Em seus relatos, esses doadores bem-sucedidos, em comparação com os integrantes do grupo de controle, mencionaram busca de poder e realização com frequência quase duas vezes superior. Em seus objetivos, os Caring Canadians incluíram cerca de 20% mais metas relacionadas com exercer influência, conseguir reconhecimento e alcançar excelência que os participantes do grupo de controle. Os doadores vencedores não eram apenas mais voltados para os outros que os colegas, também cuidavam mais dos interesses próprios. Constatou-se que eles são tão ambiciosos quanto os tomadores e os compensadores.

Esses resultados têm implicações fascinantes para a compreensão de por que alguns doadores são bem-sucedidos, enquanto outros fracassam. Até aqui, observamos os estilos de reciprocidade em um contínuo entre tomar e doar: a preocupação básica é com os interesses próprios ou com os interesses alheios? Agora, vamos complicar um pouco, considerando a interação de interesse próprio e interesse alheio. Os tomadores alcançam pontuações elevadas em interesse próprio e baixas em interesse alheio: o propósito deles é maximizar o próprio sucesso, sem muito interesse pelos outros. Em contraste, os doadores sempre acumulam muitos pontos em interesse alheio, mas obtêm resultados muito variáveis em interesse próprio. Existem, portanto, dois tipos de doadores, e suas taxas de sucesso são muito diferentes.

Os doadores *altruístas* são pessoas muito voltadas para o interesse alheio. Doam tempo e energia sem considerar as próprias necessidades e pagam um preço por agirem assim. A doação altruísta é uma manifestação de generosidade patológica,[3] definida pela pesquisadora Barbara Oakley como um "foco doentio nos outros em detrimento das próprias necessidades", a ponto de, no processo de tentar ajudar os outros, os altruístas acabarem prejudicando a si mesmos. Em uma pesquisa, estudantes universitários que alcançaram alta pontuação em doação altruísta viram seu desempenho escolar declinar ao longo do semestre. Esses doadores altruístas admitiram perder aulas e negligenciar os estudos para ajudar amigos em dificuldade.[4]

Muita gente supõe que interesse próprio e interesse alheio são extremos de uma faixa contínua. Em meus estudos sobre o que impulsiona as pessoas no trabalho, porém, constatei numerosas vezes que interesse próprio e interesse alheio são motivações completamente independentes: as duas podem se manifestar ao mesmo tempo.[5] É como Bill Gates argumentou no Fórum Econômico Mundial: "Duas são as grandes forças da natureza humana: interesse próprio e preocupação com os outros."[6] É mais bem-sucedido quem é movido por um "motor híbrido", que usa ao mesmo tempo as duas formas de energia. Se os tomadores são egoístas e se os doadores fracassados são altruístas, os doadores bem-sucedidos são *alteristas*: importam-se com os outros, mas também têm objetivos ambiciosos em relação a si mesmos e aos próprios interesses.

		Preocupação com os interesses alheios	
		BAIXA	ALTA
Preocupação com os interesses próprios	BAIXA	Apáticos	*Altruístas*: doadores que se sacrificam
	ALTA	*Egoístas*: tomadores	*Alteristas*: doadores bem-sucedidos

A doação altruísta, na falta de instintos de autopreservação, facilmente se torna assoberbante. Ser alterista significa dar mais do que se recebe, sem perder de vista, porém, os interesses próprios, usando-os como critério para escolher quando, onde, como e a quem doar. Em vez de ver os interesses próprios e os interesses alheios como concorrentes, os Caring Canadians encontraram meios de integrá-los, de maneira a se dar bem fazendo o bem. Como veremos adiante, quando a preocupação com os outros se associa a uma dose saudável de preocupação consigo mesmo, os doadores ficam menos sujeitos a se esgotarem e a serem explorados – desfrutando de melhores condições para progredir.

Quando Will Smith escreveu o tema musical de *The Fresh Prince of Bel-Air* (*Um maluco no pedaço*), série de televisão de grande sucesso que lançou sua carreira, ele tinha acabado de se formar na Overbrook High School, na Filadélfia.[7] A fachada da Overbrook é imponente, um prédio de cinco andares que mais parece um castelo encarapitado numa colina. Nos tempos do castelo, Smith era tratado como rei, ganhando dos professores o apelido "Príncipe" pela maneira como abusava do charme para se livrar dos problemas. Anos depois, ao criar uma produtora, denominou-a Overbrook Entertainment. Smith não é a única pessoa de sucesso que frequentou a Overbrook, cujos ex-alunos incluem o astronauta Guion Bluford Jr., o primeiro afro-americano no espaço, e Jon Drummond, medalhista de ouro olímpico como velocista. A Overbrook é uma das seis escolas de ensino médio em todos os Estados Unidos da qual saíram mais de 10 futuros jogadores da NBA.

No entanto, para a maioria dos alunos, a Overbrook não é um conto de fadas.

Localizada no coração de West Philadelphia, a Overbrook está a apenas alguns quarteirões de um dos 10 maiores pontos de venda de drogas dos Estados Unidos. Dê uma volta pelos arredores da escola e logo você verá motoristas subindo os vidros e trancando as portas do carro. Em 2006, a Overbrook era uma das 28 escolas do país consideradas "sempre perigosas", com base nas estatísticas de criminalidade. Em 2011, havia cerca de 1.200 alunos matriculados lá, dos quais quase 500 tinham sido suspensos ao longo do ano letivo, gerando vários registros de ocorrência policial: cerca de 50 por assalto e 20 por porte de armas ou de drogas. As perspectivas educacionais para os alunos também são desanimadoras. Nos testes de aptidão escolar SAT (equivalentes ao Enem no Brasil), a média da Overbrook se situa 300 pontos abaixo da média nacional, com mais de três quartos dos alunos entre os 25% piores do país. Quase metade dos jovens que começam o ensino médio na Overbrook não chega a se formar: a taxa de conclusão é de apenas 54%.

Na esperança de reverter essa situação trágica, instalou-se na escola um grupo de jovens talentosos e apaixonados da Teach for America (TFA), renomada organização sem fins lucrativos que destaca recém-formados em universidades para atuar como professores em algumas das escolas mais carentes do país, com o objetivo de combater a desigualdade na educação. A TFA está repleta de doadores: pesquisas mostram que a grande maioria dos professores se engaja na instituição com o propósito de fazer diferença na vida dos estudantes. Muitos são oriundos de famílias privilegiadas e não deixam dúvidas sobre sua determinação de ajudar estudantes menos afortunados. É como disse um professor anônimo:

> Ao longo da vida, eu sempre soube que queria fazer algo para ajudar. Os temas de justiça social mexiam muito comigo, e me sinto indignado e motivado perante a constatação de que tantos estudantes são prejudicados de maneira tão perversa pelo sistema escolar deste país. Quero que todas as crianças tenham condições de fazer escolhas. A educação pode ser um fator de equalização. Ao entrar para a TFA, estou assumindo uma questão social como questão pessoal.

Nos últimos 20 anos, mais de 20 mil professores trabalharam para a TFA, promovendo grandes avanços em busca da equidade educacional. Mas a vida confortável entre os muros dos subúrbios abastados e das fraternidades deixa muitos professores extremamente despreparados para as provações e tribulações das escolas das áreas urbanas decadentes.

Nos corredores da Overbrook, as enormes dificuldades da escola pesaram sobre os ombros de uma novata de 24 anos chamada Conrey Callahan.[8] Com pele clara e cabelos louros, Conrey sobressai no ambiente: 97% dos alunos da Overbrook são afro-americanos. A jovem cresceu num bairro agradável de Maryland e frequentou uma escola de ensino médio que foi considerada uma das melhores do país. Chamá-la de "pilha de energia" seria um eufemismo: ela corre meias maratonas, foi capitã do time de futebol da escola e participou durante seis anos de campeonatos de pular corda. Embora sua capacidade intelectual tenha levado os professores a sugerir que fizesse faculdade de história, Conrey voltou-se para assuntos mais práticos: "Eu queria fazer diferença, melhorando a educação e criando oportunidades para crianças de comunidades de baixa renda."

Os sonhos idealistas de Conrey de inspirar a próxima geração de alunos, entretanto, logo foram sufocados pela dura realidade de chegar a uma escola às 6h45, ficar até as 13 horas corrigindo provas e preparando aulas de espanhol, e pelos dias marcados por apartar brigas, enfrentar delinquentes e tentar localizar estudantes que raramente apareciam na escola. Uma de suas alunas mais promissoras, que morava em um orfanato, teve que abandonar a escola depois de dar à luz uma criança portadora de deficiência.

Conrey se queixava constantemente a uma das amigas mais próximas, que trabalhava em um banco de investimento mais de 100 horas por semana e não compreendia por que lecionar na Overbrook era tão estressante. Desesperada, Conrey convidou a amiga a acompanhá-la em um passeio da escola. A amiga finalmente compreendeu. "Ela não conseguia acreditar na exaustão que a prostrou no fim do dia", lembra-se Conrey. Até que um dia Conrey chegou ao fundo do poço. "Foi terrível. Eu estava esgotada, sobrecarregada, disposta a desistir a qualquer momento. Nunca mais voltaria a pôr os pés numa escola. Estava infeliz com a instituição, com os alunos e comigo mesma."

Conrey apresentava os sintomas clássicos de esgotamento profissional ou síndrome de burnout. E não estava sozinha. Christina Maslach, psicóloga de Berkeley pioneira em pesquisas sobre esgotamento profissional, relata que, entre os vários setores de atividade, o magistério é o que apresenta maior incidência de exaustão emocional.[9] Um professor da TFA admira a organização, mas afirma que ela "enfatiza demais o trabalho árduo e a dedicação intensa. Você sai do treinamento convencido de que, se não passar todas as horas da sua vida no trabalho, estará prestando um desserviço às crianças". De todos os professores da TFA, mais da metade deixa a organização ao fim do contrato de dois anos, e mais de 80% vão embora depois de três anos. Cerca de um terço de todos os ex-alunos da TFA abandona totalmente qualquer atividade educativa.

Como tendem a pôr os interesses alheios à frente dos interesses próprios, os doadores muitas vezes ajudam os outros às custas do próprio bem-estar, correndo o risco de surtar. Quatro décadas de amplas pesquisas mostram que a síndrome de burnout compromete o desempenho. Profissionais esgotados carecem de concentração e de energia para trabalhar com afinco, em longas jornadas, com o máximo de produtividade e criatividade, o que provoca queda acentuada na qualidade e na quantidade do trabalho, assim como agravamento generalizado da saúde física e mental. Evidências inequívocas demonstram que empregados com síndrome de burnout estão mais sujeitos a depressão, fadiga física, problemas de sono, debilitação dos sistemas imunológicos, abuso de álcool e até doenças cardiovasculares.

Ao atingir o fundo do poço na Overbook, Conrey sentiu que estava doando demais. Chegava à escola cedo, ficava lá até tarde, dormia pouco, trabalhava nos fins de semana e mal se aguentava. Nessas condições, parece que a maneira natural de se recuperar seria reduzir a intensidade das próprias doações. Mas não foi o que ela fez. Ao contrário, Conrey começou a doar *mais*.

Embora mantendo a carga de trabalho estafante, Conrey passou a se voluntariar como orientadora de professores da TFA. Na condição de especialista em suporte de conteúdo, em semanas alternadas ajudava 10 professores a elaborar testes e a planejar aulas. Depois, no pouco tempo disponível, desenvolveu um programa de coaching. Com duas amigas, abriu na Filadélfia uma unidade da Minds Matter, organização nacional sem fins lucrativos que ajuda alunos de alto desempenho e baixa renda a se preparar para o curso superior.

No total, Conrey estava gastando mais de 10 horas extras por semana com doações. Isso significava menos espaço ainda na agenda para descanso ou recuperação e ainda mais responsabilidade perante outras pessoas. Quando começou a doar mais, porém, Conrey passou a se sentir menos esgotada e com mais energia. De repente, parecia renovada, encontrando forças para atuar como coordenadora de alunos brilhantes e desenvolver um novo programa de espanhol a partir do zero. Ao contrário de muitos colegas, ela não desistiu. Dos cinco professores da TFA que se engajaram na Overbrook com ela, Conrey era a única que continuava na escola depois de quatro anos. Como é possível que aumentar as doações a tenha revitalizado em vez de exauri-la ainda mais?

O impacto do vácuo – Doadores sem causa

Dez anos atrás, Howard Heevner, um diretor muito dinâmico do call center de uma universidade, convidou-me para ajudá-lo a descobrir como manter a motivação de seu pessoal.[10] Os atendentes tinham a incumbência de contatar ex-alunos da universidade e pedir contribuições em dinheiro. Eles deviam solicitar doações três vezes antes de desligar e enfrentavam uma taxa de rejeição acima de 90%. Até os mais experientes e bem-sucedidos estavam ficando esgotados. Um deles contou: "Eu achava extremamente difícil fazer as ligações. Muitos dos destinatários me cortavam antes de eu terminar a segunda frase, afirmando que não estavam interessados em contribuir."

Supus que os tomadores estivessem caindo como moscas: não seriam tão comprometidos quanto os doadores. Assim, durante o treinamento, verifiquei até que ponto cada atendente era doador, compensador ou tomador. No primeiro mês no emprego, os tomadores coseguiam em média mais de 30 doações por semana. Ao contrário de minhas expectativas, os doadores eram muito menos produtivos: tinham dificuldade em manter a motivação, faziam menos ligações e angariavam menos de 10 doações por semana. Eu estava perplexo: por que logo os atendentes mais empenhados em fazer diferença estavam fazendo menos?

Descobri a resposta no dia em que visitei o call center e deparei com um texto que um atendente afixara acima de sua mesa:

> TRABALHAR BEM AQUI
>
> *é como se mijar usando uma calça escura:*
>
> A SENSAÇÃO É CALOROSA,
>
> MAS NINGUÉM PERCEBE.

De acordo com meus dados, o atendente que orgulhosamente ostentou esses dizeres era um forte doador. Por que um doador convicto se sentiria tão menosprezado? Ao refletir sobre a mensagem, comecei a achar que, afinal, minha primeira suposição estava certa: com base na estrutura motivacional do trabalho, os doadores deveriam superar os tomadores. O problema era que os doadores estavam sendo privados das recompensas que consideram mais animadoras.

Os tomadores eram motivados pelo fato de estarem trabalhando na atividade mais bem remunerada no campus. Mas os doadores careciam das recompensas mais importantes para eles. Enquanto os tomadores tendiam a se interessar mais pelos benefícios do trabalho para si mesmos, os doadores em geral se importavam mais profundamente com os resultados positivos do esforço para os outros. Grande parte da arrecadação obtida pelo call center se destinava diretamente a bolsas de estudos, mas os atendentes ficavam no escuro: não tinham ideia de quem recebia o dinheiro e de como isso afetava a vida dos beneficiários.

Na sessão de treinamento seguinte, convidei os novos atendentes a ler as cartas enviadas pelos alunos cujas bolsas de estudos haviam sido financiadas pela arrecadação do call center. Um bolsista chamado Will escreveu:

> Na hora de decidir, descobri que a mensalidade para alunos de outro estado era muito cara. Mas esta universidade está no meu sangue. Meus avós se conheceram aqui. Meu pai e os quatro irmãos dele estudaram aqui. Durante toda a vida sonhei em vir para cá. Fiquei extasiado ao receber a bolsa de estudos e cheguei disposto a aproveitar ao máximo a oportunidade que me foi concedida. A bolsa de estudos melhorou minha vida sob muitos aspectos...

Depois de ler as cartas, os doadores precisaram de apenas uma semana para alcançar os tomadores. Estes também melhoraram um pouco, mas os doadores reagiram com muito mais intensidade, quase triplicando os volumes de chamadas e de doações por semana. Agora, apreendiam com mais emoção o impacto do trabalho deles: se conseguissem mais dinheiro poderiam oferecer mais bolsas de estudos a alunos como Will. Ao gastar apenas cinco minutos lendo sobre como o trabalho deles ajudava outras pessoas, os doadores tinham motivação para alcançar o mesmo nível de produtividade dos tomadores.

Mas os doadores ainda não estavam percebendo todo o impacto de suas atividades. Então, em vez de apenas ler cartas, passaram a conhecer os bolsistas pessoalmente, e ficaram ainda mais motivados. Em média, os atendentes dobraram o volume de trabalho em telefonemas por hora e em minutos ao telefone por semana. Trabalhando com mais afinco, os atendentes contataram mais ex-alunos, aumentando em 144% a quantidade de doadores por semana. Ainda mais impressionante, a receita quintuplicou: a arrecadação média dos atendentes subiu de US$412 para US$2 mil depois de conhecerem os bolsistas. Um atendente disparou da média de 5 ligações e US$100 por turno para 19 ligações e US$2.615 por turno. Vários grupos de controle de atendentes, que não se encontraram com beneficiários, não apresentaram mudanças em número de telefonemas, tempo ao telefone, quantidade de doações e receita. No todo, apenas cinco minutos de interação com um bolsista motivaram 23 atendentes a arrecadar mais US$38.451 para a universidade em apenas uma semana.* Embora os doadores, os tomadores e os compensadores saíssem motivados dos encontros com os bolsistas, os ganhos em esforço e em resultados foram muito mais intensos entre os doadores.

A virada salienta um importante princípio a respeito do esgotamento profissional dos doadores: a síndrome tem menos a ver com a intensidade da doação que com a quantidade de feedback sobre o impacto da doação. Os pesquisadores chegaram à mesma conclusão em assistência médica, área em que o esgotamento profissional geralmente é denominado fadiga por compaixão, "o estresse, a tensão e o desgaste de cuidar dos outros".[11] De início, os especialistas acreditavam que a patologia era provocada pelo excesso de compaixão. Novas pesquisas, todavia, questionam essa conclusão. As pesquisadoras Olga Klimecki e Tania Singer assim resumem os resultados: "Mais que todos os outros fatores, incluindo o tempo dedicado ao atendimento, é a percepção do sofrimento que acarreta sintomas depressivos nos cuidadores." Os doadores não se exaurem ao dedicar muito tempo e energia aos outros, mas, sim, ao atenderem pessoas necessitadas e se sentirem incapazes de ajudar com eficácia.

Os professores são vulneráveis ao esgotamento profissional dos doadores em razão da experiência temporal única que caracteriza a educação. Embora os professores interajam com os alunos todos os dias, pode demorar mui-

---

* Curiosamente, quando os líderes e gestores transmitiam a mesma mensagem, ela não dava resultados. Os alunos bolsistas falavam com base nas próprias experiências pessoais, em primeira mão, sobre a importância e o significado do trabalho dos atendentes do call center para eles como indivíduos, e isso fazia toda a diferença. Embora geralmente se espere que líderes e gestores inspirem os funcionários, talvez seja preferível, na hora de combater o esgotamento profissional dos doadores, buscar inspiração nos clientes, alunos e outros usuários capazes de atestar o impacto dos produtos e serviços dos doadores.[12]

tos anos para que o impacto do trabalho deles realmente produza efeitos. A essa altura, os alunos já foram embora e os professores ficam pensando: será que meu trabalho realmente é importante? Sem uma constatação clara dos benefícios de sua doação, o esforço se torna mais exaustivo e mais difícil de ser sustentado. Esses desafios são disseminados em contextos como a Overbrook, onde os professores devem combater muitas distrações e desvantagens para estimular a atenção – sem falar na frequência – dos alunos. Quando Conrey Callahan foi acometida de exaustão emocional, não foi por doar demais, mas, sim, porque não percebia os efeitos positivos de seu trabalho. "Será que produzo algum impacto como professora? Não sei", disse Conrey. "Às vezes, sinto que não estou sendo eficaz, que estou perdendo tempo e não estou fazendo diferença."

Ao abrir a unidade da Minds Matter na Filadélfia, Conrey talvez estivesse sobrecarregando sua agenda, mas o resultado final foi preencher o vácuo de impacto que sentia ao lecionar na Overbrook. "Com meu programa de coaching, não há dúvida; sei que estou exercendo um impacto mais direto", diz. Ao orientar estudantes de baixa renda com alto potencial de realização, ela se sentia capaz de fazer mais diferença que nas salas de aula da Overbrook, onde cada aluno enfrentava dificuldades específicas. E o feedback positivo era mais rápido, validando seus esforços. Um de seus pupilos, David, era um garoto tímido e solitário e se tornou um jovem confiante e articulado, com um grupo coeso de amigos mais próximos. Como no caso dos atendentes de call center que conheceram os bolsistas beneficiários de suas arrecadações de fundos, ver os resultados do programa de coaching energizava Conrey.

Mas esse efeito não se limitava ao programa. Graças à injeção de ânimo, Conrey ficou mais esperançosa de conseguir um impacto positivo no trabalho dentro da escola. Observar o progresso de seus pupilos de alto potencial deixou-a confiante de que conseguiria ajudar também os alunos da Overbrook que enfrentavam dificuldades. "Sei que meu trabalho realmente está fazendo diferença para essas crianças. O que vi em três meses é uma grande mudança para elas, e percebo como são capazes." Quanto mais tempo passava orientando os alunos na Minds Matter, maior era o entusiasmo com que entrava nas salas de aula da Overbrook, animada por um renovado senso de propósito.

Em uma pesquisa com dois colegas, descobri que a percepção do impacto serve como um amortecedor contra o estresse, capacitando os trabalhadores a evitar o esgotamento e a manter a motivação e o desempenho.[13]

Em um estudo, um aluno e eu constatamos que os professores de escolas de ensino médio que consideravam o próprio trabalho estressante e exigente relatavam um esgotamento mais intenso. Depois de uma análise mais cuidadosa, porém, o estresse no trabalho só se associava a um esgotamento profissional maior quando o professor achava que não fazia diferença. O senso de impacto duradouro era uma proteção contra o estresse, prevenindo a exaustão.

Em sala de aula, às vezes demora anos para que os ensinamentos do professor sejam absorvidos pelos alunos. A essa altura, muitos já perderam o contato com seus mestres. Mas pelo menos durante algum tempo os professores têm a oportunidade de ver os efeitos no curto prazo de seu trabalho, ao interagirem cara a cara com os alunos. Diversas outras atividades não oferecem contato de espécie alguma com os beneficiários do trabalho. Na assistência à saúde, por exemplo, muitos profissionais fazem diagnósticos importantes sem jamais conhecerem os pacientes. Em Israel, um grupo de radiologistas avaliou quase 100 tomografias computadorizadas de pacientes.[14] Depois de três meses, quando já tinham esquecido os diagnósticos originais, os radiologistas avaliaram de novo os exames. Alguns dos radiologistas melhoraram, mostrando 53% de aumento na detecção de anormalidades não relacionadas com a causa básica do pedido de exame. Mas outros pioraram: a exatidão deles caiu 28% na reavaliação dos mesmos exames em apenas três meses. Por que alguns radiologistas teriam melhorado, enquanto outros pioraram?

Os pacientes haviam sido fotografados antes dos exames. Metade dos radiologistas analisou os primeiros exames sem a foto dos pacientes. Ao repetirem a análise, três meses depois, eles viram a foto dos pacientes. Esses foram os que melhoraram 53%. A outra metade viu a foto dos pacientes na primeira análise e depois a repetiu sem ver a foto. Esses foram os que pioraram 28%.

O acréscimo de uma única foto do paciente ao exame de tomografia computadorizada aumentou a exatidão do diagnóstico em 46%. E cerca de 80% das principais descobertas só ocorreram quando os radiologistas viram a foto do paciente. Os radiologistas deixaram passar essas constatações cruciais quando faltava a foto – mesmo quando já as tinham feito três meses antes. Quando viam as fotos dos pacientes, os radiologistas tinham mais empatia. Ao estimular esse sentimento, as fotos motivavam os radiologistas a elaborar os laudos com mais cuidado. Nesse caso, os relatórios eram 29%

mais longos do que quando os exames não incluíam foto dos pacientes. Ao verem a foto, os radiologistas ficavam mais sensíveis ao impacto humano de seu trabalho. A foto do paciente "torna única cada tomografia computadorizada", disse um radiologista.

Em um estudo recente, a pesquisadora Nicola Bellé encontrou padrões semelhantes em um estudo com 90 enfermeiros italianos que haviam sido convocados para montar kits cirúrgicos.[15] Os que foram escolhidos ao acaso para conhecer os profissionais de saúde que usariam os instrumentos mostraram-se muito mais produtivos e exatos. Esse efeito foi ainda mais pronunciado entre aqueles que haviam relatado atributos de doador em uma pesquisa. Curiosamente, uma semana depois de conhecer os profissionais de saúde que usariam os kits cirúrgicos, todos os enfermeiros apresentaram uma propensão maior para a doação. Além de atenuar o esgotamento profissional entre doadores, a ligação pessoal com o beneficiário do impacto pode inclinar representantes de todos os estilos de reciprocidade no sentido da doação. Quando sabem como seu trabalho faz diferença, as pessoas se sentem mais dispostas a contribuir.

Com base nessa ideia de que a percepção do impacto pode reduzir o esgotamento profissional dos doadores e motivar os outros tipos a doar, algumas organizações adotaram iniciativas para conectar os funcionários aos impactos de seus produtos e serviços. Na Wells Fargo, um diretor chamado Ben Soccorsy produziu vídeos de clientes falando sobre como os empréstimos com juros baixos da empresa os ajudaram a reduzir ou a eliminar as dívidas indesejáveis.[16] "Em muitos casos, os clientes sentiam que haviam tirado dos ombros um grande peso: agora tinham condições de pagar suas dívidas", diz Soccorsy. Quando os funcionários assistiam aos vídeos, "era como se uma luz se acendesse. Descobriam o impacto potencial do próprio trabalho – que os empréstimos que concediam realmente podiam mudar a vida dos clientes. A motivação foi realmente muito forte". Na Medtronic, funcionários de toda a empresa – desde engenheiros até vendedores – visitam hospitais para ver a tecnologia médica beneficiando pacientes. "Quando eles estão exaustos", disse-me o ex-CEO da empresa Bill George, "é muito importante que saiam a campo para ver a realidade. Dessa maneira, podem avaliar seu impacto sobre os pacientes, o que os lembra de que estão aqui para restabelecer a saúde e a vida dessas pessoas." A Medtronic também realiza uma festa anual para toda a empresa (com mais de 30 mil funcionários), à qual comparecem seis pacientes, que contam histórias de como os produtos da empresa mudaram a vida deles. Quando os empregados veem pela primeira vez como o trabalho deles pode ser importante, muitos não conseguem segurar as lágrimas.

Exercer um impacto maior é uma das razões por que, por mais ilógico que pareça, doar mais pode realmente ajudar os doadores a evitar o esgotamento profissional. Mas essa não é a história completa. Um segundo fator explica por que Conrey se energizou ao aumentar as doações, e ele tem a ver com onde e para quem foi a doação dela. Quase um século atrás, a psicóloga Anitra Karsten convidou algumas pessoas para trabalhar em tarefas repetitivas, instruindo-as a prosseguir enquanto gostassem do trabalho mas parar quando se sentissem cansadas.[17] Durante muito tempo, os participantes se dedicaram a atividades como pintar quadros e ler poemas em voz alta, até não aguentarem mais. A tarefa de um homem era escrever *ababab* sem parar. Relata Ellen Langer, psicóloga de Harvard: "Ele prosseguiu até a exaustão física e mental. Suas mãos ficaram dormentes, impedindo-o de escrever qualquer coisa. Naquele momento o pesquisador lhe pediu que escrevesse seu nome e endereço, com outro objetivo. Ele o fez com muita facilidade."

O mesmo estranho fenômeno aconteceu com outros participantes. Uma mulher disse que estava tão cansada que não podia levantar o braço e prosseguir na tarefa. Mas então pôs as mãos na cabeça para ajeitar o cabelo, aparentemente sem qualquer dificuldade ou desconforto. E os participantes que leram em voz alta até ficarem roucos não tiveram dificuldade em falar mal da tarefa – e quando o fizeram não mais pareciam roucos. De acordo com Langer, essas pessoas não estavam fingindo. Ocorreu que a mudança de contexto renovou as energias delas.

Ao se apresentar como voluntária para orientar professores da TFA, Conrey promoveu uma mudança de contexto que revigorou suas atividades de doação. "Trabalhar com adultos, fazendo algo que se aproxime de lecionar, não me exaure; ao contrário, me revigora", diz ela. Doar cada vez mais pode ser exaustivo quando o doador se restringe ao mesmo domínio. Em vez de ajudar sempre da mesma maneira, ela expandiu as contribuições para diferentes grupos. O mesmo se repetiu quando ela passou a orientar alunos de ensino médio na Minds Matter: ela atuava em um novo contexto e auxiliava outro grupo de pessoas. Em vez de dar aulas de espanhol, preparava-as para o ensino superior. Ao transferir suas doações para uma nova área, conseguiu recarregar suas baterias.

Escolhas alteristas – Concentrar, dispersar e a regra das 100 horas do voluntariado

Falamos sobre o comportamento alterista no começo deste capítulo – e, tanto no exemplo de Conrey quanto no dos atendentes de call center que angariavam doações, a distinção entre doadores altruístas e doadores alteristas começa a entrar em ação. Nesses contextos, as decisões sobre como, onde e quanto doar sem dúvida fazem diferença quando se vê quem se esgota e quem se reanima. Talvez pareça que, ao doar mais, Conrey estava sendo altruísta. Mas o que ela efetivamente fez foi criar oportunidades para doar que também fossem pessoalmente gratificantes, obtendo energia a partir do impacto visível de suas contribuições. Ser mais altruísta, no caso, teria significado se dedicar ainda mais à escola, onde a necessidade de ajuda era infinita mas ela se sentia limitada na capacidade de mudar as coisas. Em vez disso, Conrey pensou mais no próprio bem-estar e descobriu um jeito de melhorá-lo doando-se de outras maneiras.

Essa escolha produz consequências reais para os doadores. Em numerosos estudos, Vicki Helgeson, psicóloga da Carnegie Mellon,[18] descobriu que quem doa continuamente, sem se importar com o próprio bem-estar, corre o risco de comprometer a saúde mental e física.* Já quem doa em estilo mais alterista, demonstrando uma preocupação substancial consigo mesmo e com os outros, não mais enfrenta ônus para a saúde. Em um estudo, os participantes que preservavam o equilíbrio entre beneficiar a si próprios e aos outros chegaram a demonstrar aumentos significativos na felicidade e na satisfação com a vida durante um período de seis meses.**

---

* As pesquisas demonstram que, no trabalho, quem pratica doações altruístas acaba se sentindo sobrecarregado e estressado, além de experimentar conflito entre trabalho e família.[19] A constatação se aplica até a casamentos: em um estudo de casais, os participantes que não conseguiam manter o equilíbrio entre as próprias necessidades e as dos parceiros se mostraram mais deprimidos nos seis meses seguintes. Ao priorizar os interesses alheios e ignorar os próprios, os doadores altruístas se exaurem.[20]

** Os efeitos salutares de ser alterista talvez se manifestem até na maneira como escrevemos.[21] O psicólogo James Pennebaker conseguiu associar melhoras da saúde à frequência com que ocorrem certas palavras nos diários pessoais. Em *The Secret Life of Pronouns* (A vida secreta dos pronomes), ele explica que as pessoas saudáveis primeiro dizem algo sobre os próprios pensamentos e sentimentos em determinada situação (pronomes voltados para si mesmo) e depois exploram o que está acontecendo com os outros (pronomes de terceira pessoa), antes de escrever sobre si mesmas novamente. Aquelas cujas anotações nos diários são puramente altruístas ou egoístas, por outro lado, tendem muito menos a apresentar melhoras da saúde.

Para compreender com mais profundidade os doadores alteristas e os doadores altruístas, vale a pena analisar mais de perto as decisões deles sobre quando e quanto doar. As novas doações de Conrey a ajudaram a evitar o esgotamento profissional não só por terem aumentado a variedade de doações, mas também pela maneira como as distribuiu na agenda de trabalho.

Imagine que você vá praticar cinco boas ações aleatórias esta semana,[22] fazendo coisas como ajudar um amigo em um projeto, escrever uma mensagem de agradecimento a um ex-professor, doar sangue e visitar um parente idoso. Você pode escolher uma de duas maneiras de organizar as doações: concentrar ou dispersar. Os concentradores acumulam todas as doações no mesmo dia, a cada semana. Os dispersores distribuem as doações ao longo da semana, praticando uma por dia. O que o deixaria mais feliz: concentrar ou dispersar?

Nesse estudo, liderado pela psicóloga Sonja Lyubomirsky, os participantes praticaram cinco boas ações ao acaso todas as semanas, durante seis semanas. Para tanto, foram divididos em dois grupos. O primeiro grupo concentrou cada doação em um único dia de todas as semanas; o segundo grupo dispersou cada doação ao longo dos cinco dias de cada semana, praticando uma por dia. Ao fim das seis semanas, embora praticando o mesmo volume de boas ações, só um grupo se sentiu bem mais feliz.

Os concentradores sentiram sua felicidade aumentar; os dispersores, não. Essa sensação aumentava quando as pessoas praticavam todas as boas ações em um único dia em vez praticar uma por dia. Sonja e colegas especulam que "dispersá-las ao longo da semana diminuía a relevância e o impacto de cada uma ou atenuava a diferença entre as rotinas de trabalho dos participantes".

Como os participantes que se sentiram mais felizes, Conrey era uma concentradora. Na Minds Matter, acumulava o voluntariado em um único dia da semana, doando todas as cinco horas semanais de orientação de alunos do ensino médio aos sábados. Ao concentrar as doações em blocos semanais, conseguiu sentir com mais intensidade o impacto que exercia, passando a perceber seus esforços como algo significativo.

A concentração das doações é uma estratégia alterista. Em vez de orientar os alunos depois das aulas na escola, quando já estava cansada, Conrey concentrou esse tipo de doação nos fins de semana, quando sentia mais disposição e tinha mais tempo na agenda. Em contraste, os doadores altruístas são mais propensos a dispersar as boas ações, praticando-as todos os dias, ajudando quando solicitados. Essa prática pode se tornar extremamente difusa e exaustiva, privando-os da atenção e da energia necessárias para completar o próprio trabalho.

Uma equipe com 17 engenheiros de software de uma empresa da *Fortune 500* foi incumbida de desenvolver um programa para o lançamento de um novo produto importante.[23] Era uma impressora a laser, colorida, que seria vendida a 10% do preço de outros produtos no mercado. Se o projeto fosse bem-sucedido, a empresa dominaria o mercado e poderia lançar toda uma linha de produtos correlatos. Aquela divisão da empresa estava perdendo dinheiro com rapidez e seria fechada se a impressora não fosse lançada a tempo. Para terminar o projeto, os engenheiros trabalhavam à noite e nos fins de semana, mas ainda estavam atrasados. As probabilidades estavam contra eles: apenas uma vez na história da divisão um produto havia sido lançado no prazo. Estavam "estressados" e "exaustos", escreve a professora de Harvard Leslie Perlow, "com tempo insuficiente para atender a todas as demandas".

Os engenheiros haviam caído num padrão de doação altruísta: ajudavam o tempo todo os colegas a resolver problemas. Um deles relatou: "A maior frustração do meu trabalho é sempre ter que ajudar os outros e não fazer meu próprio trabalho." Outro lamentou: "O problema com o meu estilo de trabalho é que a solidariedade acarreta cada vez mais solidariedade, e fico tão ocupado em ser solidário que acabo não fazendo o que tenho que fazer." Num dia típico, um engenheiro chamado Andy trabalhou das 8 horas às 20h15. Só por volta das 17 horas Andy conseguiu dedicar mais de 20 minutos à sua principal tarefa. Na tentativa de conseguir tempo para fazer o próprio trabalho, outros colegas começaram a chegar cada vez mais cedo e a sair cada vez mais tarde. Foi uma solução efêmera: à medida que cada vez mais gente prolongava as jornadas, também se ampliavam as interrupções. Os engenheiros simplesmente estavam doando mais tempo, sem efetivamente progredir, e todos apresentavam sintomas de exaustão.

Até que Perlow teve uma ideia para converter esses doadores altruístas em doadores alteristas. Ela propôs que, em vez de dispersar as doações, passassem a concentrá-las. E, assim, trabalhou com os engenheiros no intuito de intercalar períodos exclusivos de trabalho solitário e de trabalho solidário. Depois de experimentar várias programações diferentes, Perlow destinou três dias da semana ao trabalho solitário, começando de manhã e terminando à noite. Nesses períodos, os engenheiros se concentravam nas próprias tarefas, e os colegas se disciplinavam para não interrompê-los. No restante do tempo, os colegas tinham liberdade para pedir ajuda e orientação.

Quando Perlow entrevistou os engenheiros sobre o desempenho deles nos períodos de trabalho solitário, dois terços relataram uma produtividade acima da média. Quando Perlow se afastou e deixou que os profissionais gerenciassem o próprio trabalho solitário durante um mês, 47% deles mantiveram a produtividade acima da média. Ao concentrar toda a ajuda nos períodos de trabalho solidário, eles conseguiram preservar tempo e energia para completar a própria tarefa, transformando-se de doadores altruístas em doadores alteristas. Nas palavras de um engenheiro: "Os períodos de trabalho solitário me permitiram fazer durante o dia tarefas que eu postergava até tarde da noite." Depois de três meses, a equipe lançou a impressora a laser no prazo, pela segunda vez na história da divisão. O diretor da unidade atribuiu o sucesso aos limites para doação estabelecidos pelos períodos de trabalho solitário: "Não acho que teríamos cumprido o prazo sem esse projeto."

Como os engenheiros estavam enfrentando a necessidade urgente de terminar o produto no prazo, eles tinham fortes razões para tornar suas doações mais alteristas. Em muitas situações, porém, as fronteiras adequadas entre trabalho solitário e trabalho solidário são muito mais indefinidas. Sean Hagerty[24] é diretor de gestão de investimentos na Vanguard, empresa de serviços financeiros especializada em fundos mútuos. Sean é um mentor dedicado, apaixonado pela educação. Como tal, criou o hábito de se voluntariar pelo menos durante uma semana por ano para lecionar na universidade corporativa da Vaguard. Ao contar as horas dele, a diretora de ensino da Vanguard notou que Sean estava passando boa parte do tempo em sala de aula. Ela receava que ele ficasse esgotado, e Sean reconheceu que corria riscos: "É um compromisso muito importante, considerando que tenho outro trabalho diário." Em vez de diminuir o ritmo, porém, Sean pediu mais: "Essa é uma de minhas atividades mais importantes." Quanto mais horas dedicava ao voluntariado como professor, mais energizado se sentia, até que se aproximou de duas semanas e atingiu 100 horas de voluntariado anual em iniciativas educacionais.

Cem parece ser o número mágico quando se trata de ensino. Em um estudo de mais de 2 mil adultos australianos no meio da casa dos 60 anos, quem dedicava entre 100 e 800 horas por ano ao voluntariado estava mais feliz e mais satisfeito com a vida do que quem se voluntariava durante menos de 100 ou mais de 800 horas por ano.²⁵ Em outro estudo, americanos adultos que faziam pelo menos 100 horas de trabalho voluntário em 1998 tinham mais probabilidade de estar vivos em 2000.²⁶ Voluntariar-se durante mais de 100 horas não produzia benefícios. Essa é a *regra das 100 horas* do voluntariado. Parece ser a faixa em que doar energiza mais e exaure menos.

Cem horas por ano correspondem a apenas duas horas por semana. As pesquisas demonstram que, se uma pessoa inicia o voluntariado dedicando a ele duas horas por semana, percebe-se o aumento da felicidade, da satisfação pessoal e da autoestima cerca de um ano depois. Esse período semanal em um novo campo de atuação parece ser o ponto ideal para que as pessoas façam uma diferença significativa sem se sobrecarregarem nem sacrificarem outras prioridades. É também a faixa em que o voluntariado mais tende a alcançar um equilíbrio saudável, oferecendo benefícios aos voluntários e aos destinatários.* Em um estudo de âmbito nacional, vários milhares de canadenses relataram o número de horas que ofereciam como voluntários por ano e informaram se desenvolveram novos conhecimentos e habilidades de natureza técnica, social ou organizacional em decorrência dessas atividades. Com poucas horas por semana, os voluntários adquiriam conhecimentos e habilidades a taxas consistentes. Depois de cinco horas por semana, o voluntariado passava a produzir retornos decrescentes: os voluntários aprendiam cada vez menos com cada hora adicional.²⁷ Com mais de 11 horas por semana, o tempo agregado de voluntariado não mais acrescentava conhecimentos e habilidades.

Quando Conrey começou a se voluntariar orientando os professores da TFA, doava cerca de 75 horas por ano. Ao lançar o Minds Matter, programa de coaching para alunos de ensino médio, ela alcançou a marca de 100 horas. Talvez não seja mera coincidência o fato de Conrey ter recuperado a energia mais ou menos em torno desse ponto. Mas, nesse caso, além da carga horária, constata-se outra forma de concentração nas doações dela – também visível nas doações de Sean Hagerty –, que intensifica o contraste entre doações altruístas e doações alteristas.

---

* O número ideal de horas por ano pode cair abaixo de 100 à medida que envelhecemos. Em um estudo com adultos americanos com mais de 65 anos, quem se voluntariou entre 1 e 40 horas em 1986 tinha mais probabilidade de estar vivo em 1994 que quem se voluntariava zero ou mais de 40 horas. A constatação se mantinha mesmo quando se controlavam condições de saúde, atividade física, religião, renda e numerosos outros fatores que poderiam influenciar a expectativa de vida.

À medida que Sean Hagerty passava mais horas lecionando nas salas de aula da Vanguard, passou a ansiar por mais oportunidades de doação. "Quero deixar o lugar em melhores condições do que quando entrei", dizia, e começou a se perguntar como poderia causar impacto no mundo. Ao refletir sobre diferentes maneiras de ajudar, percebeu um padrão no modo como passava seu tempo livre. "Descobri que estava lendo cada vez mais sobre educação. Tinha paixão pelo tema." Sean então resolveu tomar a iniciativa de lançar dois novos programas educacionais. Apesar do substancial comprometimento de tempo, Sean descobriu que ambos os programas "exercem um impacto imensamente positivo em minha energia. É meu principal argumento ao negociar com altos executivos que se preocupam com as horas de voluntariado, por suas implicações em termos de redução da jornada de trabalho dedicada à empresa. Isso até pode ocorrer, mas meu argumento é que o voluntariado gera funcionários muito mais motivados, como eu. Adoro o fato de o trabalho me oferecer oportunidades para expressar minha índole filantrópica."

Se Sean fosse apenas um doador altruísta, talvez dispersasse sua energia entre muitas causas diferentes, por força do senso de dever e obrigação, independentemente do nível de interesse e de entusiasmo por elas. Em vez disso, ele adota uma abordagem alterista, preferindo concentrar as doações em educação, causa pela qual é apaixonado. "Obtenho uma satisfação pessoal incrível ao retribuir à comunidade dessa maneira", diz Sean.

Os psicólogos Netta Weinstein e Richard Ryan demonstraram que doar-se produz um efeito energizante apenas se for uma escolha agradável e significativa, em vez de meramente dever e obrigação.[28] Em um estudo, os participantes relataram suas doações diárias durante duas semanas, indicando se haviam ajudado alguém ou se tinham feito algo por uma boa causa. Nos dias em que doavam, avaliavam por que doaram. Às vezes, as pessoas doavam pela satisfação e pelo significado da boa ação – achavam que era importante, preocupavam-se com a outra pessoa e sentiam prazer naquilo. Outras vezes, doavam por dever e obrigação – achavam que tinham que praticar a boa ação e que se sentiriam mal se não a fizessem. A cada dia, relatavam seu nível de energia.

Weinstein e Ryan mediram as mudanças nos níveis de energia de um dia para outro. A doação em si não afetava a energia: as pessoas não se sentiam substancialmente mais felizes nos dias em que ajudavam os outros. Mas as razões para doar faziam muita diferença: nos dias em que ajudavam o próximo pelo senso de satisfação e propósito, experimentavam um aumento significativo na energia.* As doações assim praticadas conferiam um senso maior de autonomia, de maestria e de conexão com os outros, e revigorava a energia pessoal. Quando realizei estudos com bombeiros e arrecadadores de fundos, encontrei o mesmo padrão: eles trabalhavam com muito mais afinco e durante muito mais tempo quando doavam esforço e tempo pelo senso de satisfação e propósito, em vez de apenas por dever e obrigação.[29]

Para Conrey, essa é a grande diferença entre lecionar na Overbrook e se voluntariar na Minds Matter e na TFA. Nas salas de aula da Overbrook, doar é obrigação. O trabalho dela envolve apartar brigas e manter a ordem, tarefas que – embora importantes – não se alinham com a paixão que a atraiu para o magistério. No trabalho voluntário, doar é uma escolha prazerosa: ela adora ajudar alunos carentes brilhantes e orientar professores da TFA menos experientes. Essa é outra maneira pela qual a doação pode ser alterista: Conrey se empenhava em beneficiar alunos e professores, mas o fazia de maneira a conectá-la a seus valores centrais e a impulsionar seu entusiasmo. Esse restabelecimento da energia a ajudava a manter a motivação na sala de aula.

Na Overbrook, entretanto, Conrey não podia evitar a obrigação de se doar aos alunos de uma maneira que não considerava naturalmente vibrante ou energizante. O que ela fazia para se manter energizada, apesar do senso de dever?

Durante uma semana muito estressante, Conrey se esforçava para interagir com os alunos. "Eu me sentia mal e as crianças estavam terríveis." Ela, então, pediu ajuda a uma professora chamada Sarah. Esta recomendou-lhe uma atividade que foi um sucesso na sua sala de aula: os alunos teriam que desenhar os próprios monstros que achavam estar à solta na Filadélfia. Pintavam o retrato do monstro, escreviam uma história e criavam um anúncio "Procura-se", para que as pessoas ficassem em alerta. Foi exatamente a inspiração de que Conrey precisava. "Nossa conversa de 10 minutos me ajudou a me empolgar de novo com as aulas. Eu me diverti com as crianças, o que me engajou mais no programa."

Ainda que a decisão de Conrey de pedir ajuda a outra professora não pareça inusitada, pesquisas mostram que essa atitude é muito rara entre

---

* Curiosamente, o impulso emocional decorrente das doações nem sempre se manifesta imediatamente.[30] Quando a psicóloga Sabine Sonnentag e eu fizemos uma pesquisa com bombeiros e socorristas europeus, descobrimos que, nos dias em que exerciam um impacto positivo substancial sobre alguém, sentiam-se revigorados em casa depois do trabalho, mas não durante o trabalho. Constatar o próprio impacto intensificava o senso de significado e maestria, mas só experimentavam toda a carga positiva da doação depois de refletirem sobre os efeitos de suas ações.

doadores altruístas. Eles "se sentem pouco à vontade ao receber apoio", escrevem Helgeson e Heidi Fritz. Os doadores altruístas estão decididos a ser aqueles que ajudam e relutam em incomodar e em sobrecarregar os outros. Helgeson e Fritz constataram que os doadores altruístas recebem muito menos apoio que os doadores alteristas, o que se revela oneroso em termos psicológicos e físicos. Conforme concluem os especialistas em esgotamento profissional Christina Maslach e colegas, "dispõe-se hoje de um forte conjunto de evidências de que a falta de apoio social contribui para a síndrome de burnout".

Em contraste, os doadores alteristas reconhecem a importância de proteger o próprio bem-estar. Quando se sentem à beira do esgotamento, procuram ajuda, o que lhes permite obter orientação, assistência e recursos indispensáveis para preservar a motivação e a energia. Três décadas de pesquisa mostram que receber ajuda dos colegas é um antídoto poderoso contra a síndrome de burnout.[31] "Contar com uma rede de apoio a professores oferece enormes benefícios", afirma Conrey.

Já que a Overbrook não dispunha de nenhum mecanismo formal que exercesse essa função, como Conrey conseguiria receber ajuda na escola? Ela simplesmente tomou a iniciativa de construir a própria rede de apoio, por meio da prática contínua de ajudar os colegas.

Durante muitos anos, os especialistas acreditaram que a resposta ao estresse envolvia uma escolha: lutar ou fugir (*fight or flight*). Como o esgotamento acarreta falta de energia para lutar, é natural optar pela fuga, evitando a fonte de estresse. Os especialistas em síndrome de burnout Jonathon Halbesleben e Matthew Bowler estudaram bombeiros profissionais durante um período de dois anos. Sem dúvida, quando começavam a apresentar sintomas de esgotamento, o desempenho dos bombeiros caía.[32] A exaustão os tornava menos interessados em realização e status. Por conseguinte, eles se esforçavam menos no trabalho, comprometendo a eficácia.

Para surpresa geral, porém, nesse estudo o esgotamento profissional não diminuía o esforço de maneira generalizada. Na verdade, havia uma área em que os bombeiros efetivamente aumentavam o esforço quando se sentiam esgotados: ajudar o próximo. Quando apresentavam sintomas de exaustão, os bombeiros se tornavam mais propensos a se desdobrar para ajudar os colegas sobrecarregados, compartilhar novos conhecimentos com os supervisores, orientar os novatos e até escutar problemas. Por que o esgotamento aumentaria a propensão a doar?

A psicóloga da UCLA Shelley Taylor descobriu uma reação ao estresse que difere do conflito luta ou fuga. Ela a denomina "cuidar e criar vínculos" (*tend and befriend*).³³ "Um dos aspectos mais impressionantes da resposta ao estresse é a tendência de se associar – ou seja, de reunir-se em grupos para oferecer e receber proteção conjunta em tempos ameaçadores." As pesquisas de Taylor em neurociência revelam que, quando nos sentimos estressados, a resposta natural do cérebro é liberar substâncias químicas que nos induzem à associação. É o que fizeram os bombeiros: ao começarem a se sentir exaustos, investiram sua energia limitada em ajudar os colegas. Por intuição, reconheceram que doar fortaleceria seus relacionamentos e lhes ofereceria apoio (ao menos de compensadores e doadores). Embora a maioria dos doadores tenha consciência dessa oportunidade, parece que apenas os alteristas a aproveitam.

Conrey Callahan construiu sua rede de apoio solidarizando-se e associando-se sob estresse. Ao atingir o auge da exaustão, começou a orientar professores da TFA e vários dos professores mais jovens na própria escola. Uma das professoras que Conrey orientou foi Sarah. Durante o processo, um dos exercícios que Conrey ensinou a Sarah foi a brincadeira do monstro. Conrey se esquecera da atividade, mas, quando pediu ajuda, Sarah a lembrou do que aprendera. O conselho em si foi útil, mas também reforçou o senso de impacto de Conrey: ela havia recomendado a Sarah uma atividade que acabou sendo um grande sucesso com seus próprios alunos.

Os doadores alteristas constroem redes de apoio a que podem recorrer em busca de ajuda quando necessário. Esse recurso, junto com a concentração das doações para que se tornem revigorantes, é o que deixa os doadores alteristas menos vulneráveis que os altruístas ao esgotamento profissional. Porém, como se comparam os doadores alteristas em relação aos tomadores e aos compensadores?

O mito do esgotamento profissional dos doadores

Anos atrás, psicólogos holandeses estudaram centenas de profissionais de saúde.³⁴ Para tanto, acompanharam a quantidade de tempo e energia que os participantes do estudo ofereciam aos pacientes e pediram que relatassem até que ponto se sentiam esgotados. Um ano depois, os psicólogos mediram de novo os níveis de doação e de esgotamento. Sem dúvida, quanto mais doavam, mais os profissionais de saúde se sentiam exauridos. Os que doavam com altruísmo apresentavam as mais altas taxas de esgotamento: davam muito mais do que recebiam, o que os cansava. Os que atuavam como tomadores e compensadores se mostravam muito menos fatigados.

Curiosamente, porém, em outro estudo os psicólogos holandeses encontraram evidências de que alguns profissionais de saúde pareciam imunes à síndrome de burnout. Mesmo quando doavam grandes quantidades de tempo e energia, não se exauriam. Esses indivíduos mais resistentes eram doadores alteristas: relataram que gostavam de ajudar outras pessoas e que muitas vezes deixavam de lado as próprias atividades para cuidar do próximo, mas não tinham medo de pedir ajuda quando necessário. Eles apresentavam taxas de esgotamento profissional muito mais baixas que as dos compensadores e tomadores, aos quais faltava disposição para continuar contribuindo. Esse estudo sugere uma possibilidade inesperada: embora os compensadores talvez pareçam menos vulneráveis ao esgotamento que os doadores altruístas, talvez os doadores alteristas sejam os que apresentam maior resistência.

Parte da explicação é esclarecida em um trabalho fascinante das psicólogas Elizabeth Seeley e Wendi Gardner, da Northwestern University, as quais pediram aos participantes que executassem uma tarefa difícil que minava sua força de vontade.[35] Por exemplo, imagine que você está com muita fome e se encontra diante de um prato cheio de biscoitos de chocolate deliciosos, mas você precisa resistir à tentação de comê-los. Depois de consumir a força de vontade em uma tarefa como essa, os participantes foram incumbidos de apertar um *handgrip* (aparelho usado para exercícios de fortalecimento da mão) durante o maior tempo possível. Os participantes em geral sustentaram o esforço durante 25 segundos; alguns, porém, resistiram durante mais 40% de tempo, chegando a 35 segundos.

Os participantes com resistência acima da média atingiram uma pontuação alta em um questionário que media a "orientação para os outros". Essas pessoas voltadas para o próximo atuavam como doadores. Ao superar continuamente os impulsos egoístas a fim de ajudar os outros, fortaleceram de tal maneira os músculos psicológicos que, para elas, usar a força de vontade em tarefas dolorosas já não era exaustivo. Em apoio a essa ideia, outros estudos mostraram que os doadores desenvolvem uma vantagem ao controlar os pensamentos, emoções e comportamentos. Com o tempo, a doação pode desenvolver a força de vontade, como o levantamento de peso reforça os músculos. Evidentemente, todos sabemos que o excesso de exercício provoca fadiga e até distensão ou ruptura muscular – e algo semelhante ocorre com os doadores altruístas.

Em Utah, um homem de 75 anos compreende a resistência dos doadores alteristas.[36] O nome dele é Jon Huntsman Sr., cuja foto minúscula no relatório anual de sua empresa apareceu no Capítulo 2, em contraste com a foto de página inteira de Kenneth Lay. Em 1990, Huntsman estava negociando uma aquisição com Charles Miller Smith, então CEO de uma empresa de produtos químicos. Durante as negociações, a esposa de Smith morreu. Huntsman solidarizou-se com Smith e decidiu não pressioná-lo ainda mais: "Resolvi que a sintonia fina dos 20% restantes do acordo ficaria como eles tinham proposto. Talvez eu tivesse condições de tirar outros US$200 milhões do negócio, mas seria às custas do estado emocional de Charles. O acordo como estava já era muito bom."

O estado emocional do CEO era tão valioso assim, a ponto de levar Huntsman a abrir mão de US$200 milhões? Por mais incrível que pareça, essa não foi a primeira vez em que Huntsman cedeu voluntariamente uma fortuna durante uma negociação. Apenas quatro anos antes, em 1986, ele fez um acordo verbal com um CEO chamado Emerson Kanpen. Huntsman venderia 40% de uma divisão de sua empresa a Kampen por US$54 milhões. Em consequência da burocracia, o contrato só foi elaborado seis meses depois. A essa altura, o lucro da empresa havia disparado: os 40% da divisão passaram a valer US$250 milhões. Kampen procurou Huntsman com uma oferta típica de compensador, de dividir a diferença, propondo pagar US$152 milhões em vez dos US$54 milhões. Huntsman teria condições de receber quase o triplo do acordo original. Mas disse não. Os US$54 milhões já eram suficientes. Kampen não acreditou: "Isso não é justo para você."

Huntsman fez questão de honrar o compromisso com Kampen. Embora os advogados ainda não tivessem redigido o contrato de compra final, os dois empresários haviam apertado as mãos seis meses antes, fechando um acordo verbal. Por fim, Huntsman assinou o contrato no valor de US$54 milhões, renunciando a US$98 milhões. Que tipo de pessoa de negócios tomaria uma decisão tão irracional?

Em 1970, Huntsman criou uma empresa de produtos químicos que é hoje a maior do mundo. Foi escolhido como empreendedor do ano e recebeu mais de uma dezena de doutorados honorários de universidades em todo o mundo. Segundo a lista da revista *Forbes*, o bilionário é uma das mil pessoas mais ricas do mundo.

Como mostram suas decisões nos negócios, Huntsman também é um doador, e não apenas na vida profissional. Desde 1985 engajou-se em atividades filantrópicas sérias. É uma das 19 pessoas em todo o mundo que já doou mais de US$1 bilhão. Huntsman ganhou importantes prêmios humanitários por investir mais de US$350 milhões na fundação do Huntsman Cancer Center e já fez grandes doações para ajudar vítimas de um terremoto na Armênia, para apoiar a educação e para combater a violência doméstica e a falta de moradia. Evidentemente, muita gente rica doa grandes somas, mas Huntsman demonstra uma intensidade incomum que o destaca entre os demais. Em 2001, o setor químico afundou nos Estados Unidos e ele perdeu uma parcela considerável de sua fortuna. A maioria das pessoas em situação semelhante reduziria as doações até se recuperar. Mas Huntsman tomou uma decisão inusitada. Contraiu empréstimos pessoais de vários milhões de dólares para cumprir compromissos filantrópicos nos três anos seguintes.

Huntsman parece o exemplo clássico de alguém que enriqueceu e resolveu retribuir. O sucesso dele, no entanto, também pode ser analisado de maneira diferente, algo em que talvez fosse impossível acreditar se não fosse respaldado pela experiência de Huntsman e pela ciência. Talvez ficar rico não o tenha convertido em doador. E se invertermos a relação de causa e efeito?

Huntsman acredita que ser um doador *foi o que o tornou rico*. "Logo ficou claro para mim, desde a infância, que minha razão de ser era ajudar os outros. O desejo de retribuir foi o impulso para seguir a formação em administração, para aplicar os conhecimentos assim adquiridos na fundação do que veio a se tornar uma empresa de contêineres bem-sucedida e para usar a experiência daí decorrente na constituição de uma empresa de produtos químicos diferenciada." Já em 1962, Huntsman disse à mulher que "queria constituir seu próprio negócio a fim de fazer diferença" para as pessoas com câncer. Ele perdeu o pai e a mãe em consequência da doença e sobreviveu ele próprio a três episódios. A cura do câncer está tão arraigada em Huntsman que ele a priorizou acima da própria ideologia política. Embora tenha trabalhado na Casa Branca na época de Nixon e seja republicano, Huntsman se tornou conhecido por favorecer candidatos democratas que demonstram um compromisso mais forte com a cura do câncer.

Não há dúvida de que Huntsman é um empresário habilidoso. Mas a própria propensão a *doar dinheiro* talvez tenha contribuído para a fortuna dele. Em *Os vencedores jogam limpo*, ele escreve: "Do ponto de vista financeiro, os momentos em que tive mais satisfação na vida não foram os de empolgação com o fechamento de um grande negócio ou com a realização dos lucros dele oriundos, mas, sim, aqueles em que consegui ajudar pessoas necessitadas... Não há como negar que sou viciado em negociações, mas também contraí o vício da doação. Quanto mais doamos, melhor nos sentimos; e quanto melhor nos sentimos ao doar, mais fácil se torna praticar esse ato."

Essa é uma extensão da ideia de que os doadores alteristas desenvolvem os músculos da força de vontade, facilitando o aumento das doações. Mas será possível que Huntsman de fato tenha ganhado mais dinheiro por causa das doações? O mais extraordinário é que há evidências que reforçam esse argumento. O economista Arthur Brooks testou a relação entre renda e filantropia.[37] Com base em dados de quase 30 mil americanos no ano 2000, ele controlou todos os fatores imagináveis que poderiam influenciar os resultados do estudo, como educação, idade, etnia, religião, crenças políticas e situação conjugal. Também considerou a frequência com que a pessoa se apresentava como voluntária. Conforme esperado, mais renda significava mais filantropia. Cada incremento de US$1 na renda acarretava um aumento de US$0,14 nas doações.*

Constatou-se, no entanto, algo mais interessante. Para cada US$1 extra nas doações filantrópicas, a renda era US$3,75 mais alta. Doar efetivamente parecia tornar as pessoas mais ricas. Por exemplo, imagine que você e eu ganhemos ambos US$60 mil por ano. Eu contribuo com US$1.600 para caridade; você doa US$2.500. Embora você tenha doado US$900 a mais que eu, estará em vias de receber US$3.375 a mais que eu no próximo ano. Por mais surpreendente que pareça, em termos de filantropia e de renda anual, as pessoas que doam mais ganham mais.

Jon Huntsman Sr. talvez tenha descoberto algo importante. Pesquisas mostram que doar pode aumentar a felicidade e reforçar o senso de propósito, motivando as pessoas a trabalhar com mais afinco e a ganhar mais dinheiro, mesmo que as doações não atinjam a escala colossal das de Huntsman.

Em um estudo dos psicólogos Elizabeth Dunn, Lara Aknin e Michael Norton, os participantes avaliaram a própria felicidade pela manhã. Então receberam um presente inesperado: um envelope com US$20. Teriam que

---

* Há um problema: à medida que se enriquece, as doações aumentam em termos absolutos, mas diminuem como proporção da renda anual.[38] Em um estudo, os psicólogos demonstraram que simplesmente pensar no status socioeconômico é suficiente para mudar a soma das doações filantrópicas que julgamos adequada. Com base nos relatos pessoais, quem se considerava no meio da escala de renda se achava obrigado a doar 4,65% da renda anual para filantropia. Quem se imaginava no topo se sentia obrigado a doar 2,9% da renda anual. Tendências semelhantes podem ser encontradas no mundo real: nos Estados Unidos, as famílias que ganham menos de US$25 mil por ano doam 4,2% da renda anual. As que ganham mais de US$100 mil por ano doam apenas 2,7% da renda anual.

gastar o dinheiro até as 17 horas e, em seguida, reavaliar a própria felicidade. Eles ficariam mais felizes gastando o dinheiro consigo mesmos ou com outras pessoas?

Quase todo mundo acha que ficaria mais feliz gastando em benefício próprio, mas o oposto é que é verdadeiro. Quando se gastou o dinheiro consigo mesmo, a felicidade não mudou. Mas, se o gasto foi com o próximo, as pessoas relatavam se sentir bem mais feliz.[39] Isso é uma doação alterista: você escolhe a quem ajudar e se beneficia melhorando a própria disposição de espírito.[40] Evidências recentes da neurociência mostram que doar realmente ativa os centros de recompensa e de significado em nosso cérebro, que nos enviam sinais de prazer e propósito quando agimos em benefício de outras pessoas.[41]

Esses benefícios não se limitam às doações em dinheiro; também se manifestam nas doações de tempo. Um estudo envolvendo mais de 2.800 americanos com mais de 24 anos mostrou que o voluntariado se associava a aumentos na felicidade, na satisfação com a vida e na autoestima – e a reduções na depressão – um ano depois.[42] E, no caso de adultos com mais de 65 anos, quem praticava o voluntariado se beneficiou com uma queda na depressão ao longo de um período de oito anos.[43] Outros estudos demonstram que os adultos mais velhos que se voluntariam para dar apoio a outras pessoas vivem mais.[44] Essa constatação se sustenta mesmo quando fatores como a saúde dos participantes e o apoio que recebem de outras pessoas são controlados. Em um experimento, os participantes faziam massagens em bebês ou recebiam massagens.[45] Depois do procedimento, os que as fizeram apresentavam níveis mais baixos de hormônios do estresse – como cortisol e adrenalina – que aqueles que as receberam. Parece que doar acrescenta significado à vida, ao nos afastar dos próprios problemas e nos ajudar a nos sentirmos valorizados pelo próximo. Como concluem os pesquisadores Roy Baumeister, Kathleen Vohs, Jennifer Aaker e Emily Garbinsky, em uma pesquisa nacional entre americanos, "o senso de significado se associa mais a ser doador que a ser tomador".[46]

Existem numerosas evidências de que a felicidade subsequente pode motivar as pessoas a trabalhar com mais afinco, durante mais tempo, com mais inteligência e mais eficácia.[47] Esse sentimento pode levar as pessoas a perceber o esforço intenso como menos desagradável e mais aprazível, a definir objetivos mais desafiadores e a pensar com mais rapidez, mais flexibilidade e mais abrangência sobre um problema. Um estudo até demonstrou que, quando se sentiam mais felizes, os médicos faziam diagnósticos mais rápidos e mais precisos.[48] No todo, em média, as pessoas mais felizes ganham mais dinheiro, alcançam avaliações de desempenho mais altas, decidem melhor, negociam com mais eficácia e contribuem mais para as organizações. A felicidade sozinha responde por cerca de 10% das diferenças de desempenho dos funcionários. Ao impulsionar a felicidade, as doações talvez tenham motivado Jon Huntsman Sr. a trabalhar com mais afinco e mais inteligência, ajudando-o a construir a própria fortuna.

Hutsman não é o único empresário influente para quem as doações se tornaram fontes de energia. Em 2003, o guru da empresa de aviação Virgin, Richard Branson,[49] constituiu um conselho denominado The Elders (Os Anciãos), reunindo Nelson Mandela, Jimmy Carter, Kofi Annan, Desmond Tutu e outros líderes, para aliviar o sofrimento no Sudão, no Chipre e no Quênia. Em 2004, Branson lançou a Virgin Unite, organização sem fins lucrativos que mobiliza pessoas e recursos com o objetivo de combater doenças mortais como aids e malária, promover a paz e a justiça, prevenir as mudanças climáticas e apoiar empreendedores com microempréstimos e empregos no mundo em desenvolvimento. Em 2006, ele se comprometeu a doar US$3 bilhões dos lucros da Virgin nos 10 anos seguintes para combater o aquecimento global. Em 2007, instituiu um prêmio de US$25 milhões para inovações capazes de conter as mudanças climáticas. Seria essa sucessão de iniciativas consequência de alguma crise de meia-idade?

Na verdade, Branson já doava muito antes de se tornar rico e famoso. Aos 17 anos, um ano depois de lançar a revista *Student* e cinco anos antes de constituir a gravadora Virgin Records, Branson criou sua primeira instituição filantrópica. Foi o Student Advisory Centre, organização sem fins lucrativos que ajudava jovens em situação de risco com vários serviços. Para tanto, elaborou uma lista dos problemas com que os jovens se defrontavam, desde gravidez indesejável até doenças venéreas, e convenceu alguns médicos a prestar serviços gratuitos ou a preços reduzidos. Também passou muitas madrugadas ao telefone, consolando pessoas com impulsos suicidas. Voltando ao passado, ele observa que, no começo da carreira, "estava interessado em ganhar dinheiro apenas para garantir o sucesso contínuo da *Student* e para financiar o Student Advisory Centre". Hoje, as doações ainda o energizam. "O que me tira da cama de manhã é a ideia de fazer diferença", escreve Branson, "de ajudar a garantir nosso futuro neste planeta. Será que isso contribui para o meu sucesso? Sem dúvida faz com que eu me sinta feliz."

Esses efeitos revigorantes ajudam a explicar por que os doadores alteristas são mais resistentes ao esgotamento: ao doarem, acumulam reservas de satisfação pessoal e de senso de significado menos acessíveis aos tomadores e compensadores. Os doadores altruístas consomem essas reservas, exaurindo-se e despencando para a base da escala de sucesso. Ao doar de maneira energizante e não extenuante, os doadores alteristas são mais propensos a alcançar o topo. Em dois estudos com funcionários, abrangendo uma ampla variedade de atividades e organizações, o psicólogo David Mayer e eu descobrimos que os alteristas faziam contribuições mais duradouras que as dos doadores altruístas, dos tomadores e dos compensadores.[50] Os empregados que relatavam forte interesse em beneficiar o próximo e em criar uma imagem positiva para si mesmos eram avaliados pelos supervisores como os mais úteis e que mais tomavam iniciativas.

Ironicamente, como a preocupação com os interesses próprios sustenta seus níveis de energia, os doadores alteristas doam mais que os doadores altruístas. É o que o falecido Herbert Simon, ganhador do Prêmio Nobel de Economia, observou na citação que abre este capítulo. Os doadores alteristas podem parecer menos generosos que os doadores altruístas, mas a resistência deles ao esgotamento os capacita a contribuir mais.

7

Mudança radical

Superando o efeito capacho

Toda boa ação será castigada.

– Atribuída a Clare Boothe Luce, editora, roteirista e deputada americana[1]

Lillian Bauer era uma gestora brilhante e dedicada de uma empresa de consultoria de elite. Fora recrutada em Harvard e, depois de deixar a empresa para concluir o MBA, foi chamada de volta. Era considerada uma estrela em ascensão e estava em vias de se tornar sócia muito antes do esperado, até que começaram a se espalhar boatos de que era generosa demais. A promoção para sócia foi postergada por seis meses, e ela começou a receber feedback muito direto de que precisava dizer não com mais frequência aos clientes e colegas. Um ano se passou e ela ainda não fora promovida.

Lillian tinha paixão por fazer diferença. Dedicou vários anos a uma organização sem fins lucrativos que ajudava mulheres a montar e a desenvolver pequenos negócios. Lá ela desenvolveu um programa de microempréstimos, criando condições para que mulheres de baixa renda constituíssem a própria empresa. Em um caso, uma mulher precisava de dinheiro para abrir um salão de beleza, mas dois bancos tinham se negado a dar o empréstimo. Lillian trabalhou com ela para aprimorar o plano de negócios e melhorar as demonstrações financeiras. Em consequência, ambas as instituições financeiras acabaram lhe oferecendo financiamento a taxas altamente competitivas.

Como consultora, Lillian passava inúmeras horas prestando serviço de coaching a novos funcionários, oferecendo orientação profissional a colegas e até ajudando o pessoal mais jovem a reforçar suas candidaturas a cursos de MBA. "Quero realmente ajudar. Se uma hora de meu tempo significar menos 10 horas de trabalho para outras pessoas ou lhes abrir oportunidades até então inacessíveis, é fácil fazer a escolha e concedê-la."

Lillian Bauer era extremamente talentosa e motivada, mas levava tão longe as doações que estava comprometendo sua reputação e sua produtividade. "Ela nunca dizia não para nada", explicou um colega consultor. "Era tão generosa com o próprio tempo que às vezes as pessoas se aproveitavam dela. Isso realmente adiou sua promoção a sócia." Numa avaliação de desempenho, disseram-lhe que deveria ser mais egoísta: carecia da assertividade que se espera de uma sócia consultora. Passava muito tempo dando assistência às pessoas ao seu redor, e se empenhava tanto em ajudar os clientes que se desdobrava ao extremo para atender aos pedidos deles, às vezes em prejuízo próprio e da empresa. Sabia-se que Lillian "não era tão enérgica com os clientes quanto se esperava de um sócio, sobretudo naqueles momentos cruciais em que precisavam ouvir uma mensagem dura ou vinham pressionando na direção errada". Para ela, ser doadora tornou-se um obstáculo para o avanço na carreira.

Em um estudo que reflete a experiência de Lillian, os professores de administração Diane Bergeron, Abbie Shipp, Ben Rosen e Stacie Furst analisaram mais de 3.600 consultores em uma grande empresa prestadora de serviços.[2] Os pesquisadores codificaram os comportamentos de doação com base nos registros das empresas referentes às horas por semana que cada consultor dedicava ao treinamento de novos funcionários, ao coaching de colegas menos experientes e ao compartilhamento de conhecimento ou expertise com os pares. Depois de um ano de acompanhamento semanal dos comportamentos de doação, os pesquisadores levantaram dados sobre salários, progresso funcional e promoções de cada consultor.

Os doadores apresentaram os piores resultados sob todos os três critérios. Recebiam aumentos salariais muito mais baixos, progrediam com mais lentidão e eram promovidos com menos frequência. Em média, os aumentos salariais dos doadores se situavam em torno de 9%, em comparação com 10,5% e 11,5% dos tomadores e dos compensadores, respectivamente. Menos de 65% dos doadores eram promovidos para funções gerenciais, bem abaixo dos 83% e 82% alcançados pelos tomadores e compensadores. E os doadores que eram promovidos esperavam mais pela promoção: 26 meses, em média, comparados com menos de 24 meses para os tomadores e compensadores. Esse padrão era familiar para Lillian: "Se eu erro para algum lado, provavelmente é por ser generosa demais: ponho os outros em primeiro lugar, antes de mim mesma."

Centenas de quilômetros a oeste, na Deloitte Consulting, em Nova York, Jason Geller também percorria o caminho para se tornar sócio. Ao iniciar a carreira de consultor, a Deloitte estava em vias de adotar o e-mail e ainda não tinha um processo formal de gestão do conhecimento – a organização não dispunha de um sistema para armazenamento e recuperação das informações coletadas pelos consultores em setores e clientes específicos. Geller tomou a iniciativa de coletar e compartilhar informações. Ao ouvir sobre determinado projeto, pedia contribuições à equipe. Mantinha uma pilha de artigos na mesinha de cabeceira e os lia na cama. Quando encontrava algo interessante, arquivava o texto. Além disso, realizou pesquisas sobre o que os concorrentes da Deloitte estavam fazendo.

O sistema de gestão do conhecimento da Deloitte era o cérebro de Jason Geller e o disco rígido dele. Os colegas o apelidaram de J-Net, isto é, Jason Network, ou Rede Jason. Quando tinham perguntas ou precisavam de informações, era a ele que recorriam. Era mais fácil perguntar a ele que pesquisar por conta própria. E ele estava sempre disposto a dividir os conhecimentos de seu cérebro ou as informações de seu banco de dados cada vez maior. Ninguém pedira que criasse o J-Net; ele simplesmente o fez por parecer a coisa certa.

Depois de se formar pela Cornell University, Geller passou toda a carreira na Deloitte, fazendo, no meio-tempo, um MBA na Columbia University. Sentia-se grato pelo apoio que os mentores lhe proporcionaram. Um compensador teria retribuído, buscando maneiras de pagar o favor aos mentores. Mas, na condição de doador, assim como Lillian Bauer, Geller queria passar as boas ações adiante. "É a maneira natural de fazer as coisas. Os indivíduos bem-sucedidos são aqueles que ajudam os outros. Adotei espontaneamente essa prática. Percebi que muita gente havia criado oportunidades para mim, e agora trabalho com muito afinco para fazer o mesmo por outras pessoas." E, assim, Geller fez uma oferta irrevogável a todos os novos funcionários: iria ajudá-los e orientá-los de todas as maneiras possíveis.

A trajetória para se tornar sócio na Deloitte é percorrida em 12 a 15 anos. Geller antecipou-se aos padrões, conseguindo a façanha em apenas 9. Com apenas 30 anos, tornou-se um dos sócios mais jovens da história da empresa. Hoje, Geller é sócio da divisão de consultoria em capital humano.

O negócio de que é líder nos Estados Unidos e em âmbito global alcançou o primeiro lugar no mercado. Um colega, porém, o descreveu como um cara "que frequentemente evita os holofotes em favor dos pares". Na condição de titular da área de recursos humanos nos Estados Unidos e no mundo, Geller levou o J-Net a um novo nível e é um defensor incansável das tecnologias e processos formais de gestão do conhecimento em âmbito global. Com um misto de admiração e incredulidade, um analista observa que, "embora seja incrivelmente ocupado, ele mantém reuniões regulares com os analistas para ajudá-los em quaisquer dificuldades que estejam enfrentando no momento". Geller reluta em receber créditos por suas realizações, mas, depois de alguma insistência, reconhece: "Ser generoso é o que me tornou bem-sucedido aqui."

Embora Lillian Bauer e Jason Geller sejam ambos doadores, suas trajetórias foram muito diferentes. Por que a prática da doação atrapalhou a carreira dela e acelerou a dele?

A resposta intuitiva nos leva à questão dos gêneros, mas esse não é o principal diferencial – pelo menos não no sentido convencional. Lillian Bauer caiu em três armadilhas perigosas que ameaçam muitos doadores, homens e mulheres, nos relacionamentos com outras pessoas: excesso de confiança nos outros, de empatia e de timidez. Neste capítulo, meu objetivo é mostrar de que maneira doadores bem-sucedidos como Jason Geller evitam esses riscos, e como doadores como Lillian aprendem a superá-los, agindo com menos altruísmo e com mais alterismo. Tornar-se um capacho é o pior pesadelo dos doadores, e defenderei o argumento de que a abordagem alterista cria condições para que os doadores evitem a armadilha de serem confiantes demais, tornando-se altamente flexíveis e adaptáveis nos estilos de reciprocidade. Também sustentarei que o estilo alterista ajuda outros doadores a contornar os obstáculos de ser excessivamente empático ou tímido, redirecionando algumas habilidades que lhes são naturais.

Triagem da sinceridade – Confiar na maioria das pessoas na maioria das vezes

No capítulo de abertura, conhecemos um consultor financeiro australiano chamado Peter Audet, cujo estilo de doador rendeu-lhe bons resultados – como no exemplo da visita a um cliente sucateiro. Muito antes, entretanto, quando ainda não havia descoberto como ser mais alterista que altruísta,

Peter foi passado para trás por vários tomadores. Aos 22 anos, começou a carreira como consultor financeiro de uma empresa predadora. A atribuição dele era desenvolver, com agressividade, a divisão de seguros de uma organização que, basicamente, prestava serviços a clientes aposentados. Peter trabalhava nos fins de semana para gerar uma receita anual de seis dígitos, mas recebia uma fração minúscula do que produzia, levando para casa o salário mínimo de US$400 por semana. Ele ficou lá durante quase três anos, e aquela foi a pior época da sua vida. "Meu chefe era ganancioso. Nunca reconhecia o que você fazia. Só enxergava o que podia tirar de você." Como agradecimento pelos serviços de Peter, um dos clientes dele lhe enviou uma bela cesta de Natal. O chefe, homem rico que ia para o trabalho num Mercedes, viu o presente e imediatamente o levou para casa: "Sou o chefe. Isso é meu."

Peter sentiu que estava perdendo tempo e resolveu se arriscar por conta própria como consultor financeiro. Logo no primeiro ano quadruplicou sua renda. Cinco anos depois, porém, foi manipulado de novo por outro tomador. Brad, um colega bastante simpático, não estava indo bem no trabalho. Ele conseguira outro emprego em que começaria na semana seguinte e pediu um favor a Peter: que comprasse os clientes de Brad para que o colega pudesse deixar a empresa quanto antes. Como doador, Peter confiou em Brad e concordou na hora. Comprou os clientes de Brad e começou a estabelecer relacionamentos com eles, esforçando-se para resolver os problemas financeiros de cada um.

Depois de alguns meses, Peter começou a perder alguns dos novos clientes. Curiosamente, todos eram ex-clientes de Brad. Ocorre que Brad retornara ao negócio de consultor financeiro e telefonara para cada um dos clientes que repassara a Peter. Só queria que soubessem que ele estava de volta e que seus antigos clientes seriam bem-vindos se voltassem a trabalhar com ele. Brad roubou muitos dos novos clientes de Peter, sem pagar-lhe um tostão. Peter perdeu cerca de US$10 mil no negócio.

Se Peter tivesse identificado Brad como tomador logo no começo, jamais teria caído na armadilha. O excesso de confiança nos outros é uma das razões por que os doadores são tão suscetíveis ao efeito capacho: tendem a ver o melhor em todo mundo, e trabalham com base na premissa falsa de que todos são confiáveis. Em um estudo, os pesquisadores monitoraram os participantes para ver se haviam sido vítimas de crimes como estelionato, outras fraudes e falsidade ideológica.[3] Constatou-se que os doadores eram duas vezes mais propensos a ser vítimas que os tomadores, em geral como resultado direto de confiança indevida.

Para evitar ser ludibriado ou explorado, é fundamental distinguir os doadores genuínos dos tomadores e farsantes. Os doadores bem-sucedidos precisam saber quem tenderá a manipulá-los para que tenham condições de se proteger. Será que realmente reconhecemos os tomadores quando os vemos? Muita gente se considera capaz de identificar doadores e tomadores num piscar de olhos. Mas, na realidade, os palpites são extremamente imprecisos.

Não estou sugerindo que sempre fracassamos ao fazer deduções a partir de pequenas amostras.[4] Como Malcolm Gladwell revelou em *Blink – A decisão num piscar de olhos*, muitos de nossos julgamentos instantâneos de pessoas são surpreendentemente exatos. Num vislumbre, com frequência conseguimos identificar um professor apaixonado, um vendedor extrovertido ou um casal em crise. Enfrentamos, porém, grandes dificuldades na hora de adivinhar quem é um doador autêntico.

Em um estudo, economistas pediram a um grupo de alunos de Harvard que previssem os comportamentos doadores e tomadores de amigos próximos e de pessoas desconhecidas.[5] Os amigos e os estranhos receberam 50 fichas, cada uma valendo 10 ou 30 *cents*, com a incumbência de dividi-las entre si mesmos e os alunos de Harvard. Os alunos de Harvard não se saíram melhor na previsão de quanto os amigos doariam do que na previsão do comportamento dos estranhos. "Eles esperaram acertadamente que os amigos passariam mais fichas que os estranhos", escreveram os pesquisadores, "mas não previram mais fichas de amigos generosos que de amigos egoístas." Trata-se de um erro crucial, pois os amigos doadores acabam contribuindo com muito mais que os tomadores.

Quando tentamos focar nos sinais de reciprocidade de alguém, é fácil nos desviarmos do alvo em consequência do excesso de ruído. Ao julgar os doadores, geralmente nos baseamos em pistas da personalidade; ocorre, porém, que esses indícios podem ser enganosos. Em meio século de pesquisas, os psicólogos descobriram um traço de personalidade fundamental que mostra como as pessoas tendem a parecer nas interações sociais. É a chamada afabilidade, o mesmo conjunto de comportamentos e manifestações que levou Peter Audet a ser ludibriado por Brad.[6] Como Brad, as pessoas agradáveis tendem a parecer colaboradoras e gentis – procuram estar em harmonia com os outros, mostrando-se calorosas, simpáticas e receptivas. As pessoas desagradáveis, por outro lado, tendem a ser mais competitivas, objetivas e duras – sentem-se mais à vontade em situações de conflito, mostrando-se céticas e questionadoras.*

Tendemos a prejulgar as pessoas agradáveis como doadoras e as desagradáveis como tomadoras. Quando alguém que acabamos de conhecer parece agradável, é natural concluir que esteja imbuído de boas intenções. Caso se mostre frio e hostil, supõe-se que não se importe com nossos interesses.** Ao fazer esses julgamentos, entretanto, enfatizamos demais a concha da aparência externa e negligenciamos o que há em seu interior. Doar e tomar se baseiam em nossos valores e motivações, e são escolhas que fazemos independentemente de nossas personalidades nos projetarem como pessoas agradáveis ou desagradáveis.[7] É como explica Danny Shader, o empreendedor do capítulo de abertura, que, de início, rejeitou a proposta de financiamento de David Hornik: "Não é porque uma pessoa é gentil que ela tem o foco mais voltado para os outros, assim como alguém que não é gentil não tem necessariamente o foco mais voltado para si mesmo. São características independentes, não opostas." Quando se combina aparência externa e intenção interna, doadores agradáveis e tomadores desagradáveis são apenas duas das quatro combinações possíveis.

Geralmente nos esquecemos de que alguns doadores são desagradáveis: pessoas que são rudes e duras nas atitudes, mas que, em última instância, são generosas com os próprios tempo, conhecimento e contatos. Por exemplo, Shader menciona o falecido Mike Homer, que dirigia a área de marketing na Netscape:[8] "Ele podia ser rabugento ao extremo por fora, mas, por dentro, era maravilhoso. Nas horas difíceis, sempre fazia a coisa

---

* Novas pesquisas mostram que essas tendências são muito influenciadas por forças biológicas. Em um estudo, psicólogos usaram ressonância magnética para escanear o cérebro de pessoas que relataram se considerar agradáveis ou desagradáveis.[9] As pessoas agradáveis apresentaram maior volume nas regiões do cérebro que processam os pensamentos, os sentimentos e as motivações alheias, como o córtex cingulado posterior. De acordo com geneticistas comportamentais, pelo menos um terço da afabilidade, e, talvez, mais da metade, é hereditário – atribuível a genes. A maior ou menor afabilidade da personalidade parece ser, ao menos em parte, algo biológico.
** Os psicólogos de início cometeram o mesmo erro, incluindo características como altruísmo entre os traços de afabilidade. Pesquisas mais recentes mostraram que: (a) compaixão e gentileza são dois aspectos distintos da afabilidade; (b) compaixão se relaciona mais com honestidade e humildade que com afabilidade; e (c) afabilidade não se confunde com valores doadores. Em todo este livro, tive o cuidado de me concentrar basicamente em estudos que procuravam analisar explicitamente os tipos doador, tomador ou compensador. Em alguns momentos, porém, recorri a estudos sobre afabilidade para identificar doadores em lugares onde os itens da pesquisa se referiam expressamente à propensão para doar, como "Gosto de ajudar os outros".

certa, e era incrivelmente leal." Greg Sands, discípulo de Homer e diretor administrativo de uma instituição financeira, concorda: "Homer tinha um lado duro. Quando estabelecia determinada meta, passava por cima de tudo o que o impedisse de prosseguir. Tinha, porém, um grande coração, e queria ser útil. Ele, sem dúvida, se destacava em ambas as facetas" – doação e grosseria. Outro ex-funcionário assim se referiu a Homer: "Parecia um tomador, pois suas expectativas e exigências eram extremamente altas. Mas, no final das contas, ele realmente se importava com as pessoas. Numa hora, ele me pressionava por não estar conseguindo o que queria; em outra, ele me ajudava a definir qual seria meu próximo passo em minha carreira, qual seria a melhor posição para mim."

Outra combinação de aparência e motivação que vai contra a intuição é o tomador agradável, também conhecido como farsante. A exemplo de Ken Lay, da Enron, essas pessoas se mostram agradáveis e charmosas, mas, em geral, esperam tomar muito mais do que dar. A capacidade de identificar farsantes agradáveis é o que protege os doadores contra a exploração.

Embora nem sempre façam bom uso de suas qualificações, os doadores desfrutam de uma vantagem instintiva na triagem da sinceridade. Pesquisadores sugerem que, em geral, os doadores são mais exatos que os tomadores e compensadores ao prejulgar as pessoas.[10] Os doadores atentam mais para os comportamentos e se sintonizam melhor com os pensamentos e sentimentos do outro, o que possibilita a detecção de mais pistas – do tipo descrever o sucesso com pronomes singulares da primeira pessoa, como *eu* e *me*, em vez de *nós* e *nos*. Também levam vantagem na triagem da sinceridade em consequência de, habitualmente, confiarem nos outros, o que cria oportunidades para perceber a ampla gama de comportamentos de que as pessoas são capazes. Às vezes, os doadores são explorados pelos tomadores. Outras vezes, constatam que sua generosidade é retribuída ou até superada. Com o passar do tempo, os doadores se tornam sensíveis às diferenças e aos vários tons entre os agradáveis e desagradáveis.[11]

Os doadores, porém, se tornam capachos quando não ajustam a sintonia fina para reconhecer as diferenças entre a fachada e o interior. A propensão a doar primeiro e perguntar depois com frequência compromete a triagem da sinceridade. Lillian Bauer desenvolveu o hábito de abrir um espaço na agenda para praticamente todo mundo que precisasse dela, não importando quem fosse. Quando um cliente solicitava uma análise complementar, mesmo que tecnicamente não fosse parte do projeto, ela o atendia, querendo agradá-lo. Quando um analista júnior precisava de orientação, ela imediatamente o ajudava, sacrificando o próprio tempo pessoal.

Na Deloitte, Jason Geller intuitivamente adotou uma abordagem que muito se assemelha à triagem da sinceridade. Ele começa oferecendo ajuda a todos os novos contratados, mas, na conversa particular com eles, presta atenção a quem parece doador ou tomador. "Como não posso tomar a iniciativa de passar algum tempo com cada uma das pessoas da divisão, tento sentir quem é autêntico e quem é farsante. Alguns orientam a conversa na direção do aprendizado. Outros vão direto ao ponto: 'Quero ser promovido a consultor sênior. O que devo fazer?'" Geller presume que estes últimos são tomadores. "A preocupação deles é me dizer o que estão fazendo, tirando meia hora para me informar a respeito do que acham que devo saber, pois sua intenção é me impressionar. Não fazem perguntas inteligentes; tudo é muito superficial. Não nos aprofundamos o suficiente para que a experiência seja realmente útil."

Com o passar do tempo, à medida que sacrificava os próprios interesses, Lillian Bauer começou a reconhecer que algumas pessoas atuavam como tomadores: "São tão orientadas para si mesmas que vão sugar tudo o que puderem e depois irão para outro lugar, o que me levou a me tornar mais sistemática na ajuda aos outros." Ela começou a prestar mais atenção em quem pedia e em como a tratavam, e preparou uma lista de razões para dizer não. A fim de continuar a doar, só que de maneira mais eficiente, elaborou guias de orientação para gerentes e sócios, pondo no papel boa parte de seus conhecimentos, a fim de que não repetisse sempre a mesma ladainha aos tomadores. "Achei que essa era a maneira mais estratégica de doar", diz Lillian.*

Depois que passam a usar suas qualificações na triagem da sinceridade para identificar possíveis tomadores, os doadores aprendem quando ficar na defensiva. Mas, às vezes, essa conscientização ocorre tarde demais: os doadores já se tornaram leais a algum tomador. Quando se veem aprisionados em interações nas quais se preocupam com os interesses de tomadores, o que podem fazer para se proteger contra o efeito capacho?

---

* Neste capítulo, a pedido dos entrevistados, disfarcei a identidade de vários personagens. Lillian Bauer é um pseudônimo, assim como Brad e Rich na história de Peter Audet, além de Sameer Jain, alguém que vocês conhecerão mais adiante.

Olho por olho generoso – O doador adaptável

Vários anos depois de Brad roubar seus clientes e seu dinheiro, Peter Audet trabalhava com um sócio chamado Rich. Quando se associaram, Rich pareceu extremamente agradável: era entusiasmado e amistoso. Um colega, no entanto, observou que, "embora parecesse um doador por bancar o bom moço, ele era na verdade um tomador, e estava sugando tudo de Peter". O salário de Rich era alto, mais de US$300 mil por ano, mas ele não contribuía muito para o sucesso financeiro do negócio. Morava na cidade de Gold Coast, na Austrália, e passava o começo da manhã na praia, aparecia no escritório lá pelas 10 horas e saía para almoçar ao meio-dia. "Brad me dera uma ideia muito nítida das características de um tomador e percebi que Rich era um deles", lamenta Peter. "Eu estava sempre fazendo hora extra, enquanto Rich drenava o dinheiro do negócio. Ele não ligava para a equipe nem para os clientes; pior ainda, estava começando a corromper a cultura da empresa. Na verdade, por ter construído o negócio a partir do nada, explorava minha lealdade por ele."

Peter continuou retraído até uma segunda-feira, quando Rich anunciou que havia comprado uma casa de muitos milhões de dólares em Gold Coast. Precisava de US$100 mil e tirou o dinheiro da conta da empresa. Numa reunião do conselho de administração, naquele dia, Rich saiu cedo para se encontrar com amigos num pub. Foi a gota d'água para Peter; ele sabia que Rich não era mais confiável e prometeu aos conselheiros que cobraria a responsabilidade dele. Mas Peter ainda tinha que formular um plano – e, apesar de tudo, sentia-se culpado e sem jeito: "Rich era como um irmão mais velho." Um colega observou: "Seria difícil para qualquer um, mas, por Peter ser um doador, acho que para ele era ainda pior. Ele sabia qual poderia ser o desfecho, e queria poupar Rich disso."

Peter era vítima da empatia, a emoção poderosa de que somos acometidos quando sentimos as dificuldades de outras pessoas como se fossem nossas. A empatia é uma força predominante que impulsiona o comportamento dos doadores, mas também é uma grande fonte de vulnerabilidade. Quando Brad não ia bem e mudou de emprego, Peter sentiu sua dor e adquiriu os clientes dele sem hesitação. Ao imaginar como Rich se sentiria se fosse afastado da empresa, Peter teve pena, e não quis abandoná-lo.

Peter estava preso na armadilha da empatia, que se tornou visível em um estudo clássico sobre negociação. Pesquisadores reuniram pessoas aos pares para negociar a compra de produtos eletrônicos, como aparelhos de TV. Metade dos pares era de pessoas que não se conheciam; a outra metade, casais de namorados. Em cada par, um negociador era o vendedor; o outro, o comprador. Em média, qual dos dois tipos de pares alcançaria maior lucro conjunto: os estranhos ou os namorados?[12]

Presumi que os namorados se sairiam melhor, pois confiariam um no outro, compartilhariam mais informações e descobririam oportunidades para ganhos mútuos.

A verdade, porém, é que os namorados obtiveram resultados muito piores que os estranhos, produzindo um lucro conjunto mais baixo.

Antes da negociação, os pesquisadores perguntaram aos casais de namorados até que ponto estavam apaixonados. E constataram que quanto mais forte fosse o amor, pior era o resultado.

Os casais de namorados – sobretudo os apaixonados – atuavam como doadores altruístas. A abordagem comum era se compadecer das necessidades dos parceiros e ceder de imediato, sem considerar os interesses próprios. A preocupação com os parceiros gerava o efeito de "provocar curto-circuito nos esforços para descobrir soluções integradoras, buscando, ao contrário, resultados mais acessíveis, embora menos satisfatórios para ambas as partes", escrevem os pesquisadores, levando a uma abordagem de luva de pelica para a solução do problema. Ao estudarem doadores altruístas na mesa de negociação, surgiu o mesmo padrão. Os participantes que concordavam com afirmações como "Sempre ponho as necessidades dos outros acima das minhas" tinham medo de prejudicar o relacionamento, razão pela qual favoreciam a outra parte, fazendo concessões.

Como no caso dos casais de namorados apaixonados, a empatia transformara Peter em capacho – até que ele descobriu uma alternativa para ela que também é compatível com seus pontos fortes naturais como doador. Em vez de levar em consideração os sentimentos de Rich, Peter imaginou o que o outro pensava. Com isso teve um poderoso insight: Rich parecia interessado em enfrentar um novo desafio, o que permitiria a Peter apelar para o interesse próprio de Rich.[13] "Você, sem dúvida, não gosta de dirigir o dia a dia da empresa", Peter disse a Rich, "então por que não deixa a rotina por minha conta? Acho que já estou bastante maduro e tenho condições de fazer o serviço pesado." Rich concordou, manifestando o desejo de trabalhar em novos projetos capazes de gerar outras fontes de receita para o negócio. Peter apoiou a decisão e passou a dirigir as reuniões do conselho.

Peter realizou essa manobra ao entrar na mente de Rich, não no coração dele. Estudos liderados pelo psicólogo Adam Galinsky, da Columbia University, mostram que ser empático na mesa de negociações, focando as emoções e os sentimentos das outras partes, expõe-nos ao risco de doar demais.[14] Quando adotamos a perspectiva alheia, no entanto, considerando as ideias e interesses dos outros, tornamo-nos mais propensos a encontrar maneiras de fazer acordos que lhes sejam satisfatórios sem sacrificar nossos interesses próprios. Peter nunca teria descoberto essa solução se tivesse continuado a deixar que a empatia ditasse as regras. Ao deslocar o foco dos sentimentos para os sentimentos de Rich, conseguiu ver o mundo através dos olhos de um tomador e ajustar sua estratégia à nova perspectiva.

Apesar do sucesso em atrair Rich para uma função em que pudesse fazer menos estrago, Peter não conseguiu abandonar de todo o desejo de apoiar Rich e de ajudá-lo a ser bem-sucedido. Ao mesmo tempo, sabia que ainda havia muito espaço para que Rich continuasse explorando a empresa. Decidiu, então, confiar, mas vigiar: concedeu a Rich autonomia para trabalhar em projetos especiais, mas responsabilizou-o pelos resultados, pedindo que relatasse o progresso a cada 90 dias. "Dei-lhe a oportunidade de avaliar as próprias contribuições, possibilitando que agíssemos da mesma maneira." Depois de seis meses, Rich havia feito muito pouco. Peter preparou uma análise formal e escreveu um relatório para o conselho. "As contribuições de Rich se resumiam a quase zero, e não havia dúvida de que ele era o único responsável por isso. Apresentamos-lhe provas irrefutáveis de que ele tirava muito e não oferecia nada. A verdade por fim o convenceu." Rich preferiu deixar a empresa e se desfazer de sua parte do negócio.

Peter já não era mais capacho; tinha sobrepujado um tomador. Mais tarde, descobriu que Rich era ainda mais tomador do que imaginara: tinha uma grande linha de crédito com a empresa e ainda devia dinheiro aos bancos. Peter teve que pagar as dívidas, porque Rich estava insolvente. Quinze meses depois da partida de Rich, a empresa dera uma virada e já gerava lucro na casa dos sete dígitos; o moral dos empregados disparara e a rotatividade despencara, e ainda mais: estava concorrendo ao prêmio de empresa do ano em seu setor.

Depois que os doadores bem-sucedidos descobrem o valor da triagem da sinceridade e identificam os tomadores agradáveis como possíveis farsantes, eles se protegem, ajustando adequadamente os próprios comportamentos. A experiência de Peter oferece pistas de como os doadores evitam ser explorados pelos tomadores: tornam-se compensadores nas interações com eles. É bom começar como doador, pois as pesquisas demonstram que a confiança é difícil de construir e fácil de destruir. Quando se constata, porém, que a outra parte sem dúvida está agindo como um tomador, faz sentido para os doadores flexibilizarem seu estilo de reciprocidade e adotar uma estratégia compensadora – como fez Peter ao exigir que Rich retribuísse, agregando valor ao negócio. "Agora faz parte de minha natureza não dedicar muito tempo aos tomadores", diz Peter.

Em um experimento, psicólogos deram aos participantes a chance de trabalhar com parceiros competitivos ou cooperativos. Os tomadores atuavam de maneira competitiva, quaisquer que fossem os parceiros. Os demais se adaptavam aos parceiros; eram cooperativos quando trabalhavam com parceiros cooperativos e competitivos com parceiros mais competitivos.[15] Os especialistas em teoria dos jogos denominam esse comportamento *olho por olho*,[16] e é pura estratégia compensadora: comece cooperando e mantenha-se assim até que a outra parte se torne competitiva. Se o outro passar a competir, ajuste o comportamento para agir como ele. Essa é uma forma extremamente eficaz de permuta que venceu muitos torneios de teoria dos jogos. O olho por olho, no entanto, padece da "falha fatal", escreve o biólogo matemático de Harvard Martin Nowak, de "não ser tolerante o bastante para lidar com os infortúnios ocasionais".

Nowak descobriu que pode ser mais vantajoso alternar entre doar e compensar. No *olho por olho generoso*, a regra é "nunca esqueça uma boa ação, mas vez por outra perdoe as más ações". Você começa cooperando e continua assim até que a outra parte comece a competir. Quando isso acontecer, o comportamento do olho por olho generoso dita que, em vez de sempre contra-atacar, você retalie dois terços das vezes, cooperando em resposta a uma de cada três investidas. "O olho por olho generoso pode facilmente deixar de lado o ataque pela defesa contra a exploração", escreve Nowak. Essa abordagem promove um poderoso equilíbrio entre recompensar as doações e desestimular a exploração, sem ser demasiado punitivo. Mas envolve um risco: o olho por olho generoso encoraja a maioria das pessoas a agir como doadores, o que abre a porta para os tomadores "ascenderem de novo", competindo quando todos estão cooperando. Em um mundo onde os relacionamentos e as reputações são visíveis, porém, fica cada vez mais difícil para os tomadores tirar proveito dos doadores. De acordo com Nowak, "A estratégia generosa predomina durante muito tempo".

O olho por olho generoso é uma estratégia alterista. Enquanto os doadores altruístas cometem o erro de confiar nos outros o tempo todo, os doadores alteristas adotam, de início, a confiança como premissa padrão, mas estão sempre prontos para ajustar os estilos de reciprocidade nas interações com alguém que pareça tomador graças às suas ações ou à sua reputação. Ao atuar como alteristas, os doadores ficam atentos aos interesses próprios pelo espelho retrovisor, tomando o cuidado de confiar, mas também de verificar. Ao lidar com tomadores, mudar para o modo compensador é uma estratégia autoprotetora. Uma em cada três vezes, porém, é prudente retornar ao modo doador, oferecendo aos chamados tomadores a oportunidade de se redimir. Foi o que fez Peter Audet com Rich, ao oferecer-lhe a chance de justificar sua presença na empresa. Os doadores alteristas mantêm a crença otimista que Randy Pausch expressou em *A lição final*: "Espere o suficiente, e as pessoas vão surpreendê-lo e impressioná-lo."[17]

O valor do olho por olho generoso como abordagem alterista foi demonstrado por Abraham Lincoln na história de Sampson, no capítulo de abertura.[18] Depois que Lincoln resolveu sacrificar a própria candidatura para que Lyman Trumbull pudesse derrotar James Shields na corrida para o Senado, Trumbull foi atacado por tentar sabotar a carreira de Lincoln. A esposa de Lincoln, Mary Todd, disse que Trumbull havia cometido "traição egoísta", e cortou relações com a esposa dele, uma de suas melhores amigas. Lincoln, no entanto, era mais inclinado a perdoar e mostrou confiança no político: "Qualquer tentativa de semear inimizade entre você e eu será um esforço vão." Ao mesmo tempo, querendo se proteger de ciladas, Lincoln avisou a Trumbull que não se voltasse contra ele: "Embora não tenha mais suspeitas de você que de meu melhor amigo, estou em luta constante contra sugestões desse tipo." Trumbull retribuiu, ajudando Lincoln na candidatura seguinte dele ao Senado.

Em 1859, o prefeito de Chicago, John Wentworth, acusou Norman Judd de tramar contra Lincoln no intuito de apoiar Trumbull e promover a própria carreira política. Embora a esposa dele nunca tenha perdoado Judd, Lincoln lembrou a Judd: "Você de fato votou em Trumbull contra mim", mas interpretou a decisão de Judd com generosidade: "Acho que isso não foi uma injustiça para mim." Lincoln ajudou Judd a mediar o conflito com Wentworth, mas, então, pediu reciprocidade: "Será prejudicial para alguns se eu não conseguir a delegação de Illinois", escreveu Lincoln. "Você não poderia me ajudar um pouco nessa questão?" Judd retribuiu: publicou um importante editorial em apoio a Lincoln no *Chicago Tribune* na semana seguinte, garantiu a realização da Convenção Republicana em Chicago, onde Lincoln tinha apoiadores, e certificou-se de que os detratores de Lincoln se sentassem nos fundos, limitando sua influência. Embora o padrão de Lincoln se alinhasse com o espírito doador, ele reconhecia o valor das permutas ocasionais e se beneficiava com o olho por olho generoso. A grande atenção que prestava ao ponto de vista dos outros lhe deu "a capacidade de prever, com exatidão extraordinária, o que os adversários provavelmente fariam", explicou a filha da secretária dele, e ele usava essas previsões para "dar-lhes o xeque-mate".

Quando começou a orientar os novos contratados na Deloitte, Jason Geller adotou uma versão do olho por olho generoso. No fim da primeira reunião com um trainee, Geller faz uma oferta: "Se essa conversa foi útil, eu ficaria feliz de repeti-la todos os meses." Se a pessoa concordar, Geller marca na agenda dele reuniões mensais sucessivas, sem data de interrupção. Além de oferecer-lhe oportunidades para doar, as reuniões mensais produzem o benefício colateral de ajudá-lo a identificar os prováveis tomadores. "Parte da importância do diálogo contínuo é poder descobrir com muita rapidez quem está fingindo, pois as boas conversas e os bons relacionamentos se alimentam reciprocamente", explica Geller. "É fácil fingir de seis em seis meses, mas não quando os encontros são mais regulares. Por isso estimulo as pessoas a programar reuniões mensais. É uma das maneiras pelas quais você descobre quem está sendo autêntico, ao mesmo tempo que provoca maior impacto." Quando Geller descobre que um colega é um tomador, ele continua a doar, mas torna-se mais cuidadoso na abordagem. "Não passo a ajudá-los menos, mas a ajuda muda. Ouço e me envolvo, mas não dialogamos; já não há tanto coaching. Não é que conscientemente eu não me disponha mais a auxiliá-los tanto quanto antes, mas a natureza humana me leva a investir mais tempo onde o retorno é maior – para ambas as partes."

De início, Lillian Bauer não mudou muito sua forma de atuação em consequência do estilo de reciprocidade do interlocutor. Antes de começar a triagem da sinceridade, ela era generosa com todos. Isso mudou depois que ajudou uma amiga da família que lhe pedira orientação sobre como conseguir emprego numa grande empresa de consultoria. Lillian a atendeu com a generosidade de sempre: passou mais de 50 horas treinando a candidata à noite e nos fins de semana, e estabeleceu conexões para ela em sua própria empresa e em várias concorrentes. A candidata acabou recebendo ofertas da empresa de Lillian e de uma outra, e acabou escolhendo a da amiga. Mas então, apesar do fato de Lillian e seus colegas terem dedicado muito tempo e energia ao recrutamento dela, a candidata pediu transferência para outro escritório, em outro país. Lillian havia sido ludibriada por uma tomadora agradável. "As conversas giravam em grande parte sobre o que era melhor para ela, e apenas para ela. A maneira como falava sobre a decisão deixou claro que ela se limitaria a ajudar a si mesma." Sentindo-se explorada, Lillian aprendeu a ser mais cuidadosa no relacionamento com os tomadores. "Depois daquilo, mudei completamente meus sentimentos em relação a ela, e me dispus a não ser tão generosa."

Por meio de uma combinação de triagem da sinceridade e olho por olho generoso, Lillian evitou se tornar capacho na orientação de tomadores. Ainda não superara, no entanto, a dificuldade em questionar os clientes e em dizer não a alguns pedidos. "Continuava concordando demais com os clientes, em vez de contestá-los." O que é necessário para que os doadores se tornem mais assertivos?

Assertividade e o paradoxo da atitude de agente

Linda Babcock, economista da Carnegie Mellon University, olhou para seus dados desanimada. Quando homens e mulheres tinham o mesmo nível de qualificação, a remuneração deles era muito superior. Embora estivéssemos no século XXI, os homens com MBA pela universidade em que trabalhava recebiam salários 7,6% mais altos que as colegas.[19] A Carnegie Mellon é uma das melhores instituições técnicas do mundo, ostentando 18 ganhadores do Prêmio Nobel, sendo 7 só em economia. Quando os estudantes se matriculam no MBA, estão aceitando um sério desafio. A escola oferece pós-graduação em finanças para o setor de informática, economia quantitativa e engenharia de software, e mais de 40% dos MBAs da Carnegie Mellon aceitam convites de emprego em instituições financeiras. Nesse ambiente, os números referentes a salários sugerem que as mulheres ainda enfrentam um teto de vidro. Linda calculou que, ao longo de uma carreira de 35 anos, esse hiato significa que cada mulher perde em média mais de US$1 milhão.

O abismo entre gêneros, entretanto, não era consequência de um teto de vidro. Homens e mulheres recebiam propostas iniciais semelhantes, e as discrepâncias surgiam ao assinarem o contrato de trabalho. Depois de uma análise mais cuidadosa, Linda descobriu uma diferença drástica entre homens e mulheres quanto à disposição de pedir mais dinheiro. Mais da metade dos homens – 57% – tentava negociar o salário inicial, em comparação com apenas 7% das mulheres. Os homens eram oito vezes mais propensos a negociar que as mulheres. Em média, os alunos que negociavam (na maioria, homens) melhoravam em 7,4% os salários iniciais, o suficiente para explicar o abismo entre os gêneros.

A discrepância na disposição para negociar não se limitava ao mundo quantitativo dos MBAs da Carnegie Mellon. Em outro estudo, Linda e colegas recrutaram participantes para jogar quatro rodadas de um jogo para formar palavras, recebendo algo entre US$3 e US$10. Quando terminavam, os pesquisadores atuavam como tomadores, pagando-lhes o mínimo de US$3 e perguntando: "Três dólares está bom?" Novamente, os homens pediram pagamento superior oito vezes mais que as mulheres. O estudo seguinte foi igual ao anterior, exceto que os pesquisadores entregavam aos participantes o mínimo de US$3, sem perguntar se estava bom. Nenhuma das mulheres pediu mais dinheiro, enquanto 13% dos homens tomaram a iniciativa de pedir mais. Com outro grupo de participantes, os pesquisadores entregaram US$3 e disseram: "O pagamento exato é negociável." A maioria dos homens (59%) aproveitou a oportunidade e solicitou mais, em comparação com apenas 17% das mulheres. No todo, os homens se mostraram 8,3% mais propensos a demandar mais dinheiro que as mulheres. Em cada caso, as mulheres se comportaram como capachos, permitindo que os tomadores tripudiassem sobre elas. Pesquisas mostram que uma das principais razões de as mulheres tenderem a negociar com menos assertividade que os homens é o receio de não corresponderem às expectativas sociais de serem calorosas e amáveis.*

No entanto, as mulheres não são as únicas a se mostrarem ingênuas na mesa de negociação. O efeito capacho é uma maldição que aflige doadores de ambos os gêneros. Em vários experimentos, doadores homens e mulheres se dispuseram a fazer grandes concessões só para chegar a acordos que deixa-

---

* Isso suscita uma questão mais ampla: as mulheres seriam mais propensas que os homens a atuar como doadoras?[20] A psicóloga Alice Eagly e seus colegas da Northwestern University analisaram sistematicamente centenas de estudos sobre comportamentos de doação, como ajudar, compartilhar, confortar, orientar, socorrer e defender o próximo. Constataram, ao estudar seus comportamentos, que homens e mulheres apresentam a mesma tendência a serem doadores, mas agem de maneiras diferentes. Nas relações mais estreitas, as mulheres tendem a ser mais doadoras que os homens. Em média, as mulheres são mais propensas que os homens a doar órgãos a familiares, a auxiliar colegas de trabalho, a orientar subordinados e, quando médicas, a dar mais apoio emocional aos pacientes que os colegas do sexo masculino. Por outro lado, quando se trata de estranhos, os homens são mais propensos a atuar como doadores. Em média, tendem mais a ajudar em emergências e a arriscar a própria vida para salvar pessoas que não conhecem.

riam a outra parte feliz, mesmo que tivessem opções melhores.[21] E numa série de estudos liderados pelo professor Timothy Judge, da University of Notre Dame, quase 4 mil americanos responderam a uma pesquisa que revelava se eram doadores, indicando até que ponto tendiam a ser solidários, zelosos e confiáveis. Em média, os doadores obtinham uma renda 14% mais baixa que a dos colegas menos doadores, sofrendo um impacto negativo anual da ordem de US$7 mil na remuneração. Quando os dados foram divididos por gênero, a penalidade em termos de renda era três vezes maior para os homens em comparação com as mulheres.[22] Estas recebiam em média 5,47% menos que as colegas, totalizando uma diferença de US$1.828. Os homens recebiam em média 18,31% menos que os colegas, totalizando uma diferença de US$9.772.

Como já vimos no capítulo sobre comunicação não autoritária, os doadores tendem a ser humildes e a sentir desconforto quando se afirmam diretamente. Estudos em contextos mais controlados demonstraram que, em situações de soma zero (em que, para um ganhar, outro tem que perder), os doadores frequentemente se retraem ao defender os próprios interesses: ao negociar salários, fazem reivindicações mais modestas que os compensadores e tomadores, e acabam aceitando resultados menos favoráveis.[23] Essa relutância em ser assertivo é ainda mais comum entre doadores agradáveis, que pagam o preço do próprio bolso.*

---

* Embora existam evidências consistentes de que a falta de assertividade é uma das razões de os doadores enfrentarem desvantagem, há um segundo fator em jogo.[24] Os doadores frequentemente escolhem carreiras de baixa remuneração: dispõem-se a ganhar menos para fazer mais diferença. Um estudo recente replicou a descoberta básica de que os doadores ganham menos mesmo quando se consideram as ocupações a que se dedicam, mas, nesse caso, a desvantagem é menor – sugerindo que parte da diferença decorre do fato de os doadores aceitarem empregos com remuneração mais baixa. Como exemplo, o economista Robert Frank, de Cornell, descobriu que os profissionais em ocupações situadas na extremidade superior do espectro de responsabilidade social recebiam salários anuais cerca de 30% menores em relação àqueles que se situavam no meio e 44% menores em relação àqueles que se situavam na extremidade inferior. Os funcionários do setor privado obtinham salários anuais em média 21% superiores aos dos do setor público, que, por seu turno, recebiam salários 32% superiores aos dos de organizações sem fins lucrativos. Adivinhe quem tem maior tendência a trabalhar no setor público e em ONGs? Os doadores. Em um estudo divertido, Frank pediu a alunos de economia que pensassem em fazer exatamente o mesmo trabalho em duas organizações diferentes: uma com fortes valores doadores e outra... nem tanto. Os alunos relataram que aceitariam: (1) salário 50% mais baixo para trabalhar como redator de propaganda para a Sociedade Americana do Câncer em vez de para a empresa de cigarros Camel; (2) salário 17% mais baixo para trabalhar como contador em um museu de arte em vez de numa empresa petroquímica; ou (3) como recrutador no Corpo de Paz em vez de na Exxon Mobil. Curiosamente, os homens se mostraram menos dispostos a sacrificar os salários que as mulheres. Evidentemente, se os participantes reafirmariam as mesmas preferências na vida real é outra questão – mas eu apostaria que os doadores altruístas tenderiam mais a fazê-lo que os doadores alteristas.

Numa empresa de prestação de serviços, um homem que chamarei de Sameer Jain era um doador que sempre se tornava vítima do efeito capacho.[25] Sameer foi o primeiro da turma na escola e seu desempenho no trabalho se classificava entre os 10% superiores de todos os funcionários de sua empresa. Dedicava boa parte do tempo a ajudar os colegas e a orientar novos contratados. Embora seu desempenho fosse de alto nível, ele via os amigos de outras organizações serem promovidos com mais rapidez e receber remuneração superior à dele. Mesmo assim, nunca negociava o salário nem pedia aumento. Em várias ocasiões, soube de colegas assertivos cujo desempenho não era melhor que o dele que negociaram aumentos e promoções, ultrapassando-o na hierarquia da empresa. "Eu não pressionava o suficiente para conseguir os mesmos resultados. Não queria criar problema para os outros nem ultrapassar os meus limites."

Criado na Índia, Sameer era ingênuo, o que o tornara objeto de piadas na família. O pai crescera na pobreza e aprendera a ser um negociador feroz, que pechinchava por qualquer coisa, trazendo a família para a classe média. Sameer cresceu cercado de cuidados, sem necessidade de se afirmar perante os outros. Agora, a subserviência dele incomodava a esposa, que também era uma negociadora firme. Quando começaram a namorar, Sameer estava pronto para assinar o contrato de locação de um apartamento. A esposa interveio, barganhou em nome dele e reduziu o aluguel em US$600 por ano. Ele ficou impressionado, mas também envergonhado. Desde então, sempre que fazem uma compra, conscientes de que ele agiria de forma submissa, a esposa atua como negociadora.

Depois de deixar a empresa de serviços, Sameer concluiu o MBA e recebeu uma oferta de emprego de uma empresa de tecnologia médica da *Fortune 500*, para ele o empregador ideal. Ele não estava plenamente satisfeito com as condições da oferta, mas, como sempre, relutava em negociar. "Eu me sentia pouco à vontade. Gosto do meu chefe e não queria incomodá-lo." Enfraquecendo ainda mais a posição de Sameer, a atividade econômica despencara e os colegas estavam aceitando qualquer coisa, sem muita discussão.

Mas algo foi diferente dessa vez. Uns dois meses depois, Sameer negociara aumentos da ordem de US$70 mil em sua remuneração total. Ele passara por uma mudança radical, deixando de ser capacho para se transformar em um negociador mais assertivo e mais bem-sucedido. "Minha esposa ficou perplexa e elogiou minha persistência e minha eficácia como negociador", diz. "Esse reconhecimento pela minha mulher de que sou um bom negociador é, para mim, a melhor das validações." O que teria levado Sameer a uma mudança tão radical?

A resposta pode ser encontrada em um experimento engenhoso conduzido por Linda Babcock e colegas. Os participantes eram 176 altos executivos de organizações privadas e públicas, com diferentes títulos, como CEO, diretor de operações, presidente, gerente administrativo e *chairman*.[26] Todos os executivos começaram com a mesma informação: um funcionário de uma empresa de software seria promovido e eles estavam negociando a sua remuneração na nova posição. Os executivos homens no papel do funcionário conseguiram uma média de US$146 mil, 3% a mais que a média das mulheres, de US$141 mil. Com uma frase, porém, Linda e colegas ajudaram as executivas mulheres a melhorar a média para US$167 mil, superando a dos homens em 14%.

Bastou dizer a elas que estavam desempenhando um papel diferente. Em vez de imaginar que eram o funcionário, as executivas mulheres deveriam se imaginar como mentoras dele. Agora, as mulheres eram agentes em defesa de interesses alheios. Curiosamente, elas não estabeleceram objetivos mais altos, mas estavam dispostas a lutar mais para alcançar seus propósitos, o que lhes proporcionou melhores resultados. Em um estudo semelhante, os pesquisadores Emily Amanatullah e Michael Morris pediram a homens e mulheres que negociassem os termos de uma oferta de trabalho atraente. Metade dos participantes foi instruída a considerar que eles próprios tivessem recebido a oferta e a negociar nessas condições. A outra metade foi instruída a imaginar que haviam indicado um amigo para o emprego e que agora eram responsáveis por negociar em nome dele.[27] Mais uma vez, todos os participantes estabeleceram objetivos semelhantes, fossem homens ou mulheres, ou estivessem negociando em nome próprio ou no de um amigo.

O comportamento real dos participantes nas negociações, porém, variou de maneira impressionante. Independentemente de estarem negociando em nome próprio ou em nome de outra pessoa, os homens pediram em média salários iniciais anuais de US$49 mil. As mulheres seguiram um caminho diferente. As que negociavam em nome próprio pediram, em média, salários iniciais de US$42 mil – 16,7% mais baixo que o dos homens.

Essa discrepância desapareceu com as mulheres que negociavam em nome de um amigo. Ao assumirem a atitude de agente, as mulheres se saíram tão bem quanto os homens, pedindo, em média, US$49 mil. Em outro estudo, Amanatullah e Morris chegaram aos mesmos resultados com executivos experientes negociando: os homens conseguiram os mesmos salários, não importando que estivessem negociando em nome próprio ou do outro, enquanto as executivas mulheres se saíam muito melhor quando negociavam para os outros. E os professores Bruce Barry e Ray Friedman, de Vanderbilt, descobriram que a curto prazo, em negociações sobre uma única questão, os doadores se saem pior que os tomadores, porque se dispõem a ceder fatias maiores do bolo para as outras partes. Essa desvantagem, porém, desaparece totalmente quando os doadores definem objetivos mais elevados e persistem neles – o que para os doadores é mais fácil quando negociam em nome de terceiros.

Defender interesses alheios foi a chave da mudança radical de Sameer. Ao se recusar a negociar com o primeiro empregador, Sameer estava pensando nos próprios interesses. Com a empresa de tecnologia médica da *Fortune 500*, adotou uma mentalidade diferente: estava representando os interesses da família. Ainda que fosse capacho quando negociava por si mesmo, ser doador significava que não queria decepcionar outras pessoas. "Usei esse artifício como uma arma psicológica voltada para mim mesmo, para me motivar", explica Sameer. "A solução foi me imaginar na condição de agente, como advogado da minha família. Na condição de doador, sentia-me culpado ao pressionar demais, mas, no momento em que comecei a pensar 'Estou prejudicando minha família, que depende de mim para isso', deixei de me sentir culpado por lutar pelos nossos interesses."

Ao incorporar um agente representando a família, Sameer reuniu forças para reivindicar um salário mais alto e o reembolso das mensalidades escolares. Foi uma estratégia alterista. De um lado, agia como doador: defendendo interesses alheios. De outro, defendia deliberadamente a família, cujos interesses se alinhavam estreitamente com os dele. Ao mesmo tempo, não estava pressionando tanto a ponto de se tornar um tomador: buscava um equilíbrio entre os interesses da família e os da empresa. "Meu sistema de valores garante que não farei nada que considere errado ou injusto", explica. "Não vou explorar ninguém, mas vou pressionar até o ponto que julgue correto."

Quando Sameer procurou pela primeira vez o novo chefe para negociar, ele pediu aumento de salário e reembolso das mensalidades do curso de MBA. O pedido era compatível com o que outras empresas estavam oferecendo, mas o chefe retornou com notícias decepcionantes do RH: não poderiam atender a nenhuma das duas reivindicações. A essa altura, Sameer sentiu o ímpeto de recuar. Queria ser doador em relação ao chefe, e receava que conseguir o que queria comprometesse o desempenho do chefe e onerasse demais o orçamento dele. Mas Sameer devia muito ao crédito educativo e se sentia responsável primeiro pela família. Insistiu no pedido e convenceu o chefe a pressionar o RH pelo aumento do salário e do bônus de admissão. Acabou conseguindo um aumento de salário de US$5 mil e do bônus de admissão também de US$5 mil. Na época, o bônus de entrada de US$10 mil já havia vencido. Sameer também pediu a prorrogação do vencimento, e conseguiu. O chefe garantiu que não poderia lhe conceder nada além daquilo.

Sameer já estava recebendo US$20 mil a mais só no primeiro ano, sem mencionar os dividendos adicionais resultantes do aumento de salário, mas ainda não alcançara tudo o que queria. Não estava recebendo o reembolso das mensalidades escolares, e resolveu encontrar outra maneira de prover a família. Como tinha muito tempo livre durante o último semestre escolar, negociou um sistema de consultoria para prestar serviços à empresa em meio expediente. A empresa concordou em lhe pagar US$135 por hora, o que renderia a Sameer mais US$50 mil em poucos meses. Então assinou o contrato, já tendo aumentado sua remuneração total em mais de US$70 mil. "Em grande parte, tornei-me capaz de continuar pressionando ao passar a atuar como agente", diz Sameer. "Não quero ser o pai de família que se deixa manipular. Isso me motivou a persistir. Fiquei mais corajoso."

Embora a defesa da família o tenha ajudado a ser bem-sucedido, Sameer ainda se preocupava com a maneira como aquela nova atitude afetaria sua reputação na empresa e seu relacionamento com o chefe. Ao fim das negociações, o chefe o surpreendeu: disse que admirava a assertividade de Sameer. "Ele passou a me respeitar mais por isso." Os doadores, em especial os agradáveis, muitas vezes superestimam a extensão em que a assertividade pode ser antipática. Mas Sameer tornou-se mais respeitado não só por negociar; também impressionou o chefe pela maneira como o fez. Quando o RH de início rejeitou o pedido dele, Sameer explicou ao chefe sua situação. "Não é só o aluguel que me preocupa agora. Tenho uma família para sustentar e empréstimos a pagar. Será que você não conseguiria me ajudar a enfrentar essas dificuldades?" Ao pedir em nome da família, não no dele próprio, Sameer preservava a imagem de doador. Mostrou que estava disposto a defender os interesses alheios, o que enviou uma mensagem positiva sobre como se dedicaria ao trabalho na hora de representar os interesses da empresa.

Linda Babcock e colegas chamam essa forma de atuação de *relato relacional*[28] – justificativa para um pedido em que se demonstra preocupação com interesses alheios, não só com os próprios. "Ao pedirem aumento salarial, as mulheres temem não corresponder às expectativas de serem voltadas para os outros e solidárias com o próximo, de terem personalidade doadora, em vez de tomadora", escrevem Linda e Hannah Riley Bowles. Embora esse receio de que a assertividade transgrida os padrões do gênero seja exclusivo das mulheres, doadores de ambos os sexos evitam contrariar o próprio estilo de reciprocidade. Se pressionarem demais, se sentirão tomadores, em vez de doadores. Ao defenderem outras pessoas, entretanto, a insistência se associa estreitamente aos valores de proteger e promover interesses alheios: os doadores podem dizer que estão cuidando do próximo. Ao fazer relatos relacionais, eles se apresentam como representantes de interesses alheios, o que é um modo eficaz de preservar a imagem de doador perante si mesmos e a sociedade.

Esse raciocínio se mostrou relevante para Lillian Bauer quando resolveu não mais permitir que os clientes a tratassem como capacho. "Quero ser generosa e conquistar a confiança dos clientes, mas isso não significa que possam pisar em mim", observa. Para conseguir recusar pedidos de clientes que não se enquadrassem no escopo de um projeto, ela recorreu a uma combinação de atitude de agente e relato relacional. Começando pela atitude de agente, Lillian passou a se ver como representante dos consultores da equipe. "Os doadores têm um lado protetor. Ao negociar com um cliente, sinto enorme responsabilidade pela minha equipe, o que me deixa mais disposta a impor um limite claro." Depois, ela desenvolveu o hábito de definir para os clientes a responsabilidade dela: "Quando um cliente faz uma solicitação absurda, explico que a equipe se sacrificaria demais para atendê-la, trabalhando noite adentro. Os clientes sabem que me desdobro no esforço de fazer o melhor para eles; quando recuo, meus argumentos são muito mais confiáveis: devo ter boas razões para dizer não."

Superando a ingenuidade

Eu me identifiquei com o progresso de Lillian. Quando calouro na faculdade, aceitei um emprego como vendedor de anúncios nos guias de viagens da Let's Go. Escritos e produzidos por alunos de Harvard, os guias Let's Go eram considerados a bíblia dos viajantes com orçamentos baixos, rivalizando com Lonely Planet, Frommer's e Rick Steve' como recurso indispensável para conhecer um país sem gastar muito. No meu primeiro dia, minha gerente me entregou uma lista de clientes e disse: "Esse pessoal gastou cerca de US$300 mil no ano passado com anúncios nos guias Let's Go. Basta telefonar para eles e convencê-los a anunciar de novo." Então se levantou e foi embora.

Ao constatar que não receberia qualquer treinamento, entrei em pânico. Não tinha conhecimento do produto nem experiência relevante. E nunca havia saído da América do Norte. Tinha só 18 anos e não sabia como me dirigir a gestores de grandes empresas internacionais.*

Reuni coragem e telefonei para um dos anunciantes tradicionais da Let's Go, um homem chamado Steven, que dirigia uma agência de viagens. No momento em que comecei a falar, percebi de imediato que ele estava furioso. "De início, fiquei feliz ao ver que minha agência era indicada nos livros, à parte de meu anúncio", rosnou, "mas logo descobri que as informações para contato estavam desatualizadas. Para que seus leitores pudessem me encontrar, tive que pagar centenas de dólares para manter os velhos endereços postais e contas de e-mail." Expliquei-lhe com educação que os departamentos de propaganda e editorial eram autônomos; poderia lhe garantir a exatidão dos anúncios, mas não tinha influência sobre o conteúdo dos livros em si. Steven não se importou; exigiu um desconto no anúncio para compensar o erro editorial e ameaçou não renovar o anúncio se não fosse atendido. Sentindo-me solidário com ele, prometi-lhe um desconto de 10%. Minha atitude transgrediu as políticas da Let's Go que constavam de meu contrato, proibindo todos os descontos não previstos de maneira expressa, o que foi um presságio de novos erros no futuro.

Depois de contatar várias dezenas de clientes, eu já havia concedido descontos outras três vezes e assinado muito poucos contratos, o que se tornou ainda mais humilhante quando descobri que a taxa de renovação de clientes da Let's Go era de 95%. Além de não gerar receita, quando um cliente pedia devolução de parte do pagamento pelo anúncio do ano anterior, eu cedia, tornando-me o primeiro funcionário a restituir dinheiro que já estava contabilizado. Ao me colocar no lugar dos clientes e tentar atender às necessidades deles, de todas as maneiras possíveis, eu os estava ajudando às minhas próprias custas – para não falar nas perdas para a empresa. Eu era um desastre, e estava disposto a ir embora.

---

* Só depois descobri que minha gerente me contratara porque meu antecessor se demitira depois de três semanas no emprego e ela estava desesperada em busca de um substituto. Fui a única pessoa a se candidatar para a vaga em 22 dias.

E essa não foi a primeira vez em que me excedi como doador. Quando tinha 14 anos, decidi praticar saltos ornamentais. Estava decidido a dominar o esporte. Não importava que eu não levasse nenhum jeito e morresse de medo de tentar novos saltos, pouco ligando para os colegas que não perdoavam minha falta de flexibilidade e me apelidaram de Frankenstein. Um dia, meu treinador trouxe um metrônomo na esperança de que eu melhorasse o ritmo. Depois de várias horas de esforço, ele me declarou desprovido de senso de ritmo.

Nos quatro anos seguintes, treinei seis horas por dia. No final das contas, disputei duas vezes a final do campeonato estadual e me qualifiquei duas vezes para a seleção olímpica nacional júnior. Mais adiante, competi nos campeonatos universitários pela equipe principal de Harvard. Durante o percurso, no entanto, sacrifiquei meu próprio sucesso. Vários meses antes da mais importante competição da minha vida, dispus-me a treinar dois de meus concorrentes. Ensinei-lhes novos mergulhos, critiquei seu estilo e revelei os segredos de minha entrada na água, mostrando-lhes como desaparecer no fim do mergulho.

Eles me retribuíram o favor me vencendo por poucos pontos nos campeonatos estaduais.

Na Let's Go, mais uma vez favoreci os outros em prejuízo próprio. Embora estivesse ajudando meus clientes a economizar dinheiro, atuava como capacho, perdendo receita para a empresa e sacrificando minha comissão. Mas na semana seguinte, por acaso, conheci uma nova gerente assistente da Let's Go, cuja posição fora criada em consequência da receita de propaganda gerada por meu antecessor. O emprego possibilitou que ela pagasse as mensalidades da universidade. Foi a inspiração de que eu precisava: percebi que meus colegas dependiam de mim. Como estudante, ainda não tinha mulher e filhos, mas podia me ver como agente de colegas universitários em busca de um emprego que lhes permitisse custear a própria educação e que ainda lhes oferecesse uma importante experiência de trabalho. Talvez eu agisse como capacho ao defender meus próprios interesses; porém, ao representar os interesses de outros estudantes, eu estava disposto a lutar para protegê-los.

Antes de uma negociação com um hoteleiro francês, que prometia ser acalorada, pois ele estava exigindo desconto, pensei em como a receita contribuiria para a criação de empregos, o que me deu ânimo para me impor. E acrescentei um relato relacional: se eu lhe desse desconto, teria que oferecer o mesmo benefício a outros bons clientes, pois eu tinha a obrigação de ser justo com quem confiava em mim. Ele acabou pagando o preço integral.

Depois de quatro meses, bati o recorde da empresa, gerando receita superior a US$600 mil, quase o dobro da marca de meu antecessor, além de conseguir mais de US$230 mil por meio de telefonemas para novos clientes potenciais. Vendi o maior pacote de anúncios de toda a história da empresa, e nosso presidente anunciou num jantar comemorativo que eu era "um dos melhores vendedores que já aparecera por lá". Aos 19 anos, fui promovido a diretor de venda de anúncios, o que me tornou responsável por um orçamento superior a US$1 milhão e pela contratação, treinamento e motivação de minha própria equipe.

Pouco depois dessa promoção, estourou a bolha da internet. Mais de uma dezena de clientes faliram, antes mesmo do começo da temporada de anúncios, e 6 de nossos 10 maiores anunciantes me informaram que suas verbas de propaganda haviam sido reduzidas e que não renovariam os contratos conosco. No final, a Let's Go perdeu 22 clientes leais e 43% da receita total dos anos anteriores. O pior golpe ocorreu quando nosso maior cliente telefonou. Era Michael, diretor da agência de viagens que havia comprado o pacote recorde do ano anterior. "Sinto muito lhe dar esta informação, pois adoramos o seu produto e valorizamos nosso relacionamento." Michael respirou fundo. "Mas, por causa de restrições orçamentárias e da queda no mercado de turismo, não sei se publicaremos anúncios este ano. Até para pensar na hipótese precisaremos de um grande desconto."

Sabendo que muitos empregos dependiam da receita da empresa de Michael, transformei-me em agente e retruquei. Como os rivais estavam suspendendo a publicação de seus anúncios, aquela era uma boa oportunidade para conquistar vantagem sobre os concorrentes – e haveria melhor hora para investir que numa recessão? Ele respondeu que conversaria com o chefe e voltaria a me telefonar. Na semana seguinte, ele ligou com a má notícia: tinha autorização para anunciar em nosso livro apenas se conseguisse o mesmo pacote do ano anterior, e somente com desconto de 70%. Isso reduziria a despesa dele de quase US$120 mil para pouco menos de US$40 mil.

Enquanto eu tentava calcular o desconto que poderíamos conceder, parti para uma sessão de treinamento de mergulho. Sentado no deque da piscina, ocorreu-me que havia uma grande diferença entre a prática de mergulho e a Let's Go. Os esportes individuais eram competições de soma zero, em que ajudar os concorrentes a vencer significava aumentar minhas chances de perder. Nos negócios, porém, era possível desenvolver transações nas quais todos saíssem ganhando; os interesses dos clientes não precisavam conflitar com os meus. Quando passei a considerar os interesses de Michael, percebi que ele talvez valorizasse produtos para distribuir de graça na agência. Soube por meio de colegas que nosso contrato de publicação dava à Let's Go o direito de vender ou licenciar qualquer conteúdo que não excedesse 20 páginas. Assim, ofereci-lhe o patrocínio de um novo produto: livretos de viagem da Let's Go com 20 páginas, que ele poderia oferecer aos clientes. Estes iriam gostar das dicas gratuitas sobre viagens e talvez ficassem mais tempo na agência ou se interessassem por voltar em outra ocasião. Como os recursos sairiam da verba de distribuição, não da verba de propaganda, ele talvez considerasse a possibilidade. Ao refletir de novo sobre os interesses de Michael, dei-me conta de que os livretos seriam mais valiosos para ele se os patrocinasse sozinho, em vez de misturar os anúncios dele com os de outras empresas. Chegamos a condições mutuamente vantajosas para patrocínio exclusivo e ele acabou gastando mais de US$140 mil, o que me levou a superar meu próprio recorde anterior de maior pacote de anúncios da história da empresa.

Embora a atitude de agente e os relatos relacionais tivessem possibilitado que eu me tornasse mais assertivo nas negociações, foi a adoção da perspectiva alheia que me ajudou a aumentar o bolo e a ser bem-sucedido em negociações do tipo em que todos saem ganhando. Em última instância, apesar da recessão das empresas pontocom, essa abordagem estimulou mais da metade de nossos clientes a aumentar seus pacotes de anúncios. Nossa equipe gerou um lucro superior a US$550 mil, possibilitando mais contratações de pessoal e o lançamento de novas iniciativas de marketing. Depois de meses de caçada a clientes inadimplentes para que liquidassem suas contas, tornei-me o único gerente da história recente da empresa a conseguir pagamento de 100% das contas a receber, reduzindo a zero o saldo de devedores. Fui eleito para o conselho de administração da empresa e recebi o prêmio de gestor do ano pela capacidade de liderança, pelo comprometimento e pela inteligência nos negócios. As lições que aprendi na Let's Go me marcaram para sempre e decidi passar toda minha carreira ensinando a outros doadores o que eu havia descoberto sobre a superação do efeito capacho.

Há muitos anos os pesquisadores sabem que os negociadores bem-sucedidos tendem a adotar um estilo alterista. Em uma análise abrangente de 28 estudos liderada pelo psicólogo holandês Carsten De Dreu, constata-se que os melhores negociadores não são tomadores nem doadores altruístas.[29] Os tomadores se empenham na reivindicação de valores: veem as negociações como competições em que alguém tem que perder para o outro ganhar, e não confiam nos adversários, barganhando com agressividade e ignorando oportunidades de criação de valor com base na compreensão dos interesses das outras partes. Já os doadores altruístas fazem concessões de mais, beneficiando os oponentes em detrimento de si mesmos. Os negociadores mais eficazes são alteristas: aqueles que demonstram grande preocupação com os interesses próprios e com os interesses das outras partes. Na busca de oportunidades para favorecer os oponentes e a si mesmos, os doadores alteristas desenvolvem raciocínios mais complexos e identificam soluções boas para todos que passam despercebidas pelos tomadores e pelos doadores altruístas. Em vez de apenas doar valor, como os doadores altruístas, os doadores alteristas primeiro criam valor. Quando chegam a doar fatias, todo o bolo já se tornou bastante grande para que doem mais *e* recebam mais.

Essa noção de expandir o bolo capta o ponto da virada na carreira de Lillian Bauer. Embora tivesse aprendido a se impor aos clientes e a limitar a ajuda e a orientação a tomadores, ela não estava disposta a deixar de auxiliar tomadores e compensadores. Quando associados mais novos que não pareciam tomadores precisavam de um favor, ela ainda doava com altruísmo, sacrificando demais o próprio tempo, sem considerar os próprios compromissos e obrigações.

Jason Geller adotava uma abordagem mais alterista: ele descobriu uma maneira de ampliar a oferta de doações sem aumentar o consumo de tempo. Convenceu outros participantes a compartilhar a carga de trabalho, criando oportunidades para que se tornassem doadores ao mesmo tempo que evitava se sobrecarregar. Como gerente sênior, quando os analistas juniores lhe pediam ajuda, Geller sugeria um almoço, para o qual também chamava uns dois gerentes novatos. Isso abria a porta para que os gerentes mais jovens tivessem acesso a ele e para que orientassem os analistas. "Também é uma ótima maneira para que esses gerentes conquistem o apoio de colegas ainda mais jovens", disse. Em vez de fazer ele mesmo todas as doações, conseguiu conectar os analistas juniores a vários mentores, que lhes proporcionavam uma base mais ampla de conhecimento e de orientação.

Depois de lhe dizerem que era generosa demais, Lillian Bauer adotou uma abordagem parecida com a de Geller. Passou a promover sessões de coaching em grupo, em vez de encontros individuais.

Perguntava a mim mesma: "Será que eu sou realmente a única pessoa capaz de ajudar nessa situação específica?" Tentava não me considerar o único recurso a ser otimizado, e comecei a conectar as pessoas entre si para que se ajudassem. Agora, sou muito explícita com aqueles a quem dou orientação. Digo a eles: "Alguém fez isso por mim, e vocês precisam fazer o mesmo por outras pessoas. Procurem retribuir essa generosidade."

Ao resolver não carregar o fardo sozinho, Lillian aumentou o bolo, possibilitando que suas doações exercessem um impacto maior, enquanto protegia o próprio tempo. "Quando se tem uma mistura natural de doadores, tomadores e compensadores na empresa", diz ela, "é possível fazer muito para reforçar a tendência doadora, combater a tendência tomadora mais agressiva e para inclinar os compensadores no sentido da doação. Todos se beneficiam com a energia e a satisfação resultantes."

Em vez de assumir que estão fadados a se tornar capachos, os doadores bem-sucedidos reconhecem que suas escolhas do dia a dia moldam os resultados que alcançam em situações de confronto competitivo. O perigo se situa menos na doação em si e mais na rigidez de adotar um único estilo de reciprocidade em todas as interações e todos os relacionamentos. Como diz o psicólogo Brian Little, mesmo que o estilo de doação seja natural para nós, a capacidade de prosperar depende de nos sentirmos à vontade com uma abordagem compensadora que se transforme em nossa segunda natureza.[30] Embora muitos doadores bem-sucedidos assumam de início o padrão de confiar nas intenções alheias, eles também têm o cuidado de investigar os contextos, em busca de possíveis tomadores, e estão sempre alertas para sentir as emoções e analisar os pensamentos dos tomadores, deixando de doar incondicionalmente e assumindo a atitude de olho por olho generoso. E, ao primeiro impulso de desistir e recuar, os doadores bem-sucedidos estão preparados para encontrar reservas de assertividade nos compromissos com as pessoas que mais importam para eles.

Para Lillian Bauer, essas novas estratégias resultaram em uma mudança radical. Ao aprender a explorar seus pontos fortes para defender interesses alheios e para interpretar as motivações do outro, ela ajustou o próprio comportamento e investiu nas pessoas sobre as quais exerça maior influência, estimulando-as a também ser doadoras. O efeito cumulativo foi deixar de ser capacho e se transformar em uma doadora bem-sucedida. Embora sua generosidade de início tenha retardado seu avanço, ela acabou chegando lá antes do esperado. Lillian Bauer foi uma das primeiras participantes do curso de consultoria a conseguir sociedade e na firma.

8

A conversão do avarento

Por que um time de futebol, uma impressão digital e um nome podem nos inclinar para outra direção?

> *Por mais egoísta que seja o ser humano, alguns princípios inerentes à sua própria natureza evidentemente o levam a se interessar pela sorte alheia, tornando necessária para ele a felicidade do próximo, ainda que dela nada extraia, a não ser o prazer de testemunhá-la.*
>
> — Adam Smith, pai da Economia[1]

Em 1993, um homem chamado Craig Newmark deixou a IBM depois de 17 anos para trabalhar na área de segurança de computação na Charles Schwab, em São Francisco. Solteiro e novo na cidade, ele buscou maneiras de agitar sua vida social. No começo de 1995, começou a enviar e-mails para amigos a fim de compartilhar informações sobre eventos artísticos e tecnológicos locais. O boca a boca se espalhou, e as pessoas começaram a ampliar as postagens, para divulgar oportunidades de emprego, ofertas de imóveis e vendas de produtos diversos. Em junho, a lista de destinatários aumentou para 240 pessoas. Tornara-se grande demais para remessa direta, e Craig a transferiu para um servidor. Em 1996, nascia um novo site, denominado craigslist.[2] No fim de 2011, havia sites craigslist em mais de 700 localidades em todo o mundo. Só nos Estados Unidos, cerca de 50 milhões de pessoas visitam o craigslist todos os meses, tornando-o um dos 10 sites mais populares do país – e um dos 40 mais visitados em todo o mundo.

O craigslist progrediu ao apelar para nossos instintos básicos de compensador. Facilita transações em que compradores e vendedores podem concordar quanto a um preço justo, trocando mercadorias e serviços pelo que cada parte acha que valem. Basicamente, o craigslist é um modo de comercializar valor em trocas diretas entre pessoas, promovendo o equilíbrio almejado pelos compensadores entre doar e tomar. "Não somos altruístas", escreve Newmark. "Sob certa perspectiva, somos como um mercado de pulgas."

Será que um sistema desse tipo poderia funcionar com base inteiramente em doações, em vez de em trocas?

Em 2003, Deron Beal resolveu descobrir. Da mesma maneira como Craig Newmark, Beal se mudara para outra cidade em que carecia de informações e iniciou uma lista de amigos com quem trocava e-mails. Seguindo o exemplo do craigslist, Beal queria criar comunidades de troca locais, em ambiente virtual, com acesso irrestrito, conectando pessoas em busca de mercadorias com outras dispostas a se desfazer delas. Porém, em um desvio radical dos padrões de transação do craigslist, Beal impôs uma regra básica inusitada: não se admitiam transações em dinheiro nem operações comerciais. A rede foi denominada Freecycle e todas as mercadorias deveriam ser oferecidas de graça.[3]

A ideia do Freecycle surgiu quando Beal desenvolveu e dirigiu um programa de reciclagem para empresas, em uma organização sem fins lucrativos denominada Rise, em Tucson, no Arizona. As empresas locais começaram a doar a Beal itens usados, ainda em boas condições mas não recicláveis, como computadores e escrivaninhas. Na esperança de doar os itens a pessoas que necessitassem deles, Beal passava horas ao telefone, oferecendo-os a instituições filantrópicas, mas fazia poucos avanços. Ao mesmo tempo, tinha uma cama que queria doar, mas os brechós não a aceitavam. Por fim concluiu que poderia resolver ambos os problemas por meio de uma comunidade on-line que reunisse doadores e recebedores com mais eficiência.

Beal divulgou um e-mail inicial anunciando o Freecycle para cerca de 40 amigos, convidando-os a participar e a difundir a ideia. Quando alguns dos primeiros membros do Freecycle começaram a postar itens para doar, Beal ficou desconcertado. Uma mulher queria doar uma um pote de tintura para cabelo pela metade, cuja validade venceria em questão de horas. "Deve ser usado logo", escreveu, "portanto, se alguém tiver urgência em pintar o cabelo, a hora é agora!" Um texano postou um item mais desejável – um equipamento de pesca –, mas com uma restrição. Somente o doaria a alguém cujo equipamento de pesca tivesse sido roubado. "Quando eu era garoto, roubei uma caixa com um equipamento de pesca. Como não consigo encontrar a pessoa para compensá-la, estou tentando fazer a segunda melhor coisa possível." Com alguns participantes procurando oportunidades para compensar e outros tentando doar lixo, o Freecycle parecia uma causa perdida.

Beal, porém, acreditava que o lixo de alguém pode ser um tesouro para outra pessoa. E algumas pessoas de fato doavam para o Freecycle verdadeiros tesouros que poderiam facilmente vender no craigslist. Alguém doou uma câmera em excelentes condições, que valia pelo menos US$200; não faltou quem oferecesse bons computadores, televisores de tela plana, cadeirinhas infantis para automóveis, pianos, aspiradores de pó e equipamentos para exercícios físicos. Em 2003, ao ser criado, o Freecycle contava com 30 membros. Em um ano, a rede cresceu com velocidade espantosa: havia mais de 100 mil membros espalhados por 360 cidades em todo o mundo. Em março de 2005, o Freecycle já havia chegado a um milhão de membros.

Recentemente, os cientistas sociais Robb Willer, Frank Flynn e Sonya Zak resolveram estudar o que leva as pessoas a participar de sistemas de intercâmbio desse tipo.[4] Eles tentavam compreender o acalorado debate entre cientistas sociais, muitos dos quais acreditavam que os tipos de permutas diretas que ocorrem no craigslist eram a maneira ideal de trocar recursos. Ao permitir que as pessoas transacionem valor entre si, nos dois sentidos, sistemas como o de Craig exploram o fato de as pessoas, na maioria, serem compensadoras. Alguns especialistas, no entanto, previram o rápido crescimento de alternativas como o Freecycle, em que os membros doam para alguém e recebem de outrem, nunca transacionando valor em mão dupla com a mesma pessoa. Os pesquisadores estavam convencidos de que, embora pressuponham que as pessoas sejam doadoras e que se deixem explorar pelos tomadores, esses sistemas de reciprocidade generalizada podem ser tão eficazes em facilitar a troca de bens e serviços quanto os sistemas de permuta direta.

A explicação intuitiva é que os dois tipos de sistema atraíam diferentes tipos de pessoa. Talvez os compensadores procurem o craigslist, ao passo que os doadores busquem o Freecycle.* É como Deron Beal me disse: "Se houvesse apenas tomadores, não haveria Freecycle." Mas a equipe de Willer descobriu que existiam mais aspectos em jogo.

Embora o Freecycle tenha crescido em parte por atrair pessoas já com forte inclinação para atuar como doador, realizou algo muito mais impres-

---

* Muitas páginas do craigslist realmente têm uma seção para doar itens, mas a popularidade delas é mínima em comparação com a das páginas de compra e venda.

sionante. De alguma maneira, conseguiu encorajar compensadores e tomadores a agir como doadores. Para descobrir como funciona o Freecycle, a equipe de Willer estudou amostras aleatórias de membros de ambos os sites. Para tanto, pesquisaram mais de mil participantes das duas organizações, residentes em dezenas de comunidades espalhadas pelos Estados Unidos, avaliando os estilos de reciprocidade deles ao pedir que respondessem a uma série de perguntas sobre se, em geral, preferiam maximizar os próprios ganhos ou contribuir para os ganhos alheios. Os doadores haviam doado, em média, 21 itens para o Freecycle. Os tomadores poderiam não ter doado nada, mas doaram em média mais de 9 itens cada um no Freecycle.

O curioso é que, na verdade, muita gente entra no Freecycle para tomar, não para doar. "As pessoas em geral descobrem o Freecycle como uma maneira de conseguir coisas de graça. Muitas chegam motivadas por isso", diz Beal. "Mas rapidamente podemos ver uma mudança de paradigma. Tivemos uma grande onda de casais jovens, que precisavam de ajuda em tempos difíceis. E receberam carrinhos de bebê, cadeirinhas infantis para automóveis, berços e outros itens. Mais tarde, em vez de vender as coisas que receberam no craigslist, começaram a doá-las."

O que leva as pessoas a ingressar em um grupo com a intenção de tomar e depois acabar doando?

A resposta a essa pergunta revela outra maneira de os doadores evitarem a base da escala de sucesso. Ao lidar com as pessoas, os doadores devem se proteger, praticando a triagem da sinceridade e atuando basicamente como compensadores em transações com os tomadores. Em contextos grupais, porém, os doadores dispõem de outro meio para se certificarem de que não serão explorados: conseguir que todos no grupo atuem mais como doadores. A estratégia foi preconizada por Jason Geller e Lillian Bauer, que pediram diretamente aos seus beneficiários que retribuíssem a orientação recebida, agindo como mentores para colegas mais jovens. Antes, Adam Rifkin, doador do vale do Silício escolhido como detentor do melhor networking pela *Fortune*, agiu da mesma maneira em relação a toda a sua rede de relacionamentos, incentivando os beneficiários de suas doações a ajudar outros membros, criando um padrão de doação. Conforme observei no capítulo de abertura, um indivíduo raramente adota um único estilo de reciprocidade em diferentes campos de atuação. Se um grupo segue um padrão de doação, os membros seguirão a norma e doarão, mesmo que sejam mais propensos a atuar como tomadores ou compensadores em outros domínios. Isso reduz os riscos de doar: quando todos contribuem, o bolo aumenta e os doadores não se veem na condição de contribuir com muito mais do que recebem.

O que caracteriza os grupos capazes de induzir seus membros a agir como doadores? No fim deste capítulo, descreverei uma prática eficaz que algumas das principais empresas e escolas de negócios do mundo estão adotando para motivar o espírito de doação entre tomadores e compensadores, assim como entre os próprios doadores. Antes, contudo, ao analisar o sucesso do Freecycle em motivar os compensadores e os tomadores a doar, podemos compreender com mais profundidade o que indivíduos e organizações podem fazer para fomentar níveis mais altos de doação. O ponto de partida é perguntar de antemão por que as pessoas doam.

O debate sobre altruísmo

Durante quase 40 anos, dois dos mais destacados psicólogos do mundo questionaram se a decisão de doar é meramente altruísta ou se, no fundo, envolve uma motivação egoísta. Em vez de limitarem o debate a termos meramente filosóficos, entretanto, manejaram armas bem mais letais: experimentos psicológicos.

O defensor do puro altruísmo é C. Daniel Batson,[5] que acredita que praticamos doações efetivamente altruístas quando sentimos empatia por alguém em estado de necessidade. Quanto mais intensa for a necessidade e mais forte nossa ligação com a pessoa carente, mais poderosa será a empatia. Quando isso acontece, concentramos nossa energia e nossa atenção no intuito de ajudá-la – não porque nos sentiremos bem em consequência disso, mas, sim, porque realmente nos importamos com o próximo. Batson acredita que, embora algumas pessoas sintam empatia com mais intensidade e com mais frequência que outras, praticamente todos os seres humanos têm essa capacidade – até os tomadores mais desagradáveis. Como disse Adam Smith, séculos atrás, "a emoção que sentimos pela miséria alheia de modo algum se limita aos virtuosos e aos humanitários, ainda que estes talvez a experimentem com a mais extrema sensibilidade. O maior malfeitor, o mais empedernido transgressor das leis da sociedade não a ignoram de todo".

O advogado do diabo é Robert Cialdini,[6] que sustenta não haver algo do tipo "puro altruísmo". Para ele, os seres humanos com frequência se mostram generosos, doadores e zelosos. Mas não acha que esses comportamentos sejam totalmente altruístas na origem. Na opinião dele, quando os outros sofrem, também sofremos – e isso nos motiva a ajudar. A primeira contestação de Cialdini à argumentação de Batson foi que, quando a empatia nos leva a ajudar, não o fazemos porque nosso objetivo derradeiro seja o bem do próximo. Ele sugere que, ao depararmos com um indivíduo em estado de necessidade, sentimo-nos aflitos, tristes ou culpados. Para atenuar esses sentimentos negativos, somos solidários. Cialdini acumulou um impressionante conjunto de estudos sugerindo que, ao experimentar aflição, tristeza ou culpa em relação a alguém em estado de necessidade, as pessoas se dispõem a ajudar.

Refutação de Batson: é verdade que às vezes se ajuda para aplacar sentimentos negativos, mas essa não é a única razão. E os sentimentos negativos nem sempre redundam em ajuda. Quando nos sentimos aflitos, tristes ou culpados, nosso principal objetivo é reduzir esses sentimentos negativos. Em alguns casos, ajudar é a estratégia escolhida. Em muitos outros, porém, podemos reduzir os sentimentos negativos de outras maneiras, como buscar distrações ou escapar totalmente da situação. Batson descobriu uma maneira inteligente de discernir se a empatia nos induz a ajudar porque queremos mitigar a aflição alheia ou a nossa própria aflição. Se o objetivo for atenuar nossa própria aflição, devemos escolher qualquer curso de ação que combata nosso mal-estar. Se o propósito for mitigar a aflição do próximo, devemos ajudar, mesmo quando isso envolver custos pessoais e quando outros cursos de ação forem capazes de melhorar nosso estado de ânimo.

Em um experimento, Batson e colegas ofereceram uma escolha aos participantes: ver uma mulher recebendo choques elétricos ou abandonar o experimento para evitar a aflição. Como era esperado, 75% desistiram. Mas, quando sentiram empatia pela mulher, apenas 14% foram embora; os outros 86% ficaram e se dispuseram a levar os choques no lugar dela. E, entre os que ficaram para ajudar, aqueles que desenvolveram mais empatia se mostraram dispostos a suportar quatro vezes mais choques que os participantes menos empáticos. Batson e colegas demonstraram esse padrão em mais de uma dúzia de experimentos. Mesmo quando é possível abrandar os sentimentos negativos evitando a situação, quem sente empatia fica e ajuda de qualquer maneira, mesmo com ônus pessoal de tempo e de dor. Com base nessa evidência, Batson concluiu que aplacar sentimentos desagradáveis não é a única razão para ajudar o próximo. Além disso, uma análise abrangente de 85 estudos reforça essa conclusão.

No entanto, Cialdini, um dos maiores pensadores sociais de nossa época, ainda não estava derrotado. Ele reconheceu que a empatia pode impulsionar a solidariedade. Sentimentos de preocupação e de compaixão certamente nos levam a agir em benefício dos outros, mesmo envolvendo custos pessoais. Mas não estava convencido de que essas atitudes resultavam de puro altruísmo, argumentando que, quando sentimos empatia por uma vítima em estado de necessidade, envolvemo-nos com tanta intensidade emocional que experimentamos a sensação de unicidade com ela. Nós a incorporamos ao nosso senso de identidade. Vemos mais de nós mesmos na vítima. E é por isso que ajudamos: na verdade, estamos ajudando a nós mesmos. Mais uma vez citando Adam Smith: "Na imaginação, colocamo-nos na situação alheia, imaginamo-nos suportando os mesmos tormentos, sentimo-nos na pele do outro, e até certo ponto nos tornamos a mesma pessoa, e, assim, temos certa ideia de suas sensações."

Cialdini e colegas realizaram vários experimentos para demonstrar essa tese. A empatia conduz ao senso de unicidade, o eu e o outro se sobrepõem, o que aumenta a solidariedade. A equipe de Batson rebateu outra vez: isso *é* altruísmo. Se sentimos empatia por outra pessoa a ponto de fundir a própria identidade com a dela, nós nos importamos tanto com ela quanto com nós mesmos. Como já não colocamos os nossos próprios interesses acima dos alheios, a ajuda é puro altruísmo.

Temos um impasse.

Ambos concordam que a empatia leva à ajuda. Os dois lados aceitam que o senso de unicidade é uma explicação importante. No fundo, porém, discordam quanto ao fato de a unicidade ser egoísta ou altruísta. Acredito na existência de um meio-termo entre os extremos, algo que Deron Beal já havia descoberto. Ao criar o Freecycle, a intenção dele era evitar que bens usados terminassem em aterros sanitários, doando-os para quem ainda quisesse usá-los. Ele, porém, também tinha alguns interesses pessoais em jogo. Em seu programa de reciclagem, havia um depósito cheio de coisas que não podia usar nem reciclar, e o chefe queria esvaziar o depósito. Além disso, Beal queria se livrar de um colchão velho. Nenhum dos amigos precisava daquilo, e a tralha era volumosa demais para jogar no lixo. Para se desfazer do item, teria que alugar um caminhão e levar o colchão para o aterro sanitário, onde lhe cobrariam pelo descarte. Beal percebeu que seria mais fácil e mais barato doar o colchão a alguém através do Freecycle.

Essa é a razão por que muitos tomadores e compensadores começam a doar no Freecycle. Trata-se de uma maneira eficiente de se livrar de coisas que já não querem e que provavelmente não conseguem vender no craigslist. Em pouco tempo, porém, Beal descobriu, por experiência própria, que quem de início doa com intenções egoístas começa a se importar com quem recebeu as doações. Quando o beneficiário combinou de apanhar o colchão, Beal ficou empolgado. "Achei que, dando-o a alguém, eu estava simplesmente me desvencilhando do colchão e que, na verdade, eu era o beneficiário", diz. "Mas, quando a pessoa apareceu na minha porta e me agradeceu, eu me senti bem. Apenas em parte foi um ato egoísta: eu estava ajudando alguém de uma maneira que me deixou feliz. O sentimento foi tão agradável que comecei a doar outras coisas."

Depois de 10 anos de pesquisas, cheguei à conclusão de que a experiência de Beal é o padrão, não a exceção. A unicidade é alterista. Quase sempre que doamos, somos motivados por um conjunto de diversos motivos envolvendo beneficiar o próximo e a nós mesmos. Os tomadores e os compensadores talvez se sintam mais propensos a doar quando percebem que podem promover os interesses alheios e os próprios ao mesmo tempo. Escreve o primatólogo Frans de Wall, em *A era da empatia*: "A dicotomia egoísta/generoso talvez não passe de uma digressão.[7] Por que tentar distinguir o eu do outro ou o outro do eu, se a fusão dos dois é o segredo por trás de nossa natureza cooperativa?"

Pense no caso da Wikipédia, a enciclopédia on-line escrita de graça por mais de 3 milhões de voluntários, dos quais mais de 100 mil contribuem com regularidade. Quando lhes perguntaram por que contribuem para a Wikipédia, quase nenhum voluntário disse ser induzido por motivos egoístas, como fazer novos contatos, melhorar a reputação, combater a solidão ou sentir-se valorizado e necessário. O valor relativamente altruísta de ajudar os outros também não era o único fator que enfatizavam. Os colaboradores da enciclopédia virtual não são necessariamente doadores em diferentes áreas de suas vidas, mas atuam como voluntários para resumir e referenciar exaustivamente os verbetes do site. Por quê? Com base em uma pesquisa, duas razões preponderaram sobre as demais: achavam divertida a atividade e acreditavam que a informação deve ser livre. Para muitos voluntários, escrever os verbetes é um trabalho alterista: oferece prazer pessoal e beneficia os outros.[8]

Para Beal, a estrutura alterista do Freecycle é uma das principais razões do crescimento tão acelerado da rede. Doar coisas de que não precisamos e ao mesmo tempo beneficiar os outros equivale em economia da doação aos favores de cinco minutos de Adam Rifkin: baixo custo para si mesmo e benefícios potencialmente altos para os outros. Vale notar que a declaração de missão formal do Freecycle salienta dois conjuntos de benefícios: os membros podem contribuir para o bem-estar do próximo e gerar ganhos para si mesmos. A missão é "desencadear um movimento de doação de alcance mundial que diminua o desperdício, economize recursos preciosos e reduza a sobrecarga de nossos aterros sanitários, ao mesmo tempo que cria condições para que os membros se beneficiem da força de uma comunidade mais ampla".

Além dessa estrutura alterista, um atributo central da comunidade Freecycle motiva as pessoas a fazer doações. Uma pista para o mecanismo se situa na história de um consultor francês que lutou durante anos para conquistar a confiança de um cliente potencial – até reconhecer o poder do senso de comunidade.

De inimigos a aliados

Durante a crise financeira global de 2008, dentre as muitas empresas que sofreram havia uma que chamarei de Nouveau. Sua sede ficava numa pequena cidade no interior da França cujos habitantes muito se orgulhavam do time de futebol local. Os fundadores da empresa tinham escolhido a cidade na tentativa de restaurar sua glória, mas a população estava encolhendo e os lucros vinham diminuindo, o que gerava pressões para que a transferissem para um centro urbano maior. Os executivos da Nouveau decidiram salvar a sede com uma reorganização drástica. Em busca de ajuda externa, o diretor financeiro promoveu uma licitação entre empresas de consultoria. A Nouveau estava disposta a trabalhar com aquela que apresentasse a melhor proposta, com exceção de uma que trabalhava com o principal concorrente da empresa havia anos. Os altos executivos da Nouveau receavam o vazamento acidental de informações privilegiadas.

O sócio principal da consultoria suspeita, que chamaremos de Phillippe,[9] sabia dessa desconfiança. Ele já apresentara propostas em outras licitações e todas tinham sido rejeitadas. Seus consultores reiteradamente explicaram ao cliente potencial as rigorosas políticas de confidencialidade da consultoria, mas os executivos da empresa não se convenceram. Por fim, os consultores concluíram que era perda de tempo continuar apresentando propostas. Phillippe, no entanto, estava verdadeiramente interessado em contribuir para o sucesso da Nouveau e liderou uma equipe na preparação e apresentação de uma proposta de reorganização. Tudo pronto, sentaram-se para um brainstorming: como provar à Nouveau que somos confiáveis?

A consultoria de Phillippe seria a última a se apresentar. No dia da reunião, ele chegou com cinco consultores a reboque. O grupo foi levado para uma grande sala, onde 10 executivos se sentaram diante deles. Os consultores apresentaram a proposta, e os executivos continuaram impassíveis. "Gostamos da proposta", disse um deles, "mas não podemos confiar na sua empresa. Por que iniciaríamos um relacionamento com vocês? Como nos certificaríamos de que vocês colocariam nossos interesses em primeiro lugar?" Phillippe lembrou-os das políticas de confidencialidade e do código de honra da consultoria, reforçando que a reputação deles dependia da preservação dos mais altos padrões de serviço aos clientes, mas a promessa caiu em ouvidos moucos.

Como esgotara todos os argumentos lógicos; Phillippe recorreu à única munição que lhe restava. Abriu a pasta e de lá tirou o cachecol azul do time de futebol da cidade. Vestindo-o como um símbolo de orgulho bairrista, ele fez um juramento: "Há muitos anos tentamos convencê-los de que nossas políticas de confidencialidade merecem confiança. Como as palavras não têm sido suficientes, gostaríamos de demonstrar nosso compromisso de outra maneira." Os cinco membros da equipe de Phillippe seguiram o exemplo do chefe e puseram os cachecóis do time de futebol ao redor do pescoço.

Os executivos da Nouveau estavam surpresos. Perguntaram que sócio assumiria a liderança do projeto. Phillippe deu um passo à frente: "Serei o líder, e começaremos nosso trabalho nas férias de agosto. Posso assumir esse compromisso porque seu escritório central é perto da minha casa."

Poucas horas depois, a empresa de Phillippe conseguiu o projeto.

Os executivos da Nouveau não sabiam que Phillippe era da mesma cidade. "Aquele era um trabalho de reorganização", explicou Phillippe, "e contar com alguém que se importava com a cidade e com seus habitantes era uma vantagem para a Nouveau e para os funcionários. Era muita coisa em comum."

Ter algo em comum é um importante fator de influência no comportamento dos doadores.[10] Em um experimento, psicólogos do Reino Unido recrutaram torcedores do Manchester United para um estudo. Ao caminharem de um prédio para outro, viam um corredor escorregando na grama, caindo com as mãos no tornozelo e se contorcendo de dor. O que fariam os torcedores? Ajudariam o acidentado?

Dependia da camisa que o corredor estivesse usando. Quando era uma camisa lisa, apenas 33% dos participantes o ajudavam. Quando era a camisa do Manchester United, 92% o socorriam. O psicólogo Jack Dovidio, de Yale, denomina esse fenômeno "ativação da identidade comum".[11] Quando se compartilha uma identidade com alguém, a doação a essa pessoa assume uma qualidade alterista. Se ajudamos indivíduos que pertencem ao nosso grupo, também estamos nos ajudando, na medida em que contribuímos para a melhoria dos interesses de todos.*

A identidade comum foi um ingrediente ativo fundamental que impulsionou o rápido crescimento do Freecycle e seus níveis de doação inusitadamente altos. Ao comparar os membros do craigslist e do Freecycle, a equipe do professor de Berkeley Robb Willer estava interessada na extensão em que cada grupo experimentava os conceitos de identificação e coesão. Quanto mais os membros se identificavam entre si, maior era a intensidade com que consideravam o craigslist ou o Freecycle parte importante de sua autoimagem e como expressão de seus valores centrais. Quanto maior era a coesão relatada pelos membros, mais eles se sentiam parte de uma comunidade relevante no craigslist ou no Freecycle. Onde, porém, os membros experimentariam maior identificação e coesão: no craigslist ou no Freecycle?

A resposta depende de como cada um interagia com cada site. Para aqueles que recebiam ou compravam poucos itens, as diferenças em identificação e coesão com craigslist ou com Freecycle não eram significativas. A intensidade com que os usuários se engajavam em um ou em outro site era mais ou menos igual. Para aqueles que recebiam ou compravam muitos itens, porém, as diferenças eram grandes: os participantes relataram graus de identificação

---

* Quando o corredor usava a camisa do time de futebol rival, o Liverpool FC, 30% prestavam socorro, o que levanta a questão da possibilidade de ajudar um rival. Antes da encenação da emergência, os torcedores haviam escrito sobre por que o Manchester United era seu time favorito, há quanto tempo torciam pelo time e como se sentiam quando o time ganhava ou perdia. Os participantes estavam pensando em si mesmos como torcedores do Manchester, razão por que a grande maioria não quis ajudar o adversário. Os psicólogos, porém, tinham uma carta na manga. Em outra versão do estudo, em vez de escrever sobre por que amavam o Manchester United, os torcedores escreveram sobre por que gostavam tanto de futebol, o que o esporte significava para eles e o que tinham em comum com torcedores de outros times. Quando o corredor torceu o tornozelo, os torcedores ainda estavam muito mais dispostos a ajudar se ele estivesse vestindo a camisa do Manchester United (80%) do que se estivesse usando uma camisa lisa qualquer (22%). Mas, quando o corredor usava uma camisa do time rival, o Liverpool FC, 70% dos torcedores ajudaram. Quando vemos o rival como outro torcedor de futebol, em vez de como inimigo, nós nos identificamos com ele. Frequentemente, deixamos de nos identificar com certas pessoas porque pensamos em nós mesmos – ou nelas – em termos muito específicos ou estreitos. Se encararmos com mais abrangência os pontos em comum entre nós, fica muito mais fácil perceber a doação como uma atitude alterista.

e de coesão muito maiores com o Freecycle do que com o craigslist. Esse dado continua sendo verdadeiro mesmo quando se consideram as tendências dos membros para doar: fossem eles doadores ou não, os participantes mais assíduos se sentiam mais ligados ao Freecycle que ao craigslist. Por que os participantes se sentiriam mais identificados e conectados com uma comunidade na qual doam de graça do que com outra em que fazem trocas em igualdade de condições?

A equipe de Willer argumenta que duas são as razões básicas pelas quais receber é uma experiência fundamentalmente diferente em sistemas de doações generalizadas, de um lado, e em sistemas de permutas diretas, de outro. A primeira distinção se situa nos termos da troca. Na permuta direta, o intercâmbio é uma transação econômica. Ao comprarem um item no craigslist, os membros sabem que os vendedores, em geral, estão tentando maximizar os próprios ganhos, sem muita preocupação com os interesses dos compradores. Em contraste, nas doações generalizadas, os doadores não ganham nada tangível dos beneficiários. Quando recebem um item no Freecycle, estes estão aceitando um presente de um doador, sem condições ou restrições. De acordo com a equipe de Willer, isso "sugere que o doador está motivado para agir no interesse do beneficiário em vez de no interesse de si mesmo", o que "indica uma expressão de solidariedade que vai além do valor instrumental associado ao item em si". Em comparação com a transação econômica, o item doado tem uma poderosa carga de valor ou emotiva.

A segunda distinção tem a ver com quem é responsável pelos benefícios recebidos. Quando se compra no craigslist e se adquire um item por bom preço, atribui-se a condição vantajosa à própria capacidade de negociação ou à bondade (ou ingenuidade) do vendedor. Você realiza uma transação com outro indivíduo; não está recebendo nada da comunidade craigslist. "Em consequência, os participantes de permutas diretas estarão menos inclinados a se identificar com o grupo, pois menor será a probabilidade de que desfrutem da experiência emocional de participação no grupo", escreve a equipe de Willer. Nas doações generalizadas, por outro lado, a comunidade é a fonte dos presentes recebidos. Um sistema eficaz de doações generalizadas tipicamente envolve ciclos de troca com a seguinte estrutura: a pessoa A doa à pessoa B, que doa à pessoa C. Ao receberem vários itens de diferentes pessoas, os membros do Freecycle atribuem os benefícios a todo o grupo, não a membros individuais.

Juntas, essas duas forças facilitam o desenvolvimento de vínculos com o Freecycle. Em vez de comprar um item de alguém, os participantes sentem que estão recebendo doações da comunidade. A gratidão e a predisposição favorável daí resultante os leva a se identificar com a comunidade, passando a se considerar membros do Freecycle. Assim que essa identificação se forma, os membros se tornam propensos a doar a quem quer que compartilhe a identidade Freecycle, o que reforça a inclinação para doar em toda essa comunidade, induzindo os membros a oferecer itens de que não mais precisam em resposta a pedidos. Ao doar o que não querem, os tomadores talvez sintam que, embora não estejam perdendo nada de valor, estão seguindo o padrão de doar, a fim de receber algo de graça quando recorrerem à comunidade. Para os compensadores, como a retribuição direta é impossível, a retribuição indireta é a segunda melhor hipótese – principalmente por estarem ajudando pessoas iguais a eles. Foi o que aconteceu com os pais que doaram artigos para bebês que haviam recebido antes: eles recuperaram o senso de intercâmbio recíproco e até equitativo ao doar itens de que não precisavam a outros pais em situações semelhantes.

As pessoas se sentem motivadas a doar quando se identificam como membros da mesma comunidade. Nem todos os indivíduos e grupos, entretanto, são igualmente propensos a atrair esse tipo de identificação. Algo mais na comunidade Freecycle estimula esse sentimento – um fator bem compreendido por Adam Rifkin.

A busca pela diferenciação ideal

Quando conheci Adam Rifkin, pedi a ele que me falasse sobre os contatos mais interessantes de sua rede de relacionamentos. "Uma das pessoas que mais admiro é Adam Rifkin", respondeu.

Ele não estava falando de si mesmo. Adam Rifkin desenvolveu uma forte conexão com outro homem chamado Adam Rifkin – escritor, diretor, produtor e ator de Hollywood.[12] Para evitar confusão, vou chamá-lo de Adam 2, referindo-me ao Adam que já conhecemos como Adam 1.

Em 1992, quando Adam 2 estava começando a carreira, Adam 1 se mudou para Los Angeles a fim de iniciar seu programa de doutorado no Caltech. Muita gente procurava Adam 1 quando, na verdade, queria falar com Adam 2. Na intuito de contatar seu xará para esclarecer a confusão, Adam 1 divulgou o próprio número do telefone na internet. Durante três anos, ninguém o procurou. Em 1996, Adam 2 estava em Nova York e um amigo lhe mostrou o site de Adam 1. "Eu não sabia nada de internet e fiquei impressionado com o que ele criara. Como eu já havia sido confundido várias vezes com ele, telefonei na mesma hora."

Já era de manhã na Costa Leste, mas ainda de madrugada na Costa Oeste. O som estridente do telefone despertou Adam 1, que atendeu ainda sonolento.

Adam 1 (grogue): – Alô?
Adam 2: – Adam Rifkin, quem fala é Adam Rifkin.
Adam 1: – Esperei minha vida toda por este telefonema.

À primeira vista, não tinham muito em comum, e, ao que parecia, não eram parentes. Adam 1 cresceu em Nova York; Adam 2, em Chicago. O primeiro era engenheiro de software; o segundo trabalhava com cinema. Quando se encontraram pessoalmente, porém, sentiram uma afinidade instantânea. "Adam 2 é um personagem fascinante", diz Adam 1. "A carreira dele em Hollywood e a minha no vale do Silício têm mais semelhanças do que imaginei. Quando alguém me pede uma referência em Hollywood, ele, em geral, é a pessoa que indico. Adam 2 já ajudou vários conhecidos meus. Muita gente em Hollywood é narcisista e egocêntrica, Mas Adam 2 é descontraído e solidário. Parece que seguimos a mesma filosofia."

"Adam 1 é um cara ótimo", conta Adam 2. "Temos o mesmo senso de humor. Ajudamos um ao outro sem cobranças. Nenhum de nós oferece alguma coisa na expectativa de receber algo em troca; só queremos ser úteis." Adam 1 foi quem apresentou Adam 2 ao Twitter. Quando este estava trabalhando num seriado da Showtime chamado *Look*, Adam 1 o convidou para ir ao norte da Califórnia fazer apresentações no YouTube e no Twitter. Por que será que os dois Adam Rifkin se identificam tanto um com o outro?

Se você acha que o fato de terem o mesmo nome exerce alguma influência, os dados sugerem que você está certo – pelo menos em parte. Brett Pelham, psicólogo da Universidade de Buffalo, constatou que parecemos preferir pessoas, lugares e coisas que nos lembram nós mesmos.[13] Como associamos com muita força nosso nome à nossa identidade, talvez sejamos levados a tomar decisões importantes com base em evocações do nosso próprio nome. Com o intuito de comprovar a hipótese, Pelham e colegas conduziram um conjunto de estudos controversos e espantosos.

Em cinco diferentes estudos, descobriram que as pessoas tendem inusitadamente a morar em lugares que lembrem seu prenome. Em um deles, a equipe de Pelham cruzou os nomes das 40 maiores cidades dos Estados Unidos com os 100 antropônimos (nomes próprios) mais frequentes localmente que tinham em comum com os topônimos as três primeiras letras. Em seguida, combinaram os nomes próprios pelo nível de popularidade em diferentes faixas etárias. Constatou-se que pessoas chamadas Jack tendem quatro vezes mais que pessoas chamadas Phillip a morar em Jacksonville, embora os nomes próprios sejam igualmente comuns. Os Phils aparentemente foram para a Filadélfia (Philadelphia), onde são muito mais numerosos que os Jacks. Não que esses indivíduos tenham sido batizados com o nome da cidade natal; as pessoas são mais propensas a mudar-se para lugares cujo topônimo lembre o antropônimo.

A mesma relação se aplica a carreiras: em 1990, Dennis era o quadragésimo nome de homem mais comum nos Estados Unidos. Jerry era o trigésimo nono, e Walter, o quadragésimo primeiro.

Havia 270 dentistas nos Estados Unidos chamados Jerry.

Havia 257 dentistas nos Estados Unidos chamados Walter.

Quantos dentistas se chamavam Dennis?

Estatisticamente, deveria haver algo entre 257 e 270. Na realidade, havia 482.

A probabilidade de que alguém chamado Dennis se torne dentista é o dobro da de outro chamado Jerry ou Walter. Outro estudo mostra que indivíduos com o sobrenome Lawyer são duas vezes mais propensos a se tornar advogados (*lawyers*, em inglês) que médicos, a taxas 44% mais altas que o acaso; a recíproca é verdadeira para pessoas com o sobrenome Doctor (doutor ou médico, em inglês), com probabilidade 38% superior ao acaso. A atração também se aplica a produtos e a pessoas que associamos conosco. Pelham e colegas descobriram que preferimos chocolates, biscoitos e chás cujas denominações incluem letras de nosso próprio nome – e que também nos sentimos mais atraídos por parceiros potenciais cujos nomes têm as iniciais do nosso.[14] E as evidências demonstram que a similaridade pode influenciar as pessoas a quem ajudamos. Os pesquisadores Jeff Galak, Deborah Small e Andrew Stephen estudaram mais de 289 mil empréstimos para mais de 23 mil tomadores no Kiva,[15] site de microfinanças em que os participantes podem fazer empréstimos tão pequenos quanto de US$25 para ajudar cidadãos nos países em desenvolvimento a escapar da pobreza como microempreendedores. As pessoas eram mais inclinadas a conceder microempréstimos a mutuários com quem tinham em comum as iniciais do nome ou da profissão.*

Parece que a semelhança entre indivíduos facilita em muito o processo de atração: as pessoas simplesmente parecem um pouco mais entusiasmadas, amistosas e abertas quando conhecem alguém que se assemelha a elas mesmas. Foi o que aconteceu com os dois Adam Rifkin quando se encontraram pela primeira vez. De início eles se deram bem com base em semelhanças superficiais, o que possibilitou que se conectassem com base em semelhanças reais – e começassem a ajudar um ao outro.

Os vínculos entre os dois Adam Rifkin, porém, vão além do fato de terem o mesmo nome. Para ilustrar, imagine que você esteja participando de um estudo junto com um estudante universitário. Um pesquisador tira as impressões digitais de ambos, com a desculpa de verificar se elas revelam algo sobre as personalidades. Vocês dois preenchem um questionário de avaliação de perfis. Quando os dois estão se preparando para ir embora, o estudante puxa algumas folhas de papel da mochila. "Estou fazendo um curso de inglês e preciso que alguém que eu não conheça critique meu ensaio. Será que você poderia ler essas oito páginas para mim e me dar uma página de feedback por escrito, avaliando se meus argumentos são convincentes e por quê? Preciso desse material amanhã, por volta desta mesma hora." Você o ajudaria?

Vocês dois eram do grupo de controle de um estudo liderado pelo psicólogo Jerry Burger, em que 48% dos participantes ajudaram. Mas outros participantes foram induzidos a acreditar que tinham algo em comum com o estudante que fazia o pedido. Depois de preencherem o questionário, o pesquisador examinava a folha de avaliação das impressões digitais e observava: "Interessante! Vocês dois têm impressões digitais Tipo E."[16]

Será que então você se sentiria mais inclinado a ajudar?

---

* Existem numerosas explicações alternativas para muitas dessas descobertas.[17] Uri Simonsohn, professor da Wharton Business School, analisou os dados e, mesmo acreditando que a semelhança de nomes *pode* influenciar nossas decisões, argumenta de maneira convincente que muitos dos estudos foram distorcidos por outros fatores. Por exemplo, ele acha que pessoas chamadas Dennis aparecem com mais frequência que o acaso não só entre dentistas, mas também entre advogados. Mas essa constatação não explica por que, como demonstram experimentos controlados, somos mais propensos a ajudar homônimos, assim como a comprar produtos e a gostar de parceiros potenciais cujas iniciais dos nomes coincidem com as de nosso nome. Tampouco justifica as conclusões de estudos recentes sobre como os nomes das pessoas podem sabotar o próprio sucesso. Os psicólogos descobriram que, em média, as pessoas cujos nomes começam com A e B tiram notas melhores e são aceitas em faculdades de direito mais renomadas que aquelas cujos nomes começam com C e D.

Depende de como a semelhança foi apresentada. Em metade das vezes, o pesquisador mencionou que as impressões digitais Tipo E são comuns: cerca de 80% da população se enquadra nessa categoria. Na outra metade das vezes, o pesquisador mencionou que as impressões digitais Tipo E são muito raras: caracterizam somente cerca de 2% da população.

Quando a semelhança era comum, 55% dos participantes ajudaram – pouco mais que no grupo de controle. Mas, quando a semelhança era rara, 82% dos participantes ajudaram. Não bastava qualquer ponto em comum para motivar os participantes a agir como doadores – tinha que ser um ponto em comum incomum. Nos estudos de Pelham sobre os efeitos da semelhança do nome da pessoa com o nome do local de residência, da carreira escolhida ou do cônjuge, esses efeitos são mais fortes para participantes com nomes raros que para aqueles com nomes comuns. Nós nos aproximamos de pessoas, lugares e produtos com que compartilhamos pontos em comum incomuns. Esse foi o vínculo que os dois Adam Rifkin sentiram ao entrarem em contato pela primeira vez. Adam Rifkin é um nome raro, e o ponto em comum incomum talvez tenha facilitado o processo de atração. De fato, a pesquisa de Pelham mostra que quanto mais singular for o seu nome, maior será a probabilidade de se identificar com lugares cujos topônimos o lembrem de seu nome de batismo.

Para explicar por que os pontos em comum incomuns são tão marcantes, a psicóloga Marilynn Brewer desenvolveu uma teoria sobre a influência. Por um lado, queremos nos encaixar: buscamos conexão, coesão, comunidade, pertencimento, inclusão e associação com os outros. Por outro lado, queremos sobressair: buscamos singularidade, diferenciação e individualidade. Ao navegarmos no mundo social, esses dois impulsos muitas vezes entram em conflito. Quanto mais intensa for nossa associação com um grupo, maior será o risco de perdermos o senso de singularidade. Quanto mais trabalharmos para nos diferenciarmos dos outros, maior será o risco de perdermos o senso de pertencimento.

Como resolver esse conflito? A solução é ser igual e diferente ao mesmo tempo. Marilynn chama esse princípio de *diferenciação ideal*: procuramos maneiras de nos encaixarmos e de nos destacarmos.[18] Um jeito popular de alcançar a diferenciação ideal é nos juntarmos a um grupo singular. Participar de um grupo cujos membros compartilham interesses, identidades, objetivos, valores, habilidades, características ou experiências nos proporciona um senso de conexão e de pertencimento. Ao mesmo tempo, participar de um grupo nitidamente distinto de outros nos oferece um senso de singularidade. Os estudos mostram que as pessoas se identificam mais intensamente com indivíduos e grupos com os quais compartilhem semelhanças singulares. Quanto mais raros forem o grupo, os valores, os interesses, as habilidades ou a experiência, maior será a probabilidade de que facilitem a formação de vínculos. E pesquisas indicam que as pessoas se sentem mais felizes em grupos que proporcionem diferenciação ideal, propiciando ao mesmo tempo um senso de inclusão e um senso de singularidade. Esses são os grupos de que mais nos orgulhamos, e nos quais nos sentimos mais unidos e mais valorizados.

O Freecycle oferecia de início um senso de diferenciação ideal por meio da ênfase na proteção ao meio ambiente. Seu objetivo central era diferente do da maioria dos movimentos de reciclagem: em vez de reprocessar materiais usados, os membros encontravam pessoas que queriam os bens não recicláveis, mantendo-os fora dos aterros sanitários. O propósito comum criava uma identidade compartilhada na comunidade Freecycle, fomentando o senso de conexão entre diversas ideologias. O grupo original de voluntários do Freecycle, em Tucson, incluía um democrata liberal apaixonado pela causa da sustentabilidade ambiental, um republicano conservador que não acreditava em desperdícios e um libertário que queria capacitar as pessoas a tomar iniciativas, em vez de depender do apoio governamental. Com o passar do tempo, à medida que o grupo se expandia e se diversificava, cada comunidade Freecycle fornecia meios para que as pessoas ajustassem as doações aos próprios interesses. Em Nova York, por exemplo, um grupo local cultivou o hábito de fechar um quarteirão da cidade para promover eventos de doação.

Ao fomentar a identidade comum e ao oferecer oportunidades de autoexpressão, o Freecycle foi capaz de mobilizar um sistema de doações baseado na reciprocidade generalizada: você doa para ajudar outras pessoas na comunidade e sabe que alguém na comunidade o ajudará. Mas a equipe de Willer constata que há um problema: esse sistema depende da "massa crítica de troca de benefícios", o que "cria sentimentos positivos em relação ao grupo, sentimentos que ajudam a impulsionar mais contribuições". Em outras palavras, os participantes só se identificam com os grupos de doações generalizadas depois de receberem benefícios suficientes para sentir como o grupo os está ajudando. No Freecycle, esse resultado não é de modo algum garantido; afinal, se os doadores do site houvessem sido oprimidos pelos tomadores que queriam se aproveitar deles, talvez todo o sistema jamais tivesse decolado. Como o Freecycle teria acumulado a massa crítica de doações e desencorajado essas explorações?

Por que o Super-Homem produz efeitos negativos e as pessoas economizam eletricidade

Quando o Freecycle foi lançado, um dos primeiros membros foi um homem de 98 anos que buscava peças para consertar bicicletas e as doava às crianças do bairro. Era um "modelo incrível de pessoa", lembra-se Deron Beal. Os residentes de Tucson se identificavam com o homem. Quando o viam doando, como membro daquela comunidade singular, sentiam-se impelidos a seguir o exemplo. Jonathan Haidt, psicólogo da Universidade de Nova York, se refere a esse *enlevo*,[19] sentimento caloroso de ser movido pelas boas ações alheias, que às vezes "parece apertar um 'botão reiniciar' mental, substituindo o cinismo pelo senso de inspiração moral". Quando em enlevo, escrevem Haidt e a psicóloga Sara Algoe, "temos a impressão de que ficamos (por um momento) menos egoístas, e queremos agir em consonância".

Não foi só a identidade comum, entretanto, que fez desse homem idoso um modelo tão inspirador. Considere o experimento dos psicólogos Leif Nelson e Michael Norton, que pediram aos participantes, aleatoriamente, que listassem 10 atributos de um super-herói ou 10 atributos do Super-Homem.[20] Quando convidados para se inscrever como voluntários de um programa de prestação de serviços comunitários, os participantes do grupo que listou atributos de um super-herói se mostraram duas vezes mais propensos a se voluntariar que os participantes do grupo que listou atributos do Super-Homem. Três meses depois, Nelson e Norton convidaram membros de ambos os grupos para a reunião inicial do programa de voluntariado. As pessoas que escreveram sobre um super-herói se revelaram quatro vezes mais inclinadas a comparecer que os participantes do grupo do Super-Homem. Pensar em um super-herói três meses antes estimulou a doação; em comparação, pensar no Super-Homem na mesma época surtiu o efeito contrário. Por quê?

Quando pensamos sobre os atributos gerais dos super-heróis, geramos uma lista de características desejáveis que podemos associar a nós mesmos. No estudo, por exemplo, os participantes escreveram sobre como os super-heróis são úteis e responsáveis, e quiseram expressar esses valores doadores, o que os levou a se voluntariar. Quando os participantes escreveram especificamente sobre o Super-Homem, porém, o que veio à mente foi um conjunto de padrões impossíveis, como os popularizados no seriado *As aventuras do Super-Homem*: "Mais rápido que uma bala, mais poderoso que uma locomotiva, capaz de transpor altos prédios de um pulo só." Como ninguém pode ser tão forte ou heroico, por que se dar ao trabalho de tentar?

No Freecycle, os doadores adotaram um padrão que parecia alcançável. Ao verem um homem de 98 anos montando bicicletas para crianças, os membros reconheceram que também podiam fazer alguma coisa. Quando depararam com outros participantes doando coisas como roupas e produtos eletrônicos, perceberam que seria fácil agir da mesma maneira. Os pequenos atos de doação que começaram a se difundir no Freecycle tornaram fácil e aceitável para os demais membros também fazer pequenas doações. De fato, Cialdini descobriu que as pessoas doam mais dinheiro para a filantropia quando consta do pedido a frase "Até uma moedinha ajuda".[21] Curiosamente, essa frase aumenta o número de doadores, sem necessariamente diminuir as quantias doadas. Essa legitimação das pequenas contribuições atrai tomadores, tornando difícil e embaraçoso dizer não, sem reduzir drasticamente o valor das contribuições dos doadores.

Embora a maioria das pessoas tenha entrado no Freecycle para receber algo de graça, isso não significa que tomar fosse o estilo de reciprocidade básico delas. Quando se ingressa em um grupo, buscam-se pistas do comportamento adequado. Ao constatar que outros participantes como eles praticavam atos de doação de baixo custo, os novos membros do Freecycle adotaram o mesmo comportamento como algo natural. Aumentando a visibilidade das doações, o Freecycle facilitou para todos a observância do padrão.

Trata-se de uma lição poderosa, sobretudo quando percebemos quanto a visibilidade da doação pode afetar os estilos de reciprocidade. Em muitos aspectos da vida, as pessoas se tornam tomadoras por não terem acesso a informações sobre o que os outros estão fazendo. Poucos meses depois da decolagem do Freecycle, Cialdini trabalhou com uma equipe de psicólogos numa pesquisa com mais de 800 californianos sobre o consumo de energia.[22] Para isso, perguntaram aos participantes até que ponto os fatores seguintes influenciavam a decisão de economizar energia:

- Poupar dinheiro
- Proteger o meio ambiente

- Beneficiar a sociedade
- Seguir o exemplo de muita gente

Os californianos relataram consistentemente que o fator mais importante era proteger o meio ambiente. Beneficiar a sociedade veio em segundo lugar; poupar dinheiro, em terceiro; e seguir o exemplo de muita gente, em quarto. A equipe de Cialdini quis verificar se as pessoas estavam certas sobre as próprias motivações, então concebeu um experimento. Visitaram quase 400 casas em San Marcos, na Califórnia, e, aleatoriamente, as escolheram para receber quatro diferentes tipos de placas de porta:

Poupe dinheiro economizando energia: De acordo com pesquisadores da Cal State San Marcos, você pode poupar até US$54 por mês usando ventiladores em vez de ar-condicionado para refrescar a casa durante o verão.

Proteja o meio ambiente economizando energia: De acordo com pesquisadores da Cal State San Marcos, você pode evitar a liberação de até 120 quilos de gases do efeito estufa por mês usando ventiladores em vez de ar-condicionado para refrescar a casa durante o verão.

Faça a sua parte e poupe energia para as *gerações futuras*: De acordo com pesquisadores da Cal State San Marcos, você pode reduzir seu consumo mensal de eletricidade em 29% usando ventiladores em vez de ar-condicionado para refrescar a casa durante o verão.

Junte-se aos vizinhos na economia de energia: Em estudo recente sobre as famílias de sua comunidade, pesquisadores da Cal State San Marcos descobriram que 77% dos residentes de San Marcos geralmente usam ventiladores em vez de ar-condicionado para refrescar a casa durante o verão.

A equipe de Cialdini realizou entrevistas em cada domicílio, sem saber qual era a respectiva placa de porta. Quando interrogados sobre até que ponto as placas eram motivadoras, os moradores cujas mensagens enfatizavam *juntar-se aos vizinhos* relataram a mais baixa motivação, com desejo de conservar energia 18% inferior ao daqueles com a mensagem *proteger o meio ambiente*; 13% a menos que o dos moradores com a placa referente às futuras gerações; e 6% aquém do dos vizinhos com a sugestão de poupar dinheiro.

No entanto, quando a equipe de Cialdini examinou as contas de energia dos moradores para ver o que as pessoas realmente estavam fazendo, encontraram algo surpreendente: os participantes estavam errados sobre o que os motivava. Nos dois meses seguintes, aqueles cujas placas de porta enfatizavam juntar-se aos vizinhos foram efetivamente os que *mais* economizaram energia. Em média, as placas "junte-se aos vizinhos" resultaram em reduções de 5% a 9% no consumo de quilowatts-hora de energia por dia, em comparação com as outras três – que se revelaram todas menos eficazes. Informar que muita gente estava economizando energia era a melhor maneira de convencer os moradores a seguir o exemplo.

Mas talvez tenham sido as pessoas que já estavam economizando eletricidade em cada bairro que responderam com mais visibilidade, compensando os tomadores de eletricidade. Para descobrir se o compartilhamento de informações sobre os esforços de conservação entre os vizinhos seria capaz de motivar a economia de energia pelos grandes consumidores de eletricidade, a equipe de Cialdini realizou outro experimento com quase 300 domicílios na Califórnia. Dessa vez, os pesquisadores deram aos moradores placas de porta que forneciam feedback sobre o respectivo consumo de energia, em comparação com domicílios semelhantes, ao longo de uma ou duas semanas. As placas de porta informavam se os moradores estavam consumindo menos (doando) ou mais (tomando) que os vizinhos.

Nas semanas seguintes, os tomadores de eletricidade reduziram significativamente o consumo de energia, na média de 1,22 quilowatt-hora por dia. Constatar que estavam consumindo mais que a maioria no bairro os motivou a almejar a média, diminuindo o consumo de energia.* Esse esquema, porém, só funciona quando as pessoas são comparadas com os vizinhos. Explica Cialdini:

> O fator-chave era o exemplo de outras pessoas – outros californianos, outros habitantes da cidade, outros moradores da comunidade específica. De acordo com a ideia de que se é mais influenciado pelos semelhantes, o poder

---

* Ironicamente, a mensagem surtiu o efeito oposto para as pessoas que conservavam energia como doadores. Ao verem que estavam abaixo do padrão do consumo de energia, sentiram-se autorizados a tomar mais, e efetivamente aumentaram o consumo na média de 0,89 quilowatt-hora por dia. Os psicólogos conseguiram evitar essa consequência não intencional ao desenhar uma fisionomia sorridente ao lado da informação de que estavam consumindo abaixo da média. Aparentemente, esse pequeno sinal de aprovação social foi suficiente para motivar as pessoas a continuar agindo como doadores.

dos padrões sociais aumentava mais quanto maior fosse a proximidade e a semelhança do grupo com os moradores. A decisão de economizar era mais influenciada pelas pessoas mais semelhantes ao tomador da decisão – os residentes da própria comunidade.

Inspirada por essa evidência, a empresa Opower enviou cartas com informações sobre consumo de energia a 600 mil domicílios, escolhendo aleatoriamente metade deles para também receber relatórios sobre o próprio consumo de energia em comparação com o dos vizinhos. Mais uma vez, foram os tomadores – os maiores consumidores – os que mais economizaram, depois de ver quanto estavam gastando. Em geral, apenas mostrar a situação dos consumidores em comparação com os padrões locais provocou uma melhoria drástica. A economia de energia resultante desse feedback foi equivalente à estimativa de redução no consumo de energia decorrente do aumento de 28% no preço da eletricidade.

Em geral as pessoas tomam por não perceberem que estão fora do padrão. Nessas situações, mostrar-lhes esse padrão costuma ser suficiente para motivá-las a doar – sobretudo se tiverem instintos de compensadores. Parte da beleza do Freecycle é o acesso constante dos membros ao padrão. Sempre que alguém se dispõe a doar algo, o processo é transparente: os participantes veem a frequência das doações e seguem o exemplo. Como o Freecycle se organiza em comunidades locais, os membros tomam conhecimento das doações dos vizinhos, o que lhes fornece feedback sobre como as próprias doações se comparam com os padrões locais. Não importa que sejam doadores, tomadores ou compensadores, os participantes não querem transgredir os padrões dos vizinhos, e se equiparam à norma.

Hoje, de acordo com o Yahoo!, apenas dois termos ambientais no mundo são pesquisados com mais frequência que o Freecycle: aquecimento global e reciclagem. No verão setentrional de 2012, o Freecycle tinha mais de 9 milhões de membros em mais de 110 países, expandindo-se à velocidade de 8 mil membros por semana. Muita gente ainda entra com mentalidade de tomador, na esperança de conseguir o máximo possível de coisas gratuitas. Por outro lado, receber benefícios de cidadãos locais que servem como modelos por causa de pequenos atos de doação continua a gerar identidade comum nas comunidades Freecycle, empurrando muitos membros em direção aos doadores. Juntos, os 9 milhões de membros do Freecycle doam mais de 30 mil objetos por dia. Como Charles Darwin um dia escreveu, uma tribo com muitas pessoas atuando como doadores, "que sempre estivessem dispostas a ajudar umas às outras e a se sacrificar pelo bem comum venceria a maioria das outras tribos; e isso seria seleção natural".[23]

Quando eu soube do sucesso do Freecycle, fiquei pensando se esses princípios também atuariam na vida cotidiana em uma organização sem foco ambiental. O que seria necessário para desenvolver e sustentar um sistema de doação numa empresa ou numa escola?

Anéis de reciprocidade

Quando me tornei professor da Wharton, a mais antiga faculdade de administração do mundo, decidi realizar um experimento de doação em sala de aula. Anunciei que faríamos um exercício chamado Anéis de Reciprocidade, desenvolvido pelo sociólogo Wayne Baker, da Universidade de Michigan, e por sua esposa, Cheryl, na Humax Corporation. Cada aluno faria um pedido à turma, e os demais usariam seus conhecimentos, recursos e conexões para atender ao pedido. A solicitação poderia ser algo significativo para a vida profissional ou pessoal, desde indicações para emprego até dicas sobre viagem.

Em questão de minutos, eu estava diante de uma fila de estudantes – alguns céticos, outros ansiosos. Um deles afirmou que o experimento não funcionaria, pois não havia doadores em Wharton: os doadores estudam medicina ou serviços sociais, não negócios. Outro admitiu que adoraria receber orientação de colegas mais experientes sobre como fortalecer sua candidatura a empregos de consultoria, mas disse que temia não ser ajudado, pois competiam com ele por essas posições.

Logo, os estudantes observaram com descrença os colegas começarem a usar as redes para ajudar uns aos outros. Alex anunciou que adorava parques de diversões e que viera para Wharton na esperança de algum dia dirigir uma unidade da Six Flags. Ele não sabia como começar – será que alguém poderia ajudá-lo a entrar no setor? Um colega, Andrew, levantou a mão e disse que tinha uma ligação distante com um ex-CEO da Six Flags. Andrew saiu a campo para encontrá-lo e, poucas semanas depois, Alex recebia orientações profissionais inestimáveis do executivo. Michelle confidenciou que tinha uma amiga cujo crescimento físico estagnara devido a problemas de saúde e que não conseguia encontrar roupas que lhe servissem. Uma colega, Jessica, tinha um tio no setor de vestuário, a quem recorreu em busca de ajuda. Três meses depois, roupas sob medida chegavam à porta da amiga de Michelle.

Wayne Baker levou os Anéis de Reciprocidade a muitas empresas, como GM e Bristol-Myers Squibb. Muitas vezes, ele reúne líderes e gestores de empresas concorrentes e os convida a fazer pedidos e a ajudar uns aos outros. Em uma sessão, um executivo de uma empresa farmacêutica estava na iminência de pagar a um fornecedor externo US$50 mil para sintetizar um tipo de alcaloide, e perguntou se alguém poderia ajudá-lo a encontrar alternativa mais barata. Um dos membros do grupo por acaso estava com capacidade ociosa no laboratório e fez o trabalho de graça.

Pessoalmente, depois de realizar os Anéis de Reciprocidade com líderes, gestores e funcionários de empresas como IBM, Citigroup, Estée Lauder, UPS, Novartis e Boeing, sempre me surpreendo com os pedidos que são atendidos – desde conseguir um cargo cobiçado no Google, passando por descobrir um mentor, até receber uma lembrança autografada do jogador preferido de uma criança. Antes, porém, de tudo isso acontecer, da mesma maneira que meus alunos da Wharton, muitos participantes questionam se os outros realmente lhes darão a ajuda necessária. Em cada ocasião, sempre lhes respondo perguntando se não estariam subestimando os doadores entre eles.[24]

Em um estudo dos pesquisadores Frank Flynn e Vanessa Bohns, os participantes pediam a estranhos na cidade de Nova York que respondessem a um questionário. Estimava-se que apenas uma em cada quatro pessoas diria sim ao pedido. Na verdade, quando saíram a campo, uma em cada duas pessoas concordou. Em outro estudo na mesma cidade, os participantes solicitavam a estranhos permissão para usar o celular deles. A expectativa inicial era de que 30% dissessem sim, mas 48% atenderam ao pedido. Num terceiro experimento, os participantes diziam a estranhos que estavam perdidos e pediam-lhes que os levassem a algum destino nas proximidades. A princípio, esperava-se que apenas 14% o fizessem, mas, na realidade, 43% assentiram. Por fim, quando os participantes precisaram angariar milhares de dólares para filantropia, supunha-se que seria necessário pedir doações a cerca de 210 pessoas para cumprir a meta, prevendo-se uma doação média de US$50. Na verdade, o objetivo em geral era atingido depois de abordarem pouco mais da metade desse número – em média, foram necessárias 122 pessoas, com doações acima de US$60 cada uma.

Por que geralmente subestimamos o número de pessoas dispostas a doar? De acordo com Flynn e Bohns, quando tentamos prever as reações alheias, concentramo-nos nos custos de dizer sim, ignorando os custos de dizer não. É desconfortável, gera sentimento de culpa e provoca mal-estar rejeitar um pequeno pedido de ajuda. E as pesquisas psicológicas apontam para outro fator – igualmente poderoso e profundamente arraigado na cultura americana – que leva as pessoas a acreditar que não há muitos doadores entre elas.

Os locais de trabalho e as escolas em geral são ambientes competitivos de soma zero, com distribuições forçadas de hierarquias e avaliações, que atiram os membros do grupo uns contra os outros. Nesses contextos, nada é mais natural que os colegas se inclinem na direção dos tomadores, o que leva as pessoas a conter a índole doadora.[25] Em consequência, reduzem-se as doações espontâneas, resultando na subestimativa do número de pessoas interessadas em doar. Com o passar do tempo, como doar se torna incomum, as pessoas com valores doadores passam a se considerar minoria.

Consequentemente, mesmo quando adotam comportamentos doadores, as pessoas receiam violar o padrão e se isolar socialmente, e disfarçam as doações sob motivos aparentemente de puro interesse próprio. Já em 1835, depois de visitar os Estados Unidos, o filósofo social francês Alexis de Tocqueville escreveu que os americanos "gostam de explicar quase tudo o que fazem na vida com base no princípio do interesse próprio".[26] Ele viu americanos "se ajudarem" e "oferecer de graça parte de seu tempo e sua riqueza para o bem do próximo", mas ficou surpreso com o fato de "os americanos estarem pouco dispostos a admitir" que esses atos foram induzidos pelo desejo autêntico de ser solidário. "Acho que, dessa maneira, eles em geral fazem pouca justiça consigo mesmos", escreveu. Um século e meio depois, Robert Wuthnow, sociólogo de Princeton, entrevistou uma ampla variedade de americanos que optaram por profissões solidárias, desde médicos até bombeiros. Ao lhes perguntar por que haviam praticado boas ações, citaram razões de interesse próprio, como "Gostava das pessoas com quem eu estava trabalhando" ou "Não passava de pretexto para sair de casa". Recusavam-se a admitir que eram genuinamente solidários, bondosos, generosos, zelosos ou compassivos. "Temos padrões sociais contrários a parecermos muito caridosos", escreve Wuthnow, "a ponto de usarmos termos pejorativos para nos referirmos a quem anda por aí fazendo o bem."[27]

Com base em minha experiência, isso é o que acontece em numerosas empresas e universidades: muita gente tem valores doadores, mas os abafa ou os disfarça sob a suposição errada de que os colegas não compartilham esses valores. Conforme explicaram muitos anos atrás os psicólogos David

Krench e Richard Crutchfield, isso gera uma situação em que "ninguém acredita, mas todos acham que todos acreditam".[28] Considere os resultados de uma pesquisa de 2011 entre calouros de Harvard: os participantes relataram de maneira consistente que, embora fosse um de seus mais altos valores, a compaixão se situava no fundo da escala de valores de Harvard.[29] Se muita gente acredita, pessoalmente, na importância de doar, mas presume que os outros não reconhecem os mesmos méritos nas doações, todos os padrões de conduta no grupo ou na empresa talvez se afastem da solidariedade. "As ideias podem exercer efeitos profundos, mesmo quando falsas, mesmo que não sejam nada mais que ideologia", escreve o psicólogo Barry Schwartz.[30] "Esses efeitos podem se manifestar porque, às vezes, quando agem por ideologia, as pessoas inadvertidamente esquematizam as condições que compatibilizam a realidade com a ideologia." Ao assumirem que os outros não são doadores, as pessoas agem e falam de maneira a desestimular outras formas de doação, gerando profecias autorrealizáveis.

Como forma estruturada de doação, os Anéis de Reciprocidade têm o objetivo de romper essa profecia autorrealizável. O primeiro passo é criar condições para que as pessoas peçam ajuda. Pesquisas demonstram que, no trabalho, a vasta maioria das doações são respostas a pedidos diretos de ajuda. Em um estudo, os gestores descrevem ocasiões em que deram e receberam ajuda. Entre todos os intercâmbios de doações, quase 90% se iniciaram com solicitações dos beneficiários. Quando temos certa necessidade, porém, em geral relutamos em pedir ajuda. Na maioria das vezes, sentimo-nos constrangidos: não queremos parecer incompetentes nem carentes, e resistimos a incomodar os outros. Explica um diretor da Wharton: "Os estudantes se sentem pressionados a parecer bem-sucedidos o tempo todo. As armaduras deles não podem ter trincas, e abrir-se os tornaria vulneráveis."

Nos Anéis de Reciprocidade, como todo mundo faz pedidos, poucas são as razões para ficar sem jeito. Ao pedirem de maneira explícita e específica, os participantes oferecem aos doadores potenciais orientações claras sobre como contribuir com eficácia. Como no Freecycle, os Anéis de Reciprocidade geralmente começam com os doadores se destacando como modelos de contribuições. Em todos esses esquemas, porém, é provável que haja muitos compensadores e algumas pessoas que preferem operar como tomadores. Para que um sistema de doações generalizadas alcance eficácia duradoura, como no Freecycle, os compensadores e tomadores precisam contribuir. Do contrário, os doadores acabarão ajudando a todos e recebendo muito pouco em troca, com o risco de serem explorados ou de se sentirem esgotados. Nessas condições, será que os compensadores e os tomadores se revelariam?

Como as pessoas muitas vezes fazem pedidos expressivos nos Anéis de Reciprocidade, muitos compensadores se tornam empáticos. No momento em que ouvi a voz de um CEO ficar embargada enquanto ele pedia orientação e solidariedade para lutar contra uma forma rara de câncer, a empatia na sala tornou-se palpável. "Fiquei surpreso ao perceber quanto eu queria ajudar", confessou um executivo de finanças. "Meu trabalho exige que eu seja muito objetivo e pragmático. Não esperava me sensibilizar tanto, ainda mais com alguém que eu não conhecia. Mas realmente me solidarizei com ele, e queria fazer o possível para ajudar e atender ao seu pedido."

Mesmo quando não desenvolvem empatia, os compensadores acabam fazendo numerosas contribuições. É muito difícil agir como compensador puro nos Anéis de Reciprocidade, por ser improvável que as pessoas a quem se ajuda sejam as mesmas de quem se receberá ajuda.[31] Portanto, a maneira mais fácil de ser compensador é tentar contribuir tanto quanto as outras pessoas. Os Anéis de Reciprocidade criam uma versão em miniatura da rede de Adam Rifkin 1: os compensadores são estimulados a prestar favores de cinco minutos a qualquer pessoa do grupo. Para garantir que todos os pedidos sejam atendidos, os participantes precisam realizar várias contribuições, mesmo a quem não os ajudou diretamente. Ao doar mais do que tomam, os participantes aumentam as chances de que as solicitações de todos os membros do grupo sejam atendidas, da mesma maneira como Adam 1 instituiu o padrão de retribuição indireta na rede dele.

Mas, e quanto aos tomadores? Muita gente receia que os tomadores venham a explorar a oportunidade de receber ajuda sem retribuir. Para analisar esse risco, Wayne Baker e eu pesquisamos mais de 100 pessoas sobre seus valores como tomadores e doadores. Em seguida, elas participaram dos Anéis de Reciprocidade, e contamos as contribuições de cada uma. Como era de esperar, os doadores contribuíram muito mais que os tomadores, atingindo a média de quatro contribuições.

Surpreendentemente, porém, os tomadores se mostraram muito generosos, atingindo a média de três contribuições. Embora valorizassem o poder e as realizações muito mais que a solidariedade, eles deram três vezes mais do que receberam. Os Anéis criaram um contexto que induziu os tomadores a agir como doadores, e o segredo consiste em tornar públicas as doações. Os tomadores sabem que, em contextos públicos, receberão benefícios para a própria reputação se forem generosos no compartilhamento de conhecimentos, recursos e conexões.[32] Se não contribuírem, parecerão sovinas e egoístas e não receberão muita ajuda quando precisarem de algo. "Ser altruísta geralmente parece bom, ao passo que ser ganancioso ou egoísta, não", escreve Dan Arieli, economista comportamental da Duke University, com dois colegas; portanto, doar "é uma maneira de mostrar aos outros que se é bom".

Pesquisas mostram que os doadores geralmente contribuem, não importando que o contexto seja público ou privado. Em um estudo, quando os participantes viam os resultados, os tomadores tinham contribuído com muitas ideias durante os exercícios de brainstorming.[33] Mas, quando não havia divulgação, os tomadores agregavam menos valor. Outros estudos revelam que os tomadores bancam os ecologistas para serem vistos: preferem produtos de luxo a produtos verdes quando as decisões são particulares, mas escolhem produtos verdes quando as decisões são públicas, esperando conquistar status por proteger o meio ambiente.[34] Constatei uma tendência semelhante entre os alunos da Wharton: toda semana durante as aulas eu permitia que alguns estudantes fizessem pedidos e convidassem a turma a contribuir. Numa manhã de novembro, cinco estudantes apresentaram solicitações, e fiquei perplexo ao ver um aluno que se descrevera como tomador oferecer ajuda a quatro deles. Quando a reputação dele entre os colegas exigiu que doasse, ele contribuiu. Ao tornar as contribuições visíveis, os Anéis de Reciprocidade criam oportunidades para que indivíduos com qualquer estilo de reciprocidade sejam alteristas: podem fazer o bem e parecer bons ao mesmo tempo.

Mudanças de identidade e reversões da reciprocidade

Aqui surge uma questão fundamental: os sistemas de doações generalizadas poderiam simplesmente induzir os tomadores a se tornar melhores farsantes ou eles seriam capazes de realmente converter os tomadores em doadores? Sob alguns aspectos, eu diria que os motivos não importam: o comportamento em si é o que conta. Se os tomadores agem de maneira a beneficiar os outros, mesmo que os motivos sejam basicamente egoístas em vez de altruístas, eles fazem contribuições que sustentam as doações generalizadas como forma de intercâmbio.

Dito isso, se ignorarmos totalmente os motivos, também negligenciamos o risco de que os tomadores diminuam suas doações assim que saírem do foco dos holofotes. Em um estudo conduzido por pesquisadores chineses, mais de 300 caixas de bancos eram candidatos a promoção.[35] Os gerentes avaliaram com que frequência cada caixa adotava comportamentos doadores, como ajudar os colegas sobrecarregados ou se voluntariar para tarefas que não faziam parte de suas atribuições rotineiras. Com base nesses comportamentos doadores, os gerentes promoveram 70 dos caixas.

Nos três meses seguintes, arrependeram-se de ter promovido mais da metade deles. Dos 70 que haviam sido promovidos, 33 eram doadores genuínos. Os outros 37 apresentaram um acentuado recuo em seus comportamentos de doadores. Eram farsantes. Nos três meses anteriores à promoção, eles sabiam que estavam sendo observados e se empenharam em ajudar os outros. Depois de serem promovidos, entretanto, a média das doações se reduziu em 23%.

O que seria necessário para motivar as pessoas a doar? Quando Thomas Dingman, reitor de Harvard, viu que os alunos valorizavam a compaixão mas receavam que esse não fosse o padrão dos colegas, resolveu fazer algo a respeito. Pela primeira vez nos quatro séculos da universidade, os calouros de Harvard foram convidados a assinar um termo de compromisso de servir à sociedade que dizia: "Ao ingressarmos em Harvard, comprometemo-nos a preservar os valores da instituição e a converter os prédios e os pátios em lugares onde todos sejam capazes de evoluir e onde a prática da generosidade se mantenha em pé de igualdade com as realizações intelectuais."

Acreditando no poder de um compromisso público, Dingman resolveu ir além de convidar os alunos a assinar o termo de compromisso. Para estimulá-los a cumprir o prometido, as assinaturas deles seriam emolduradas nos corredores dos dormitórios do campus. Uma tempestade de objeções logo se formou, sobretudo de Harry Lewis, professor de ciências da computação e ex-diretor da Harvard College. "Concordo que o exercício da generosidade pessoal nesta comunidade muitas vezes deixa a desejar", escreveu Lewis em seu blog, mas "Harvard 'convidar' os alunos a assumir o compromisso da generosidade é uma imprudência que abre um terrível precedente".[36]

Será que Lewis estava certo?

Em uma série de experimentos liderados por Peter Gollwitzer, psicólogo da Universidade de Nova York, os participantes que revelaram em público intenções de adotar comportamentos relevantes para a identidade se mostraram bem menos propensos a realmente cumprir o prometido que aqueles que mantiveram seus planos em segredo. Quem revelava os planos em público podia reivindicar a nova identidade sem realmente mudar nada.[37] Ao assinar o termo de compromisso de generosidade, os alunos de Harvard poderiam projetar imagem de doadores sem precisar agir como tais.

Dingman logo abandonou a ideia de afixar as assinaturas em local público. Mesmo assim, porém, as evidências sugerem que a simples assinatura (sem divulgação) do compromisso de generosidade poderia surtir efeito oposto ao almejado.[38] Em outro experimento, psicólogos da Northwestern University incumbiram aleatoriamente algumas pessoas de escrever sobre si mesmas usando termos doadores, como *zeloso*, *generoso* e *gentil*, e termos neutros, como *livro*, *chaves* e *casa*. Depois de os participantes preencherem outro questionário, um pesquisador lhes perguntou se queriam doar dinheiro a instituições de caridade da escolha deles. Os que escreveram sobre si mesmos como doadores em média doaram duas vezes *menos* que os que escreveram sobre si mesmos com palavras neutras. "Como sou doador", disseram a si mesmos, "não preciso doar desta vez." O compromisso de generosidade poderia ter exercido um efeito semelhante sobre os alunos de Harvard. Se assinassem o documento, assumiriam características de doadores, o que lhes concederia uma licença psicológica para doar menos – ou tomar mais.

Quando tentamos influenciar alguém, em geral adotamos uma abordagem que reflete o compromisso de Harvard: começamos mudando as atitudes alheias, na esperança de que os comportamentos marchem na mesma direção. Se conseguimos que as pessoas assinem uma declaração de que atuarão como doadores, elas passarão a acreditar que doar é importante, e doarão. No entanto, de acordo com um rico conjunto de investigações psicológicas, esse raciocínio está invertido. A influência é muito mais poderosa na direção oposta: mude os comportamentos e as atitudes provavelmente os seguirão. Para converter tomadores em doadores, não raro é necessário convencê-los a começar a doar. Com o passar do tempo, se as condições estiverem certas, eles passarão a se ver como doadores.

Não foi o que aconteceu entre os caixas de bancos na China: mesmo depois de três meses de ajuda aos colegas, uma vez promovidos eles pararam de doar. Pesquisas de Batson e colegas nos últimos 35 anos mostram que quem doa por motivos atribuíveis a fatores externos, como a expectativa de promoção, não passa a se ver como doador, mas quem reiteradamente faz a escolha pessoal de doar aos outros começa a internalizar a doação como parte de sua identidade.[39] Para algumas pessoas, isso ocorre por meio de um processo ativo de dissonância cognitiva: depois de fazer a escolha voluntária de doar, não posso mudar o comportamento, e a maneira mais fácil de manter a coerência e de evitar a hipocrisia é decidir ser doador. Para outras pessoas, o processo de internalização é de aprendizado com a observação dos próprios comportamentos. Parafraseando o escritor E. M. Forster: "Como sei quem sou até ver o que faço?"[40]

Em apoio a essa ideia, estudos com voluntários mostram que, mesmo quando as pessoas ingressam em organizações de voluntariado para avançar na própria carreira, quanto mais longo for o período de prestação de serviços e quanto mais significativas forem as doações, mais elas passarão a ver o papel de voluntário como um aspecto importante de sua identidade.[41] Em seguida, começam a experimentar uma identidade comum com os destinatários da ajuda e tornam-se doadores na função. Pesquisas registram um processo semelhante dentro das empresas: à medida que tomam decisões voluntárias de ajudar colegas e clientes além dos limites das próprias atribuições, as pessoas passam a se ver como cidadãos da organização.*

Parte da sabedoria por trás do Freecycle e dos Anéis de Reciprocidade é que ambos os sistemas de doações generalizadas estimulam as doações, ao mesmo tempo que preservam o senso de livre escolha. Embora seja forte o padrão de doar, compete a cada participante decidir o que doar e a quem ajudar. Quando minha turma de alunos na Wharton experimentou os Anéis de Reciprocidade, à medida que os diferentes alunos escolhiam os próprios estilos de doar e os colegas a quem ajudar, começou a se desenvolver uma nova identidade comum. "Esse é um grupo singular de pessoas na Wharton que se importam umas com as outras", disse um estudante. Embora estivessem competindo pelos mesmos trabalhos de consultoria gerencial e em bancos de investimento, os alunos começaram a se ajudar a se prepararem para as entrevistas, trocando dicas e oferecendo orientação. Depois que meu curso terminou, alguns alunos tomaram a iniciativa de montar um grupo

---

* Curiosamente, embora praticantes de qualquer estilo de reciprocidade possam internalizar a identidade de doador, ainda resta uma diferença entre doadores e tomadores. Em um estudo numa empresa varejista da *Fortune 500*, com Jane Dutton e Brent Rosso,[42] descobri que, quando doavam para ajudar os colegas de trabalho, os participantes tendiam mais a se considerarem solidários, generosos e zelosos. Esse é o padrão que emerge entre verdadeiros doadores: reiterados atos de voluntariado em geral contribuem para o desenvolvimento de uma identidade doadora. Para os tomadores, porém, a identidade doadora que se desenvolve talvez não se manifeste no exercício de outros papéis nem em outras organizações. Eles podem se tornar doadores no Freecycle, mas, ao atuarem em outros contextos, voltam a ser tomadores, até internalizarem a identidade da nova organização. Como já vimos, quanto mais a organização propicia o senso de diferenciação ideal, mais rapidamente a identificação tende a ocorrer.

de discussão on-line para que continuassem ajudando uns aos outros. De acordo com um estudante, "por causa da ênfase no benefício de doar e de receber em nossa comunidade, eu me sinto muito mais à vontade e disposto a pedir (e provavelmente a receber) ajuda de qualquer membro do grupo de alunos do que de outros grupos".

Ao fim do semestre, o aluno cético que questionou se havia estudantes doadores na Wharton discretamente me procurou. "De alguma maneira", disse, "todos na turma ficaram autenticamente motivados a doar, o que transcende a turma em si."

9

Saindo das sombras

Algumas pessoas, quando prestam um favor a alguém, estão sempre em busca de oportunidades para cobrá-lo. Outras, nem tanto, mas ainda se lembram da dívida. Restam aquelas que nem mesmo chegam a esse ponto. São como as vinhas que produzem uvas sem esperar nada em troca... Depois de ajudar o próximo... simplesmente vão embora cuidar da vida... Deveríamos ser assim.

– Marco Aurélio, imperador romano[1]

Muitos anos atrás, uma figura imponente deixou sua marca no mundo dos esportes. Com bem mais de 1,80 metro e 90 quilos, Derek Sorenson era um jogador duro e agressivo que inspirava medo no coração dos adversários.[2] Levou seu time universitário ao campeonato nacional e passou a competir em equipes profissionais. Depois que sua carreira foi interrompida precocemente por uma lesão, passou a ser cortejado pelos melhores times profissionais para se tornar negociador de contratos. E, assim, barganhou e pechinchou com jogadores e agentes na esperança de formar a melhor equipe do mundo.

Para melhorar sua capacidade de negociação, matriculou-se em cursos especializados nas principais escolas de negócios. Durante as aulas, tinha a oportunidade de praticar negociando em vários papéis, desde um executivo de empresa farmacêutica tentando comprar uma fábrica até um construtor imobiliário em discussão acalorada com um carpinteiro. Numa de suas primeiras negociações, Derek comprou um imóvel como investimento e, no melhor estilo de tomador, convenceu o corretor a vender por um preço ostensivamente prejudicial aos interesses do cliente.

Numa noite gelada de inverno, Derek desempenhou o papel de um dos quatro pescadores que dirigiam negócios concorrentes. Todos vinham pescando em excesso, a ponto de ameaçar as reservas, e agora estavam em busca de solução para o dilema. Um dos negociadores sugeriu que dividissem a extração máxima admissível em quatro partes iguais. Outro propôs uma permuta diferente, com base na equidade, não na igualdade: como as empresas não eram do mesmo tamanho, deveriam reduzir os níveis atuais em 50%. Todos concordaram que essa era uma boa solução e encerraram a reunião. A partir daí, competia a cada negociador decidir por si mesmo se cumpriria o acordo, estabelecendo os próprios limites de pesca.

Dois dos negociadores cumpriram o prometido. O terceiro operou como doador: reduziu o próprio volume em 65%. O grupo estava disposto a preservar os recursos naturais, mas Derek optou por não diminuir seu volume de pesca. Extraiu o máximo que podia, realmente aumentando sua participação no total e dizimando os recursos dos outros três empreendedores. Antes da reunião do grupo, o lucro de Derek era o mais baixo dos quatro. Depois que passou a tirar mais que sua cota, seu lucro se tornou 70% mais alto que o do doador e 31% superior aos dos outros dois. Ao ser questionado pelos colegas, Derek respondeu: "Queria levar a melhor nas negociações e destruir meus concorrentes."

Poucos meses depois, Derek iniciou uma ascensão meteórica na carreira. Foi contratado por um time profissional e conquistou reputação como negociador ousado, desempenhando um papel fundamental na montagem de uma equipe que venceu um campeonato mundial. Foi promovido depois de um intervalo inesperadamente curto e logo foi eleito uma das 100 pessoas mais poderosas no esporte – quando ainda estava na casa dos 30 anos.

Quando Derek começou a trabalhar para o time como negociador profissional, o trabalho dele era gerenciar o orçamento, identificar os atletas mais promissores e negociar com agentes para contratar novos jogadores e manter os existentes. Como os recursos eram escassos, barganhar como tomador seria vantajoso para ele. Derek partiu em busca de talentos subavaliados, e topou com uma preciosidade em um time de uma liga secundária. Marcou, então, uma reunião com o agente do jogador para negociar um contrato. Fiel ao próprio estilo, apresentou uma oferta baixa. O agente se sentiu frustrado: vários jogadores comparáveis àquele ganhavam salários mais altos. Acusou Derek de querer enrolá-lo e exigiu mais dinheiro. Derek ignorou as demandas do oponente e não cedeu. Por fim, o agente recuou e concordou com as condições de Derek. Foi uma vitória para Derek, que economizou milhares de dólares para o time.

Mas, quando Derek foi para casa naquela noite, teve uma sensação desagradável. "Percebi durante a conversa que o agente estava muito transtornado. Levantou alguns pontos sobre jogadores de mesmo nível e, no auge da discussão, eu provavelmente já não estava ouvindo muito. Acho que ele saiu com um gosto ruim na boca." Derek concluiu que não queria fechar as negociações com o agente daquela maneira. Rasgou o contrato e atendeu às reivindicações do adversário, oferecendo milhares de dólares a mais ao jogador.

Essa foi uma decisão sábia? Derek estava aumentando as despesas do time, e, talvez, criando um precedente perigoso para outras negociações. Ainda por cima, o negócio já estava fechado. O agente concordara com a oferta baixa e Derek alcançara seu objetivo. Reabrir as negociações daquela maneira não parecia de modo algum uma manobra inteligente.

Na verdade, foi uma jogada muito mais inteligente do que se supunha à primeira vista. Ao estudarem negociações, Bruce Barry e Ray Friedman, pesquisadores da Vanderbilt University, tiveram a intuição de que negociadores mais durões conseguiam melhores resultados, uma vez que coletavam e analisavam mais informações, monitoravam várias questões e geravam soluções ocultas. Em um estudo, Barry e Friedman avaliaram a inteligência de quase 100 alunos de MBA com base na pontuação alcançada no GMAT, teste rigoroso muito usado na seleção de candidatos pelas escolas de negócios, para medir as habilidades quantitativas, verbais e analíticas dos pretendentes. Os participantes do estudo negociavam aos pares, atuando como incorporador de um novo shopping center ou como representante de uma possível loja âncora do empreendimento. Ao encerrar as negociações, apresentavam o acordo final e dois especialistas avaliavam o valor do negócio para cada parte.

Como seria de esperar, os ganhos conjuntos eram mais altos quando ambas as partes eram muito inteligentes. Barry e Friedman desdobraram os ganhos de cada parte, na expectativa de descobrir que os negociadores mais inteligentes conseguiam melhores acordos para si mesmos.[3] Mas não era bem assim. Os negociadores mais brilhantes conseguiam melhores acordos *para as outras partes*.

"Os negociadores mais inteligentes parecem ser capazes de compreender os verdadeiros interesses dos oponentes e de oferecer melhores acordos a baixo custo para si mesmos", escreveram Barry e Friedman. Quanto mais inteligente for o negociador, mais ajudará a outra parte a ser bem-sucedida. Foi exatamente o que fez Derek ao oferecer mais dinheiro ao agente pelo jogador da liga secundária. Ele estava doando em estilo alterista, de baixo custo para si, mas de alto benefício para o agente e para o jogador. Poucos milhares de dólares eram uma ninharia para o time dele, mas significavam muito para o jogador.

O que levou Derek a mudar de direção, adotando um estilo doador? Pouco antes da negociação com o agente, Derek tivera um vislumbre de algo de extrema importância para ele: sua reputação. Ao fim do curso de negociação, cada participante votava em uma premiação dos negociadores. Derek não recebeu nenhum voto nas categorias Mais Cooperativo, Mais Criativo e Mais Ético. Na realidade, só recebeu votos em uma categoria, na qual foi o mais votado, muito à frente do segundo colocado. De fato, ele venceu de lavada como o Mais Implacável.

Derek conseguiu algo ainda mais memorável naquela semana. Tornou-se o único aluno da escola de negócios a ser eleito o negociador Mais Implacável por outra turma *de que nunca participara*. Ao se matricular na escola, outro curso de negociação já estava em andamento. Nenhum dos alunos dessa outra turma jamais se sentara com ele diante de uma mesa de negociações. Muitos deles nunca o tinham visto. Sua reputação, no entanto, se espalhara com tanta rapidez que não pensaram em outra pessoa para o título de Mais Implacável.

Derek negociava da maneira como qualquer pessoa sensata agiria em um mundo de tomadores. Na condição de atleta profissional, aprendera que, caso não se valorizasse e não se autopromovesse o máximo possível, corria o risco de se tornar capacho. "Era o time contra o jogador. Como o time sempre tentava tirar dinheiro do meu bolso, eu encarava a negociação como um combate, do qual resultavam um vencedor e um perdedor", disse Derek. "Eu tinha que tentar conseguir cada vez mais." No entanto, depois de ser considerado o Mais Implacável pelos colegas – e por um grupo de estranhos – Derek começou a refletir sobre o próprio estilo de reciprocidade na mesa de negociações. "Embora como tomador eu conseguisse benefícios imediatos, a longo prazo eu pagava o preço. Meu relacionamento com um colega estava arruinado, o que prejudicou minha reputação", explicou. Na negociação com o agente, ao rasgar o contrato e oferecer mais dinheiro ao jogador, "conquistei uma predisposição favorável; o agente se mostrou extremamente reconhecido", refletiu. "Quando o jogador se liberou do contrato anterior, o agente me ligou. Agora, ao olhar para trás, sinto-me realmente feliz por ter agido daquela maneira. Minha atitude definitivamente melhorou nosso relacionamento e ajudou nossa organização. Talvez o Mais Implacável esteja amadurecendo."

Na verdade, acho que amadurecimento não seja a palavra certa para descrever a transformação de Derek. Amadurecimento implica um processo de crescimento e de desenvolvimento, mas, sob certo aspecto, Derek estava voltando atrás para expressar valores centrais que adotara durante anos, longe da mesa de negociações. Muito antes de jamais ter participado de uma negociação como tomador, os colegas o viam como uma pessoa generosa e solidária, que não negava uma conversa a quem quer que o procurasse. Passava horas a fio orientando colegas interessados em trabalhar como gestores de esportes e aconselhando jovens atletas ansiosos por seguir seu exemplo. Foi eleito capitão de praticamente todos os times em que jogou, desde a escola de ensino fundamental até a universidade. Ainda calouro, tornou-se capitão do primeiro time profissional em que atuou – colegas com o dobro da idade dele respeitavam o empenho com que punha os interesses do time à frente dos próprios.

Na mesa de negociações, a transição de Derek não resultou do aprendizado de um novo conjunto de valores. Consistiu em desenvolver confiança e coragem para expressar o antigo conjunto de valores em novo contexto. Acredito que assim deva ser com a maioria das pessoas que atuam como compensadores no âmbito profissional. Minha esperança é que outros como Derek não precisem receber o prêmio de Mais Implacável para começar a descobrir modos de agir em defesa do interesse alheio no trabalho. Para Derek, hoje, a maneira típica de doar é ajudar os times adversários a reunir informações sobre jogadores. Embora esteja competindo em um esporte de soma zero, ele compartilha conhecimentos para ajudar os times a tomar boas decisões sobre jogadores que no passado já atuaram no time dele. "No campo, quero vencer os times adversários; mas fora dali sempre tento auxiliá-los."

Hoje, Derek atribui seu sucesso na montagem de times profissionais vencedores à mudança de tomador para doador. Ele, porém, ainda se preocupa com o que pode acontecer se alguém fora de seu círculo de relacionamentos mais próximo tomar conhecimento de sua mudança de estilo. De fato, Derek Sorensen é um pseudônimo: antes de contar essa história, ele me pediu que não revelasse sua identidade. "Não quero que saibam por aí que dei mais dinheiro do que precisava a um jogador", diz.

Esses receios persistem entre muitos doadores bem-sucedidos, mas não são insuperáveis. Veja o caso de Sherryann Plesse, executiva financeira que ocultou o fato de gentileza e compaixão serem suas principais forças.[4] Quando, de início, pedi-lhe que contasse a história dela, Sherryann, assim como Derek, só concordou sob a condição de que ficasse anônima. Seis meses depois, mudou de opinião. "Comecei uma campanha disfarçada para que os doadores saíssem do armário", disse ela. "Ser doadora contribuiu para meu sucesso pessoal e profissional. Sinto-me aliviada ao falar sobre isso. Já não tenho medo."

O que a fez mudar de opinião? Ao se conscientizar pela primeira vez de seus atributos de doadora, ela se concentrou nos riscos: esperava-se que ela fosse dura e objetiva, e talvez vissem a tendência doadora como um sinal de fraqueza. Quando, no entanto, começou a observar com mais atenção o contexto da empresa, ela se espantou com a constatação de que todas as pessoas que lhe serviam como modelo profissional eram doadoras. De repente, seus referenciais mudaram: em vez de ver os doadores sempre por baixo, no fundo, ela se surpreendeu com a quantidade impressionante de doadores por cima, no topo. Não é o que geralmente percebemos quando divisamos ao longe o horizonte das pessoas de sucesso. Em geral, em razão de suas tendências para discursos vigorosos e para reivindicações de créditos, os tomadores bem-sucedidos tendem a dominar os holofotes. Tenho, no entanto, a forte intuição de que quem passar a prestar mais atenção nos estilos de reciprocidade no ambiente de trabalho descobrirá muitos doadores que alcançaram o tão almejado sucesso.

Pessoalmente, os indivíduos bem-sucedidos que mais admiro são doadores, e me sinto obrigado a tentar transmitir o que aprendi com eles. Ao chegar a Wharton, minha atribuição era ensinar algumas das melhores mentes analíticas do mundo a se tornarem melhores líderes, gestores e negociadores. Resolvi apresentar a eles os estilos de reciprocidade, fazendo-lhes as perguntas que animaram a apresentação deste livro: quem vocês acham que acaba nas últimas posições da escala de sucesso?

O veredito foi quase unânime: os doadores. Ao perguntar-lhes quem chegava ao topo, os alunos se dividiam entre compensadores e tomadores. Então resolvi informá-los de algo que os chocou como heresia: "Talvez vocês estejam subestimando o sucesso dos doadores." É verdade que algumas pessoas que sempre ajudam os outros sem esperar nada em troca são aquelas que ficam na base da escala. Mas essa mesma tendência para a doação, com alguns ajustes, também pode ajudar o doador a chegar ao topo. "Concentre atenção e energia em fazer diferença na vida de outra pessoa e o sucesso talvez apareça como um subproduto." Eu sabia que estava lutando uma batalha árdua e resolvi demonstrar que as suposições dos alunos estavam erradas.

Este livro é a prova disso.

Embora muita gente cultive fortes valores doadores, muitas vezes relutamos em expressá-los no trabalho. Mas o aumento da colaboração em equipe, dos empregos na prestação de serviços e das mídias sociais abriu novas oportunidades para os doadores desenvolverem relacionamentos e reputações que aceleram e ampliam o sucesso. Apresentamos evidências de que os doadores podem ascender ao topo em um espectro admiravelmente diversificado de atividades, desde engenharia até medicina, passando por vendas. E você se lembra de quando Peter Audet,[5] o consultor financeiro australiano, parecia estar desperdiçando horas valiosas ao ir de carro até a casa de um sucateiro para ajudá-lo a gerenciar seu dinheiro? O cliente se revelou um rico proprietário de uma empresa de sucata, proporcionando grandes ganhos à empresa de Peter – mas a história não termina aqui.

Peter soube que o dono da empresa de sucata estava tão ocupado dirigindo o negócio que não podia tirar férias, e quis ajudá-lo. Poucos meses depois, outra cliente disse que não estava feliz no trabalho como gerente de uma oficina de lanternagem de automóveis. Peter recomendou-a para o dono da empresa de sucata, que precisava das habilidades dela. Por acaso, ela morava a cinco minutos do depósito da empresa de sucata, e começou a trabalhar lá três semanas depois. O empresário, finalmente, levou a esposa para a primeira viagem de férias em muitos anos. "Os dois clientes se mostraram felizes e gratos por eu me interessar pela vida deles de maneira geral, não apenas por seus investimentos", diz Peter. "Quanto mais ajudo, mais sucesso alcanço. Mas, para mim, sucesso é o que faço pelas pessoas ao meu redor. Esse é o verdadeiro mérito."

Na mente do doador, a definição de sucesso em si assume um significado diferente. Embora os tomadores vejam o sucesso como "conseguir resultados superiores aos dos outros" e os compensadores vejam como "equilibrar com justiça as realizações individuais próprias e alheias", os doadores tendem a seguir o exemplo de Peter, caracterizando o sucesso como "ações individuais que exercem impacto positivo sobre outras pessoas". Levar a sério essa definição talvez exija mudanças drásticas na maneira como as organizações contratam, avaliam, recompensam e promovem pessoas. Significará prestar atenção não só na produtividade do indivíduo, mas também nos efeitos em cascata de seu trabalho sobre os que o cercam. Se ampliarmos nossa imagem do sucesso para incluir a ajuda aos outros além das realizações individuais, as pessoas talvez venham a se sentir motivadas a inclinar seus estilos de reciprocidade no trabalho para a doação. Se o sucesso envolver também nossas contribuições para o bem alheio, é possível que os tomadores e os compensadores se vejam mais dispostos a encontrar maneiras alteristas de promover os interesses pessoais e coletivos simultaneamente.

A ligação entre sucesso individual e sucesso coletivo é a base de todas as histórias de doadores bem-sucedidos deste livro. Como empreendedor, Adam Rifkin teceu sua rede de conexões influentes tentando ajudar todas as pessoas que conhecia, lançando empresas bem-sucedidas e orientando milhares de colegas a encontrar emprego, a desenvolver qualificações e a iniciar negócios produtivos ao longo do percurso. Como investidor de risco, David Hornik aplicou seu dinheiro em empresas lucrativas e fortaleceu a própria reputação ajudando aspirantes a desenvolver argumentos mais convincentes e a levantar recursos para as suas startups. Como autor de comédias, George Meyer ganhou Emmys e construiu reputação como o escritor de humorismo mais engraçado de Hollywood, ao mesmo tempo que aumentava a eficácia e abria portas para os colaboradores.

Nas salas de aula, C. J. Skender conquistou dezenas de prêmios como professor enquanto inspirava uma nova geração de estudantes, descobrindo-lhes o potencial e motivando-os a realizá-lo. E Conrey Callahan preservou seus níveis de energia e foi indicada para um prêmio nacional como professora, depois de constituir uma organização sem fins lucrativos visando ajudar jovens carentes a se preparar para a universidade. Na assistência à saúde, Kildare Escoto e Nancy Phelps atingiram o topo dos gráficos de receitas de vendas empenhando-se em ajudar os pacientes. Em consultoria, Jason Geller e Lillian Bauer se tornaram sócios muito cedo na carreira graças ao coaching e ao desenvolvimento de outras pessoas, o que, por seu turno, ampliou o conhecimento e a experiência de colegas mais jovens. Na política, Abraham Lincoln tornou-se presidente – e deixou o legado de um dos maiores líderes da história mundial – ajudando os rivais a conquistar as posições políticas almejadas.

Eis o que encontrei de mais fascinante nos doadores bem-sucedidos: eles chegam ao topo sem cortar a corda nem destruir a escada, descobrindo maneiras de ampliar o bolo que sacia não só a própria fome, mas também a daqueles ao seu redor. Enquanto o sucesso é um jogo de soma zero entre os tomadores, é bem possível que, entre os doadores, o todo seja maior que a soma das partes.

Municiado desse conhecimento, vi indivíduos se tornarem compensadores mais estratégicos, ajudando o próximo na expectativa de desenvolver os relacionamentos e as reputações indispensáveis para promover o próprio êxito. Seria possível alcançar o sucesso por meio de doações circunstanciais, que se caracterizam pelo propósito básico de conseguir algo? No começo do livro, sugeri que, no longo prazo, a resposta poderia ser negativa.

É tênue a linha entre doações, de um lado, e compensações inteligentes, de outro. E essa divisória se torna ainda mais sutil dependendo dos critérios que usamos para definir os estilos de reciprocidade: se pelas ações em si, pelas motivações básicas ou por diferentes combinações dos dois ingredientes. Embora envolva questões filosóficas profundas, é fácil identificar essa fronteira por meio de um conjunto de visões sobre como avaliar os compensadores estratégicos. Por um lado, mesmo que os motivos sejam mistos, os comportamentos solidários em geral agregam valor para os outros, aumentando o volume total de doações no sistema social. Por outro lado, como vimos no caso de Ken Lay, os comportamentos, quaisquer que sejam, deixam rastros das motivações. Se os beneficiários e as testemunhas das doações começarem a questionar se os propósitos são interesseiros, é menos provável que respondam com gratidão ou enlevo. Quando os compensadores estratégicos adotam práticas dissimuladas, ajudando o próximo apenas em busca de ganhos pessoais, é possível que o tiro saia pela culatra: os colegas compensadores talvez suspendam a ajuda, difundam informações negativas ou encontrem outras maneiras de onerar o tomador.

Para evitar essas consequências, os pretensos compensadores talvez desfrutem de melhores condições se doarem de maneira que considerarem agradável a beneficiários cujo bem-estar seja importante para eles. Dessa forma, mesmo que não obtenham recompensas diretas, os compensadores estarão operando com a mentalidade de doadores, de maneira que suas motivações pareçam – e se tornem – mais autênticas. Em última instância, ao exercerem reiteradamente a opção de agir em defesa de interesses alheios, os compensadores estratégicos talvez se surpreendam, ao assumirem a identidade de doadores, com a consequente inclinação do estilo para o extremo doador no espectro da reciprocidade.

Passamos a maior parte das horas despertas no trabalho. Isso significa que o que fazemos no trabalho se torna parte fundamental de nossa própria identidade. Se limitarmos os valores doadores à nossa vida pessoal, o que faltará em nossa vida profissional? Se nos deslocarmos com persistência, ainda que lentamente, na direção doadora, talvez pontuemos nossas horas despertas com maiores sucessos, com propósitos mais saudáveis e com impacto mais duradouro.

Ações de impacto

Caso você esteja interessado em aplicar os princípios deste livro no trabalho ou na vida pessoal, compilei um conjunto de ações práticas a serem executadas. Muitas dessas ações são baseadas em estratégias e hábitos de doadores bem-sucedidos. Em cada caso, ofereço recursos e ferramentas para avaliar, organizar ou expandir as doações. Algumas das iniciativas consistem em incorporar mais doações nos comportamentos do dia a dia; outras enfatizam maneiras de fazer a sintonia fina das doações, de identificar colegas doadores e de envolver outras pessoas nas doações.

1. *Teste seu quociente de doação (QD).* Em geral, vivemos com muito pouco feedback, sem conhecimento dos efeitos de nossas ações sobre o próximo. Para monitorar o próprio impacto e avaliar a autopercepção, desenvolvi uma série de ferramentas on-line gratuitas. Visite www.giveandtake.com para fazer uma avaliação gratuita (em inglês) que indica seu quociente de doação. Além de preencher o próprio questionário, você pode convidar pessoas de sua rede de relacionamentos para avaliar seu estilo de reciprocidade, a fim de receber informações sobre a frequência com que você é considerado doador, tomador ou compensador.

2. *Promova os Anéis de Reciprocidade.* O que poderia ser feito em sua organização se grupos de pessoas se reunissem uma vez por semana, durante 20 minutos, para pedir dicas e ajudar umas às outras? Para mais informações sobre como promover Anéis de Reciprocidade em sua organização, visite a empresa de Cheryl e Wayne Baker, a Humax Corporation (www.humaxnetworks.com), que oferece um conjunto de ferramentas de networking para indivíduos e organizações. Em geral, os participantes se reúnem em grupos

de 15 a 30. Cada pessoa apresenta um pedido aos membros do grupo, que fazem contribuições: usam seus conhecimentos, recursos e conexões para ajudar a atender as solicitações.

3. *Ajude outras pessoas a reformular o próprio cargo – ou reformule o seu – para incluir em sua função mais doações.* Em geral as pessoas se dedicam a atividades que não são perfeitamente compatíveis com seus interesses e habilidades. Uma maneira eficaz de doar é ajudar os outros a trabalhar em tarefas mais interessantes e mais significativas. Em 2011, Jay, diretor de uma grande rede varejista multinacional, enviou e-mails a cada funcionário informando-os de uma missão ultrassecreta, com detalhes a serem compartilhados apenas em caso de estrita necessidade, em encontros individuais.[1] Quando cada funcionário chegava sozinho para a reunião, Jay revelava o projeto confidencial. Perguntava a eles o que gostariam de fazer, algo que talvez também fosse útil para outras pessoas. Indagava-lhes sobre os passatempos e interesses pessoais de cada um e sobre a que prefeririam se dedicar durante mais tempo na empresa. Despachava-os, então, para a execução da missão, com três regras: a missão devia (1) atrair pelo menos outra pessoa, (2) ser de baixo custo ou sem custo e (3) resultar de iniciativa do próprio funcionário.

Ao longo do ano, Jay acompanhou os trabalhos para ver se as missões estavam sendo executadas. Cerca de dois terços dos empregados fizeram algum esforço para converter as visões em realidade, e cerca de metade deles foi bem-sucedida. Uma das favoritas de Jay foi a de um clube do livro, em que os empregados liam livros e discutiam tópicos do interesse pessoal deles e de alguma relevância para o próprio trabalho. "As pessoas já tinham permissão para fazer tudo aquilo, mesmo antes de nossa conversa", reflete Jay. "Mas, de alguma maneira, ao convocá-los e questioná-los, na minha posição, eu reforçava a autorização para que buscassem os próprios interesses, como até então não ocorrera. Lançamos sementes, e algumas delas germinaram em iniciativas reais." De fato, as sementes brotaram para muitos funcionários, inclusive para Jay: em 2012, ele foi escolhido para diretor de RH de uma grande divisão da empresa, cargo no qual é responsável por mais de 45 mil empregados.

Por meio dessas missões secretas, Jay estimulou os funcionários a se engajarem na reformulação de cargos, conceito introduzido por Amy Wrzesniewski e Jane Dutton, professoras de administração nas universidades de Yale e de Michigan, respectivamente.[2] Esse processo consiste em enriquecer a descrição básica do trabalho do profissional, aprimorando e personalizando as respectivas atribuições, os deveres e as responsabilidades, para compatibilizá-los com os interesses e valores pessoais. Uma preocupação natural é que as pessoas elaborem seus cargos sem que contribuam para as organizações. No intuito de enfrentar essa questão, Amy, Justin Berg e eu nos associamos a Jennifer Kurkoski e Brian Welle, que dirigem um laboratório de pessoas e inovações no Google. Em um estudo abrangendo os Estados Unidos e a Europa, escolhemos aleatoriamente funcionários do Google das áreas de vendas, finanças, operações, contabilidade, marketing e recursos humanos para participar de um workshop sobre reformulação de cargos. Os profissionais desenvolveram um esquema de como gostariam de modificar suas tarefas, desenvolvendo uma visão mais ideal, embora ainda realista, dos respectivos cargos, alinhada com seus interesses e valores.

Seis semanas depois, em uma avaliação formal, os supervisores e colegas os consideraram bem mais felizes e eficazes. Muitos funcionários do Google encontraram maneiras de dedicar mais tempo às atribuições que achavam interessantes ou significativas; alguns delegaram tarefas desagradáveis; e outros personalizaram seus cargos, para incorporar novos conhecimentos e habilidades que queriam desenvolver. No geral, eles passaram a encarar melhor seus cargos e se sentiram mais motivados a melhorar o próprio desempenho. Em alguns casos, esses benefícios duraram seis meses.

A reformulação de cargos perpassou os estilos de reciprocidade: doadores, tomadores e compensadores, todos se tornaram mais eficazes. Os doadores viram nesse processo uma oportunidade para expandir seu impacto, concebendo maneiras de agregar mais valor para o próximo e para a empresa, como ao orientar colegas mais jovens, criar produtos melhores para os clientes e aprimorar o treinamento de novos contratados. Os compensadores receberam de bom grado a chance de executar trabalhos mais significativos e interessantes, e retribuíram trabalhando com mais afinco. Mesmo os tomadores reconheceram que, para acelerar a própria carreira, precisavam reformular os cargos de modo a beneficiar a empresa e a si mesmos.

Para ajudar os funcionários na reformulação, Justin, Amy e Jane desenvolveram uma ferramenta que consiste em produzir um "esboço do antes" de como o funcionário distribui seu tempo e energia, para, em seguida, desenvolver um "diagrama do depois" de como gostaria de modificar o cargo.

4. *Espalhe mensagens de solidariedade.* Em muitas organizações, os doadores são ignorados. Para enfrentar esse problema, algumas empresas estão lançando programas de reconhecimento pelos colegas no intuito de identificar as doações, que são raramente percebidas pelos líderes e gestores. Conforme um estudo de Mercer em 2001, cerca de 25% das grandes empresas tinham programas de reconhecimento pelos pares. Em 2006, essa proporção já aumentara para 35% – incluindo empresas famosas como Google, Southwest Airlines e Zappos.[3]

Uma abordagem fascinante chamada Love Machine foi desenvolvida na Linden Lab, empresa por trás do mundo virtual Second Life.[4] Nos negócios de alta tecnologia, muitos funcionários tentam monopolizar o tempo e as informações como recursos pessoais em vez de compartilhá-los com os colegas. A Love Machine foi concebida para superar essa tendência, possibilitando que todos enviem mensagens de amor quando apreciam a ajuda recebida. As mensagens são visíveis para todos, reconhecendo e recompensando as doações e assim associando-as a status e reputação. Um participante as interpreta como uma maneira de conseguir que "os viciados em tecnologia concorram entre si para ser considerado o mais solidário". Elas ajudam a "aumentar o reconhecimento pelas pessoas que fazem trabalhos não raro ignorados. Nosso pessoal de apoio, por exemplo, quase sempre é quem recebe mais mensagens de amor", diz Chris Colosi, ex-gerente da Linden.

5. *Adote favores de cinco minutos.* Quem participar de um encontro da 106 Miles talvez consiga ver Adam Rifkin 1 em plena forma. Ele é o mestre dos favores de cinco minutos, e você pode seguir seu exemplo perguntando aos outros do que precisam e tentando ajudá-los ao menor custo pessoal possível. Os dois favores preferidos de Rifkin são oferecer feedback honesto e apresentar pessoas. Para começar a praticar, examine sua rede de relacionamentos na agenda, no LinkedIn ou no Facebook. Identifique duplas de pessoas que compartilhem pontos em comum incomuns. Em seguida, escolha uma dupla por semana e as apresente uma à outra por e-mail. Rifkin também sugere a reconexão de laços latentes – não para receber algo, mas

para oferecer ajuda. Uma vez por mês, procure alguém com quem você não fala há anos. Descubra no que a pessoa está trabalhando e pergunte se você pode ajudá-la de alguma maneira.

6. *Pratique a comunicação não autoritária, mas converta-se em um agente.* Sentir-se mais à vontade e tornar-se mais habilidoso na comunicação não autoritária exige uma mudança de hábitos – falar menos e ouvir mais, autopromover-se menos e aconselhar mais. Jim Quigley, sócio sênior da Deloitte que já atuou como CEO, resolveu aprimorar esse estilo de comunicação. Adotou o objetivo de, nas reuniões, falar menos que 20% do tempo. "Um de meus propósitos é ouvir. Quase sempre é possível exercer um impacto maior quando se sabe o que perguntar, em vez de o que dizer. Não aprendo nada quando falo. Aprendo muito quando ouço", observou Quigley.[5] Quando evoluiu de respostas para perguntas, Quigley se surpreendeu ao passar a compreender com mais profundidade as necessidades alheias. "Não se trata de algo natural em todo mundo, mas de um hábito a ser cultivado, e é possível formar esse hábito."

Ao mesmo tempo, é importante garantir que a comunicação não autoritária não sacrifique a assertividade na hora de defender os interesses alheios e os interesses próprios. O GetRaised é um recurso gratuito que oferece conselhos a quem negocia aumento de salário.[6] De acordo com o cofundador Matt Wallaert, cerca de metade dos usuários homens consegue aumento – em comparação com três quartos das usuárias mulheres (https://getraised.com).

7. *Participe de uma comunidade de doadores.* Entre na comunidade Freecycle para conhecer outros doadores, para descobrir do que as pessoas precisam e para doar algo realmente útil (www.freecycle.org). Outra comunidade inspiradora é ServiceSpace (www.servicespace.org), criada por Nipun Mehta, que promove uma série de iniciativas de doações.[7] Com sede em Berkeley, na Califórnia, tem mais de 400 mil membros e envia mais de 50 milhões de e-mails por ano. Nipun criou uma plataforma para que os participantes aumentem seus quocientes de doações, a qual é dividida em três categorias: projetos de economia da doação, conteúdo inspirador e apoio ao voluntariado e a atividades sem fins lucrativos. Um dos projetos é o Karma Kitchen, programa de fornecimento de refeições em que o cardápio não contém preços. Quando chega a conta, nela se lê $0,00 e nada mais que duas

frases: "Esta refeição foi presente de alguém que chegou antes. Para manter a corrente de doações, nós o convidamos a pagar a refeição de alguém que chegue depois." Outro projeto é o HelpOthers.org, que reúne histórias de pessoas que atuam como doadores: faça algo anonimamente para alguém e deixe um cartão convidando o beneficiário a retribuir a um terceiro.

Outra iniciativa impressionante é a HopeMob, rotulada como o lugar "onde estranhos generosos se reúnem para oferecer esperança imediata a pessoas com necessidades urgentes em todo o mundo" (http://hopemob.org). Para ideias sobre como organizar o próprio grupo com o objetivo de praticar boas ações ao acaso, veja as iniciativas em andamento em Extreme Kindness, no Canadá (http:extremekindness.com) e em The Kindness Offensive, no Reino Unido (http:/thekindnessoffensive.com).[8] A Kindness Offensive é um grupo de pessoas que se esforçam para serem solidárias proativas, organizando algumas das mais importantes boas ações ao acaso da história humana. Já ofereceram um brinquedo para cada criança em um hospital de Londres, doaram meio milhão de panquecas, distribuíram toneladas de brindes em festivais, distribuíram suprimentos médicos e apoio doméstico para famílias carentes, promoveram chás beneficentes para pessoas idosas, conseguiram uma guitarra para um garoto de 10 anos e até ofereceram a um pai que queria surpreender a filha poltronas na primeira fila e visita aos bastidores do Circo de Moscou.

8. *Lance um experimento de generosidade pessoal.* Se preferir doar por conta própria, experimente o desafio GOOD de trinta dias (www.good.is/post/the-good-30-day-challenge-become-a-good-citizen). Em cada dia do mês, o GOOD sugere uma nova maneira de doar. Para mais exemplos de boas ações ao acaso, confira o experimento de generosidade de 30 dias de Sasha Dichter (http://sashadichter.wordpress.com) e o ano de práticas diárias de boas ações ao acaso de Ryan Garcia (www.e66randomacts.org). Dichter, diretor de inovações do Acumen Fund, engajou-se em um experimento de generosidade com a duração de um mês em que disse sim a todos os pedidos de ajuda que recebeu. Garcia, executivo de vendas da ZocDoc, pratica atos de generosidade diários ao acaso e mantém um blog sobre a experiência. Como vimos no Capítulo 6, esses experimentos de generosidade tendem a ser mais gratificantes do ponto de vista psicológico quando o participante dedica ao programa de 2 a 11 horas semanais e o concentra em fatias maiores – todas as boas ações em um único dia da semana em vez de uma por dia.

9. *Ajude a financiar um projeto*. Muita gente busca apoio financeiro para seus projetos. Em vários sites de *crowdfunding* você pode encontrar pessoas em busca de ajuda para o desenvolvimento e lançamento de filmes, livros, videogames, músicas, peças, pinturas e outros produtos e serviços. No Kiva (www.kiva.org) é possível identificar oportunidades para conceder microempréstimos de US$25 ou mais a empreendedores dos países em desenvolvimento. Ambos os sites lhe dão a chance de conhecer e de acompanhar o progresso dos beneficiários da ajuda.

10. *Busque ajuda com mais frequência*. Para quem quer que outras pessoas sejam doadoras, um dos passos mais fáceis é pedir. Quando se pede ajuda, nem sempre se impõe um ônus. Algumas pessoas são doadoras e, ao lhes fazer uma solicitação, você está criando oportunidades para que elas expressem seus valores e se sintam valorizadas. Ao pedir-lhes um favor de cinco minutos, você as onera relativamente pouco – ao recorrer a um compensador, você pode dar como certa a oportunidade de retribuir. Wayne e Cheryl Baker observam que as pessoas podem "produzir a fagulha da reciprocidade ao fazer pedidos assim como ao ajudar os outros. Ajude com generosidade sem pensar na retribuição; mas também peça com frequência, sempre que precisar".[9]

Notas

Capítulo 1

1. Samuel L. Clemens (também conhecido como Mark Twain), "At the Dinner to Joseph H. Choate, November 16, 1901", in *Speeches at the Lotos Club*, ed. J. Elderkin, C. S. Lord e H.N. Fraser (Nova York: Lotos Club, 1911), 38.
2. Entrevistas pessoais com David Hornik (30 de janeiro e 12 de março de 2012) e com Danny Shader (13 de fevereiro de 2012).
3. Edward W. Miles, John D. Hatfield e Richard C. Huseman, "The Equity Sensitivity Construct: Potential Implications for Workers Performance", *Journal of Management* 15 (1989): 581-588.
4. Margaret S. Clark e Judson Mills, "The Difference between Communal and Exchange Relationships: What it is and is Not", *Personality and Social Psychology Bulletin* 19 (1993): 684-691.
5. Alan P. Fiske, *Structures of Social Life: The Four Elementary Forms of Human Relations* (Nova York: Free Press, 1991).
6. Francis J. Flynn, "How Much Should I Give and How Often: The Effects of Generosity and Frequency of Favor Exchange on Social Status and Productivity", *Academy of Management Journal* 46 (2003): 539-2.553.
7. Filip Lievens, Deniz S. Ones e Stephan Dilchert, "Personality Scale Validities Increase Throughout Medical School", *Journal of Applied Psychology* 94 (2009): 1.514-1.535.
8. Adam M. Grant e Dane Barnes, "Predicting Sales Revenue" (documento de trabalho, 2011).
9. Timothy A. Judge, Neth A. Livingston e Charlice Hurst, "Do Nice Guys – and Gals – Really Finish Last? The Joint Effects of Sex and Agreableness on Income", *Journal of Personality and Social Psychology* 102 (2012): 390-407.
10. Robert J. Homant, "Risky Altruism as a Predictor of Criminal Victimization", *Criminal Justice and Behavior* 37 (2010): 1.195-1.216.
11. Nir Halevy, Eileen Y. Chou, Taya R. Cohen e Robert W. Livingston, "Status Conferral in Intergroup Social Dilemmas: Behavioral Antecedents and Consequences of Prestige and Dominance", *Journal of Personality and Social Psychology* 102 (2012): 351-366.
12. Eugene Kim e Theresa M. Glomb, "Get Smarty Pants: Cognitive Ability, Personality, and Victimization", *Journal of Applied Psychology* 95 (2010): 889-901.
13. Entrevista pessoal com Randy Komisar (10 de março de 2012).

14. Bill Clinton, *Giving: How Each of Us Can Change The World* (Nova York: Random House, 2007), ix.
15. Meu relato da ascensão de Abraham Lincoln se baseia principalmente no livro arrebatador de Doris Kearns Goodwin, *Lincoln* (Rio de Janeiro: Record, 2013).
16. Max J. Skidmore, *Presidential Performance: A Comprehensive Review* (Jefferson, NC: McFarland & Co, 2004).
17. Steven J. Rubenzer e Thomas R. Faschingbauer, *Personality, Character, and Leadership in the White House Psychologists Assess the Presidents* (Dulles, VA: Brassey's, 2004), 223.
18. Entrevista pessoal com Chip Conley (24 de fevereiro de 2012).
19. Entrevista pessoal com Bobbi Silten (9 de fevereiro de 2012).
20. Paul Osterman, "Work Reorganization in an Era of Restructuring: Trends in Diffusion and Effects on Employee Welfare", *Industrial and Labor Relations Review* 53 (2000): 179-196; e Duncan Gallie, Ying Zhou, Alan Felstead e Francis Green, "Teamwork, Skill Development and Employee Welfare", *British Journal of Industrial Relations* 50 (2012): 23-46.
21. Adam M. Grant e Sharon K. Parker, "Redesigning Work Design Theories: The Rise of Relational and Proactive Perspectives", *Academy of Management Annals* 3 (2009): 317-375.
22. Entrevistas pessoais com Steve Jones (13 de julho de 2011) e Peter Audet (12 de dezembro de 2011 e 19 de janeiro de 2012).
23. Shalom H. Schwartz e Anat Bardi, "Value Hierarchies across Cultures: Taking a Similarities Perspective", *Journal of Cross-Cultural Psychology* 32 (2001): 268-290.
24. Entrevista pessoal com Sherryann Plesse (21 de outubro de 2011).
25. Dale T. Nukkerm "The Norm of Self-Interest", *American Psychologist* 54 (1999): 1.053-1.060.
26. Ver Jeffrey Sanches Burks, "Protestant Relational Ideology: The Cognitive Underpinnings and Organizational Implications of an American Anomaly", *Research in Organizational Behavior* 26 (2005): 267-308; e "Protestant Relational Ideology and (In) Attention to Relational Cues in Work Settings", *Journal of Personality and Social Psychology* 83 (2002): 919-929.
27. Robert H. Frank, *Passions Within Reason: The Strategic Role of Emotions* (Nova York: W.W. Norton, 1988), xi.

Capítulo 2

1. Coretta Scott King, *The Words of Martin Luther King, Jr.* (Nova York: Newmarket Press, 2008), 17.
2. Bethany McLean e Peter Elkind, *The Smartest Guys in the Room: The Amazing Rise and Scandalous Fall of Enron* (Nova York: Portfolio, 2004); Mimi Swartz e Sherron Watkins, *Power Failure: The Inside Story of the Collapse of Enron* (Nova York: Crown, 2004); e Judy Keen, "Bush, Lay Kept Emotional Distance", *USA Today*, 26 de fevereiro de 2002.

3. Brian Uzzi e Shannon Dunlap, "How to Build Your Network", *Harvard Business Review* December (2005): 53-60; e Ronald Burt, *Structural Holes: The Social Structure of Competition* (Cambridge, MA: Harvard University Press, 1995).
4. Reid Hoffman, "Connections with Integrity", *strategy+business*, 29 de maio de 2012.
5. Mitja D. Back, Stefan C. Schmukle e Boris Egloff, "Why Are Narcissists So Charming at First Sight? Decoding the Narcissism-Popularity Link at Zero Acquaintance", *Journal of Personality and Social Psychology* 98 (2010): 132-145.
6. Serena Chen, Annette Y. Lee-Chai e John A. Bargh, "Relationship Orientation as a Moderator of the Effects of Social Power", *Journal of Personality and Social Psychology* 80 (2001): 173-187; e Katherine A. DeCelles, D. Scott DeRue, Joshua D. Margolis e Tara L. Ceranic, "Does Power Corrupt or Enable? When and Why Power Facilitates Self-Interested Behavior", *Journal of Applied Psychology* 97 (2012): 681-689.
7. Daniel Kahneman, Jack L. Knetsch e Richard H. Thaler, "Fairness and the Assumptions of Economics", *Journal of Business* 59 (1986): S285-S300.
8. Matthew Feinberg, Joey Cheng e Robb Willer, "Gossip as an Effective and Low-Cost Form of Punishment", *Behavioral And Brain Sciences* 35 (2012): 25; Matthew Feinberg, Robb Willer, Jennifer Stellar e Dacher Keltner, "The Virtues of Gossip: Reputational Information Sharing as Prosocial Behavior", *Journal of Personality and Social Psychology* 102 (2012): 1.015-1.030.
9. Wayne E. Baker, *Achieving Success Through Social Capital: Tapping Hidden Resources in Your Personal and Business Networks* (São Francisco: Jossey-Bass, 2000), 19.
10. Arijig Chatterjee e Donald C. Hambrick, "It's All about Me: Narcissistic Chief Executive Officers and Their Effects on Company Strategy and Performance", *Administrative Science Quarterly* 52 (2007): 351-286.
11. Benjamin S. Crosier, Gregory D. Webster e Haley M. Dillon, "Wired to Connect: Evolutionary Psychology and Social Networks", *Review of General Psychology* 16 (2012): 230-239.
12. Laura E. Buffardi e W. Keith Campbell, "Narcissism and Social Networking Websites", *Personality and Social Psychology Bulletin* 34 (2008): 1.303-1.314.
13. Entrevista pessoal com Howard Lee (11 de dezembro de 2011).
14. Jessica Shambora, "*Fortune*'s Best Networker", *Fortune*, 9 de fevereiro de 2011, acessado em 26 de janeiro de 2012, http://tech.fortune.cnn.com/2011/02/09/fortunes--best-networker.
15. Entrevistas pessoais com Adam Rifkin (28 de janeiro de 2012), Jessica Shambora (9 de fevereiro de 2012), Raymond Rouf (16 de fevereiro de 2012) e Eghosa Omoigui (14 de março de 2012); visita a 106 Miles (9 de maio de 2012); conversa com Brian Norgard (http://namesake.com/conversation/brian/like-welcome-ifindkarma-namesake-community); site de Adam Rifkin (http://ifindkarma.com/) e site de Grahan Spencer (www.gspencer.net).
16. Robert B. Cialdini, *Influência – A psicologia da persuasão* (Lisboa: Sinais de fogo Pub, 2008).
17. Keith Ferrazzi e Tahl Raz, *Never Eat Alone: And Other Secrets to Success, One Relationship at a Time* (Nova York: Crown Business, 2005), 22.

18. Entrevista pessoal com Dan Weinstein (26 de janeiro de 2012).
19. Entrevista de Guy Kawasaki com Warren Cass, acessada em 14 de maio de 2012, www.youtube.com/watch?feature=player_embedded&v=_OsWvp2X8gk.
20. Mark Granovetter, "The Strenght of Weak Ties: A Network Theory Revisited", *Sociological Theory* 1 (1983): 201-233.
21. Fred H. Goldner, "Pronoia", *Social Problems* 30 (1982): 82-91; e entrevista pessoal com Brian Little (24 de janeiro de 2011).
22. Daniel Z. Levin, Jorte Walter e J. Keith Murnighan, "Dormant Ties: The Value of Reconnecting", *Organization Science* 22 (2011): 923-939; e "The Power of Reconnection: How Dormant Ties Can Surprise You", *MIT Sloan Management Review* 52 (2011): 45-50.
23. Rob Cross, Wayne Baker e Andrew Parker, "What Creates Energy in Organizations?", *MIT Sloan Management Review* 44 (2003): 51-56.
24. Robert Putnam, *Bowling Alone: The Collapse and Revival of American Community* (Nova York: Simon & Schuster, 2000), 21.
25. James H. Fowler e Nicholas A. Christakis, "Cooperative Behavior Cascades in Human Social Networks", *PNAS* 107 (2010): 5.334-5.338.
26. J. Mark Weber e J. Keith Murnighan, "Suckers or Saviors? Consistent Contributors in Social Dilemmas", *Journal of Personality and Social Psychology* 95 (2008) 1.340-1.353.
27. Francis J. Flynn, "How Much Should I Give and How Often? The Effects of Generosity and Frequency of Favor Exchange on Social Status and Productivity", *Academy of Management Journal* 46 (2003): 539-553.

Capítulo 3

1. John Andrew Holmes, *Wisdom in Small Doses* (Lincoln, NE: The University Publishing Company, 1927).
2. David Owen, "Taking Humor Seriously: George Meyer, the Funniest Man behind the Funniest Show on TV, *New Yorker*, 13 de março de 2000; Simon Vozick-Levinson, "For *Simpsons* Writer Meyer, Comedy Is No Laughing Matter", *Harvard Crimson*, 4 de junho de 2003; Eric Spitznagel, "George Meyer", *Believer*, setembro de 2004; Mike Sacks, *And Here's the Kicker: Conversations with 21 Top Humor Writers on Their Craft* (Cincinnati: Writers Digest Books, 2009); e entrevistas pessoais com Meyer (21 de junho de 2012), Tim Long (22 de junho de 2012), Carolyn Omine (27 de junho de 2012) e Don Payne (12 de julho de 2012).
3. Liz Wiseman e Greg McKeown, *Multipliers: How the Best Leaders Make Everyone Smarter* (Nova York: HarperBusiness, 2010).
4. Donald W. MacKinnon, "The Nature and Nurture of Criative Talent", *American Psychologist* 17 (1962): 484-495; e "Personality and the Realization of Creative Potencial", *American Psychologist* 20 (1965): 272-281.
5. Gregory Feist, "A Structural Model of Scientific Eminence", *Psychological Science* 4 (1993): 366-371; e "A Meta-Analysis of Personality in Scientific and Artistic Creativity", *Personality and Social Psychology Review* 2 (1998): 290-309.

6. Roger Friedland e Harold Zellman, *The Fellowship: The Untold Story of Frank Lloyd Wright and the Taliesin Fellowship* (Nova York: HarperCollins, 2007), 138; Ed de St. Aubin, "Truth Against the World: A Psychobiographical Exploration of Generativity in the Life of Frank Lloyd Wright", in *Generativity and Adult Development: How and Why We Fare for the Next Generation*, ed. Dan P. McAdams e Ed de St. Aubin (Washington, D.C.: American Psychological Association, 1998), 402 e 408; Christopher Hawthorne, "At Wright's Taliesin, Maybe the Walls Can Talk", *Los Angeles Times*, 3 de setembro de 2006; e Brendan Gill, *Many Masks: A Life of Frank Lloyd Wright* (Nova York: De Capo Press, 1998), 334.
7. Joan Altabe, "Fallingwater is Falling Apart", *Gadfly Online*, 18 de fevereiro de 2002; ver também Hugh Pearman, "How Many Wrights Make a Wrong?", *Sunday Times Magazine*, 12 de junho de 2005.
8. Robert Huckman e Gary Pisano, "The Firm Specificity of Individual Performance: Evidence from Cardiac Surgery", *Management Science* 52 (2006): 473-488.
9. Boris Groysberg, Linda-Eling Lee e Ashish Nanda, "Can They Take It with Them? The Portability of Star Knowledge Workers' Performance", *Management Science* 54 (2008): 1.213-1.230; e Boris Groysberg e Linda-Eling Lee, "The Effect of Colleague Quality on Top Performance: The Case of Security Analysts", *Journal of Organizational Behavior* 29 (2008): 1.123-1.144.
10. Maryam G. Hamedanhi, Hazel S. Markus e Alyssa S. Fu, "My Nation, My Self: Divergent Framings of America Influence American Selves", *Personality and Social Psychology Bulletin* 37 (2011): 350-364.
11. Nathan P. Podsakoff, Steven W. Whiting, Philip M. Podsakoff e Brian D. Blume, "Individual-and Organizational-Level Consequences of Organizational Citizenship Behaviors: A Meta-Analysis", *Journal of Applied Psychology* 94 (2009): 122-141; e Philip M. Podsakoff, Scott B. MacKenzie, Julie B. Paine e Daniel G. Bachrach, "Organizational Citizenship Behaviors: A Critical Review of the Theoretical and Empirical Literature and Suggestions for Future Research", *Journal of Management* 26 (2000): 513-563.
12. Entrevistas pessoais com Jeff Ashby (9 de julho de 2012) e John Kanengieter (13 de julho de 2012).
13. Eugene Kim e Theresa M. Glomb, "Get Smarty Pants: Cognitive Ability, Personality, and Victimization", *Journal of Applied Psychology* 95 (2010): 889-901.
14. Sabrina Deutsch Salamon e Yuval Deutsch, "OCB as a Handicap: An Evolutionary Psychological Perspective", *Journal of Organizational Behavior* 27 (2006): 185-199.
15. Edwin P. Hollander, "Conformity, Status, and Idiosyncrasy Credit", *Psychological Review* 65 (1958): 117-127; ver também Charlie L. Hardy e Mark Van Vugt, "Nice Guys Finish First: The Competitive Altruism Hypothesis", *Personality and Social Psychology Bulletin* 32 (2006): 1.402-1.413.
16. Robb Willer, "Groups Rewarded Individual Sacrifice: The Status Solution to the Collective Action Problem", *American Sociological Review* 74 (2009): 23-43.
17. Adam M. Grant, Sharon Parker e Catherine Collins, "Getting Credit for Proactive Behavior: Supervisor Reactions Depend on What You Value and How You Feel", *Personnel Psychology* 62 (2009): 31-55.

18. Matej Cerne, Christina Nerstad, Anders Dysvik e Miha Skerlavaj, "What Goes Around Comes Around: Knowledge Hiding, Perceived Motivational Climate, and Creativity", *Academy of Management Journal* (no prelo).
19. David Oshinsky, *Polio: An American Story* (Nova York: Oxford University Press, 2005), 205-206 e 208.
20. Douglas Heuck, "A Talk with Salk Sheds Wisdom", *Pittsburgh Quarterly*, 2006.
21. Academy of Achievement, "Jonas Salk Interview", 17 de maio de 1991, acessado em 15 de março de 2012, http://www.achievement.org/autodoc/page/sal0int-4; e Paul Offit, *The Cutter Incident: How America's First Polio Vaccine Led to the Growing Vaccine Crisis* (New Haven: Yale University Press, 2005), 57.
22. Luis Fábregas, "Salk's Son Extends Olive Branch to Polio Team", *Pittsburgh Tribune*, 13 de abril de 2005.
23. Michael Ross e Fiore Sicoly, "Egocentric Biases in Availability and Attribution", *Journal of Personality and Social Psychology* 37 (1979): 322-336.
24. Mark Peters e Daniel O'Brien, "From Cromulent to Craptacular: The Top 12 *Simpsons* Created Words", Cracked.com, 23 de julho de 2007; e Ben Zimmer, "The 'Meh' Generation: How an Expression of Apathy Invaded America", *Boston Globe*, 26 de fevereiro de 2012.
25. Eugene M. Caruso, Nicholas Epley e Max H. Bazerman, "The Costs and Benefits of Undoing Egocentric Responsibility Assessments in Groups", *Journal of Personality and Social Psychology* 91 (2006): 857-871.
26. Michael McCall, "Orientation, Outcome, and Other-Serving Attributions", *Basic and Applied Social Psychology* 17 (1995): 49-64.
27. Amy Edmondson, "Learning from Mistakes is Easier Said Than Done: Group and Organizational Influences on the Detection and Corrections of Human Error", *Journal of Applied Behavioral Science* 32 (1996): 5-28; e "Psychological Safety and Learning Behavior in Work Teams", *Administrative Science Quarterly* 44 (1999): 350-382.
28. David Obstfeld, "Social Networks, the Tertius Iungens Orientation, and Involvement in Innovation", *Administrative Science Quarterly* 50 (2005): 100-130.
29. Loran F. Nordgren, Mary-Hunter Morris McDonnell e George Loewenstein, "What Constitutes Torture? Psychological Impediments to an Objective Evaluation of Enhanced Interrogation Tactics", *Psychological Science* 22 (2011): 689-694.
30. Robert Burton, "Pathological Certitude", in *Pathological Altruism*, ed. Barbara Oakley et al. (Nova York: Oxford University Press, 2011), 131-137; Natalie Algier, "The Pathological Altruist Gives Till Someone Hurts", *The New York Times*, 3 de outubro de 2011; e entrevista pessoal com Burton (23 de fevereiro de 2012).
31. Adam M. Grant e James Berry, "The Necessity of Others Is the Mother of Invention: Intrinsic and Prosocial Motivations, Perspective-Taking and Creativity", *Academy of Management Journal* 54 (2011): 73-96.
32. Francesca Gino e Francis J. Flynn, "Give Them What They Want: The Benefits of Explicitness in Gift Exchange", *Journal of Experimental Social Psychology* 47 (2011): 915-922.

33. C. Daniel Batson, Shannon Early e Giovanni Salvarani, "Perspective Taking: Imagining How Another Feels Versus Imagining How You Would Feel", *Personality and Social Psychology Bulletin* 23 (1997): 751-758.
34. Betty Repacholi e Alison Gopnik, "Early Reasoning about Desires: Evidence from 14- and 18-Month-Olds", *Developmental Psychology* 33 (1997): 12-21.
35. Beatrice Whiting e John Whiting, *Children of Six Cultures: A Psycho-Cultural Analysis* (Cambridge, MA: Harvard University Press, 1975); David Winter, "The Power Motive in Women – and Men", *Journal of Personality and Social Psychology* 54 (1988): 510-519; Frank J. Sulloway, *Born to Rebel: Birth Order, Family Dynamics, and Creative Lives* (Nova York: Vintage Books, 1997); e Paul A. M. Van Lange, Wilma Otten, Ellen M. N. De Bruin, e Jeffrey A. Joireman, "Development of Prosocial, Individualistic, and Competitive Orientations: Theory and Preliminary Evidence", *Journal of Personality and Social Psychology* 73 (1997): 733-746.
36. De St. Aubin, 405

Capítulo 4

1. Entrevista pessoal (28 de maio de 2012); e Peter Paker, "Education of a President", *The New York Times*, 12 de outubro de 2010; David Picker, "Amazing Ride Nears End for 'First Brother' Reggie Love", *ABC News*, 22 de novembro de 2011; Jodi Kantor, "Leaving Obama's Shadow, to Cast One of His Own", *The New York Times*, 10 de novembro de 2011; e Noreen Malone, "Obama Still Hasn't Replaced Reggie Love", *New York Magazine*, 16 de fevereiro de 2012.
2. Entrevistas pessoais com Skender (16 de janeiro e 30 de abril de 2012), Beth Traynham (4 de maio de 2012), Marie Arcuri (5 de maio de 2012) e David Moltz (10 de maio de 2012); ver também Megan Tucker, "By the Book, Sort of..." *Business Week*, 20 de setembro de 2006; Kim Nielsen, "The Last Word: C. J. Skender, CPA", *Journal of Accountancy*, abril de 2008; Patrick Adams, "The Entertainer", *Duke Magazine*, 4 de março de 2004; e Nicki Jhbvala, "Road Trip: UNC", *Sports Illustrated*, 8 de novembro de 2006.
3. Dov Eden, "Pygmalion without Interpersonal Contrast Effects: Whole Groups Gain from Raising Manager Expectations", *Journal of Applied Psychology* 75 (1990): 394-398; e "Self-Fulfilling Prophecies in Organizations", in *Organizational Behavior: State of the Science*, ed. J. Greenberg (Mahwah, NJ: Erlbaum, 2003), 91-122.
4. Robert Rosenthal e Lenore Jacobson, "Teachers' Expectancies: Determinants of Pupils' IQ Gains", *Psychological Reports* 19 (1966): 115-118; e *Pygmalion in the Classroom: Teachers Expectation and Pupils' Intellectual Development* (Nova York: Crown, 2003).
5. Lee Jussim e Kent Harber, "Teacher Expectations and Self-Fulfilling Prophecies: Knowns and Unknowns, Resolved and Unresolved Controversies", *Personality and Social Psychology Review* 9 (2005): 131-155.
6. D. Brian McNatt, "Ancient Pygmalion Joins Contemporary Management: A Meta-Analysis of the Result", *Journal of Applied Psychology* 85 (2000): 314-322.
7. Jennifer Carson Marr, Stefan Thau, Karl Aquino e Laurie J. Barclay, "Do I Want to Know? How the Motivation to Acquire Relationship-Threatening Information in

Groups Contributes to Paranoid Thought, Suspicion Behavior and Social Rejection", *Organizational Behavior and Human Decision Processes* 117 (2012): 285-297; e Detlef Fetchenhauer e David Dunning, "Why So Cynical? Asymmetric Feedback Underlies Misguided Skepticism Regarding the Trustworthiness of Others", *Psychological Science* 21 (2010): 189-193; ver também Fabrizio Ferraro, Jeffrey Pfeffer e Robert I. Sutton, "Economics Language and Assumptions: How Theories Can Become Self-Fulfilling", *Academy of Management Review* 30 (2005): 8-24.

8. D. Brian McNatt e Timothy A. Judge, "Boundary Conditions of the Galatea Effect: A Field Experiment and Constructive Replication", *Academy of Management Journal* 47 (2004): 550-565.
9. Raymond Cattell, *Abilities: Their Structure, Growth, and Action* (Nova York: Houghton Mifflin, 1971); e *Intelligence: Its Structure, Growth, and Action* (Nova York: Elsevier, 1987); ver também Frank Schmidt, "A Theory of Sex Differences in Technical Aptitude and Some Supporting Evidence", *Perspectives on Psychological Science* 6 (2011): 560-573.
10. Benjamin Bloom, *Developing Talent in Young People* (Nova York: Ballantine Books, 1985), 173.
11. Daniel Coyle, *O código do talento* (Rio de Janeiro: Agir, 2010).
12. Malcolm Gladwell, *Fora de série – Outliers* (Rio de Janeiro: Sextante, 2008); e K. Anders Ericsson e Neil Charness, "Expert Performance: Its Structure and Acquisition", *American Psychologists* 49 (1994), 725-747.
13. Angela L. Duckworth, Christopher Peterson, Michael D. Matthews e Dennis R. Kelly, "Grit: Perseverance and Passion for Long-Term Goals", *Journal of Personality and Social Psychology* 92 (2007): 1.087-1.101.
14. George Anders, *The Rare Find: Spotting Exceptional Talent Before Everyone Else* (Nova York: Portfolio, 2011), 212.
15. Wayne Thompson, *Blazermania: This Is Our Story – The Official History of the Portland Trail Blazers* (San Rafael, CA: Insight Editions, 2010); e "My Memories of Stu Inman", NBA.com, 2007, acessado em 14 de maio de 2012, http://www.nba.com/blazers/news/My_memories_of_Stu_Inman-208239-1218.html; Jack Ramsay, "Stu Inman was an Old-School Pro", ESPN, 2007, acessado em 14 de maio de 2012, https://m.espn.go.com/nba/story?storyId=2750878; Steve Duin, "Stu Inman: The Ultimate Class Act", *The Oregonian*, 30 de janeiro de 2007; Mandy Major, "Dr. Ogilvie Was an Acclaimed Pioneer in Sports Psychology", *Los Gatos Weekly Times*, 23 de julho de 2003; Chris Tomasson, "LaRue Martin's Story Proves One of Redemption, Success", AOL News, 25 de janeiro 2011, acessado em 14 de maio de 2012, http://www.aolnews.com/2011/01/25/larue-martins-story-proves-one-of-redemption-success/; e "Ultimate Rebound: Draft Bust LaRue Martin Lands NBA Gig", AOL News, 21 de fevereiro de 2011, acessado em 14 de maio de 2012, http://www.aolnews.com/2011/02/21/ultimate-rebound--draft-bust-larue-martin-lands-nba-gig/; Jerry Sullivan, "NBA Scouts Are Learning to Think Small", *Los Angeles Times*, 11 de março de 1989; Stats LLC, "Stu Inman, Architect of Trail Blazers' Title Team, Dies at 80", *Associated Press*, 31 de janeiro de 2007; Rob Kremer, "Stu Inman, RIP" Blogspot, 31 de janeiro de 2007, acessado em 14 de

maio de 2012, http://robkremer.blogspot.com/2007/01/stu-inman-rip.html; Dwight Jaynes, "Pioneer Blazer Won with Character", *Portland Tribune*, 2 de fevereiro de 2007; Tommie Smith e David Steele, *Silent Gesture: The Autobiography of Tommie* Smith (Filadélfia: Temple University Press, 2007), 84; Filip Bondy, *Tip-off : How the 1984 NBA Draft Changed Basketball Forever* (Cambridge, MA; Da Capo Press, 2007), 114; Frank Coffey, *The Pride of Portland: The Story of the Trail Blazers* (Nova York: Everest House, 1980); Chris Ballard, Chuck Wielgus, Clark Kellogg e Alexander Wolff, *Hoops Nation: A Guide to America's Best Pickup Basketball* (Lincoln: University of Nebraska Press, 2004); e entrevistas pessoais com Thompson (14 de maio de 2012).

16. Barry M. Staw e Ha Hoang, "Sunk Costs in the NBA: Why Draft Order Affects Playing Time and Survival in Professional Basketball", *Administrative Science Quarterly* 40 (1995): 474–494; ver também Colin F. Camerer e Roberto A. Weber, "The Econometrics and Behavioral Economics of Escalation of Commitment in NBA Draft Choices", *Journal of Economic Behavior and Organization* 39 (1999): 59-82.

17. Dustin J. Sleesman, Donald E. Conlon, Gerry McNamara e Jonathan E. Miles, "Cleaning Up the Big Muddy: A Meta-Analytic Review of the Determinants of Escalation of Commitment", *Academy of Management Journal* 55 (2012): 541-562.

18. Barry M. Staw, Sigal G. Barsade e Kenneth W. Koput, "Escalation at the Credit Window: A Longitudinal Study of Bank Executives' Recognition and Write-off of Problem Loans", *Journal of Applied Psychology* 82 (1997): 130-142.

19. Henry Moon, "The Two Faces of Conscientiousness: Duty and Achievement Striving in Escalation of Commitment Dilemmas", *Journal of Applied Psychology* 86 (2001): 533-540.

20. Bruce M. Meglino e M. Audrey Korsgaard, "Considering Rational Self-Interest as a Disposition: Organizational Implications of Other Orientation", *Journal of Applied Psychology* 89 (2004): 946-959; e M. Audrey Korsgaard, Bruce M. Meglino e Scott W. Lester, "Beyond Helping: Do Other-Oriented Values Have Broader Implications in Organizations?" *Journal of Applied Psychology* 82 (1997): 160-177.

21. Laura Kray e Richard Gonzalez, "Differential Weighting in Choice Versus Advice: I'll Do This, You Do That", *Journal of Behavioral Decision Making* 12 (1999): 207-217; Laura Kray, "Contingent Weighting in Self-Other Decision Making", *Organizational Behavior and Human Decision Processes* 83 (2000): 82-106; e Evan Polman e Kyle J. Emich, "Decisions for Others are More Creative than Decisions for the Self", *Personality and Social Psychology Bulletin* 37 (2011): 492-501.

22. Wayne Thompson, "Bob Gross: Moving Without the Ball", NBA.com, acessado em 14 de maio de 2012, http://www.nba.com/blazers/news/Bob_Gross_Moving_Without_The_-292398 1218.html; Kyle Laggner, "Former Blazers' Forward Bobby Gross Leaves a Lasting Impression", *Oregonian*, 17 de dezembro de 2008; e Jews in Sports profile, acessado em 14 de maio de 2012, www.jewsinsports.org/profile.asp?sport=basketball&ID=358.

23. Adam M. Grant, "Does Intrinsic Motivation Fuel the Prosocial Fire? Motivational Synergy in Predicting Persistence, Performance, and Productivity", *Journal of Applied Psychology*, 93 (2008): 48-58.

24. Entrevista pessoal com Russell Simmons (26 de junho de 2012); e Russell Simmons e Chris Morrow, *Do You: 12 Laws to Access the Power in You to Achieve Happiness and Success* (Nova York: Penguin, 2008), 156-157.
25. Clyde Drexler e Kerry Eggers, *Clyde the Glide: My Life in Basketball* (Nova York: Skyhorse Publishing, 2011), 109-114.
26. Michael Leahy, *When Nothing Else Matters: Michael Jordan's Last Comeback* (Nova York: Simon & Schuster, 2005); Sam Smith, *The Jordan Rules* (Nova York: Mass Market, 1993); Jack McCallum, *Dream Team: How Michael, Magic, Larry, Charles, and the Greatest Team of All Time Conquered the World and Changed the Game of Basketball Forever* (Nova York: Ballantine Books, 2012); ESPN Chicago, "Charles Barkley Critical of Jordan", 1º de março de 2012, acessado em 28 de maio de 2012, http://espn.go.com/chicago/nba/story/_/id/7634685/charles-barkley-michael-jordan-executive-not-done-good-job; e Rick Reilly, "Be Like Michael Jordan? No Thanks", ESPN, 19 de setembro de 2009, acessado em 28 de maio de 2012, http://sports.espn.go.com/espn/columns/story?columnist=reilly_rick&id=4477759.
27. Bondy, *Tip-off*, 3.
28. Entrevista pessoal com Chris Granger (26 de junho de 2012).
29. Anders, 246-247.

Capítulo 5

1. Theodore Roosevelt, "Letter to Henry R. Sprague", *American Treasures of the Library of Congress*, 26 de janeiro de 1900.
2. Hayes Hunt, "The King's Speech: A Trail Lawyer's Stutter", *From the Sidebar*, 3 de março de 2011; e entrevistas pessoais com Walton (6 de setembro e 15 de dezembro de 2011 e 9 de março de 2012).
3. Daniel Pink, *Saber vender é da natureza humana* (Rio de Janeiro: Leya, 2013).
4. Nir Halevy, Eileen Y. Chou, Taya R. Cohen e Robert W. Livingston, "Status Conferral in Intergroup Social Dilemmas: Behavioral Antecedents and Consequences of Prestige and Dominance", *Journal of Personality and Social Psychology* 102 (2012): 351-366.
5. Susan Cain, *O poder dos quietos* (Rio de Janeiro: Agir, 2012).
6. Ver M. Audrey Korsgaard, Bruce M. Meglino e W. Scott Lester, "Beyond Helping: Do Other-Oriented Values Have Broader Implications in Organizations?" *Journal of Applied Psychology* 82 (1997): 160-177; e Michael C. Ashton e Kibeom Lee, "Empirical, Theoretical, and Practical Advantages of the HEXACO Model of Personality Structure", *Personality and Social Psychology Review* 11 (2007): 150-166.
7. Elliot Aronson, Ben Willerman e Joanne Floyd, "The Effect of a Pratfall on Increasing Interpersonal Attractiveness", *Psychonomic Science* 4 (1966): 227–228; e Robert Helmreich, Elliot Aronson e James LeFan, "To Err is Humanizing – Sometimes: Effects of Self-Esteem, Competence, and a Pratfall on Interpersonal Attraction", *Journal of Personality and Social Psychology* 16 (1970): 259-264.
8. Robert H. Frank, "What Price the Moral High Ground?", *Southern Economic Journal* 63 (1966); 1-17.

9. Entrevista pessoal (4 de outubro de 2011).
10. James Pennebaker, *Abra o seu coração* (São Paulo: Gente, 2006).
11. Entrevistas pessoais com Kildare Escoto (23 e 28 de agosto de 2011) e Nancy Phelps (23 de agosto de 2011).
12. Adam M. Grant e Dane Barnes, "Predicting Sales Revenue" (documento de trabalho, 2011).
13. Neil Rackham, "The Behavior of Successful Negotiators", in *Negotiation: Readings, Exercises, and Cases*, ed. R. Lewicki, B. Barry e D. M. Saunders (Nova York: McGraw-Hill, 2007).
14. Philip M. Podsakoff, Scott B. MacKenzie, Julie B. Paine e Daniel G. Bachrach, "Organizational Citizenship Behaviors: A Critical Review of the Theoretical and Empirical Literature and Suggestions for Future Research", *Journal of Management* 26 (2000): 513-563.
15. Carl J. Thoresen, Jill C. Bradley, Paul D. Bliese e Joseph D. Thoresen, "The Big Five Personality Traits and Individual Job Performance Growth Trajectories in Maintenance and Transitional Job Stages", *Journal of Applied Psychology* 89 (2004): 835-853.
16. Anthony G. Greenwald, Catherine G. Carnot, Rebecca Beach e Barbara Young, "Increasing Voting Behavior by Asking People if They Expect to Vote", *Journal of Applied Psychology* 72 (1987): 315-318.
17. Marian Friestad e Peter Wright, "The Persuasion Knowledge Model: How People Cope with Persuasion Attempts", *Journal of Consumer Research* 21 (1994): 1-31; Jack Brehm, *A Theory of Psychological Reactance* (Nova York: Academic Press, 1966); e John Biondo e A. P. MacDonald Jr., "Internal-External Locus of Control and Response to Influence Attempts", *Journal of Personality* 39 (1971): 407-419.
18. Fernando Jaramillo e Douglas B. Grisaffe, "Does Customer Orientation Impact Objective Sales Performance? Insights from a Longitudinal Model in Direct Selling", *Journal of Personal Selling & Sales Management* XXIX (2009): 167-178.
19. Elliot Aronson, "The Power of Self-Persuasion", *American Psychologist* 54 (1999): 875-884.
20. Patti Williams, Gavan Fitzsimons e Lauren Block, "When Consumers Do Not Recognize 'Benign' Intention Questions and Persuasion Attempts", *Journal of Consumer Research* 31 (2004): 540-550.
21. Entrevistas pessoais (16 de dezembro de 2011 e 30 de março de 2012).
22. Alison R. Fragale, "The Power of Powerless Speech: The Effects of Speech Style and Task Interdependence on Status Conferral", *Organizational Behavior and Human Decision Processes* 101 (2006): 243-261; ver também Uma R. Karmarkar e Zakary L. Tormala, "Believe Me, I Have No Idea What I'm Talking About: The Effects of Source Certainty on Consumer Involvement and Persuasion", *Journal of Consumer Research* 36 (2010): 1.033-1.049.
23. Amani El-Alayli, Christoffer J. Myers, Tamara L. Petersen e Amy L. Lystad, "I Don't Mean to Sound Arrogant, But... The Effects of Using Disclaimers on Person Perception", *Personality and Social Psychology Bulletin* 34 (2008): 130-143.
24. Entrevista pessoal (19 de março de 2012).

25. Cameron Anderson e Gavin J. Kilduff, "Why Do Dominant Personalities Attain Influence in Face-to-Face Groups? The Competence-Signaling Effects of Trait Dominance", *Journal of Personality and Social Psychology* 96 (2009): 491-503.
26. Barbora Nevicka, Femke S. Ten Velden, Annebel H. B. de Hoogh e Annelies E. M. Van Vianen, "Reality at Odds with Perception: Narcissistic Leaders and Group Performance", *Psychological Science* 22 (2011): 1.259-1.264.
27. Adam M. Grant, Francesca Gino e David A. Hofmann, "Reversing the Extraverted Leadership Advantage: The Role of Employee Proactivity", *Academy of Management Journal* 54 (2011): 528-550.
28. Entrevista pessoal com Annie (13 de junho de 2012).
29. Katie A. Liljenquist, "Resolving the Impression Management Dilemma: The Strategic Benefits of Soliciting Others for Advice" (tese de doutorado, Northwestern University, 2010); e Katie A. Liljenquist e Adam Galinsky, "Turn Your Adversary into Your Advocate", *Negotiation* (2007): 4-6.
30. Ithai Stern e James D. Westphal, "Stealthy Footsteps to the Boardroom: Executives' Backgrounds, Sophisticated Interpersonal Influence Behavior, and Board Appointments", *Administrative Science Quarterly* 55 (2010): 278-319.
31. Gary Yukl e J. Bruce Tracey, "Consequences of Influence Tactics Used with Subordinates, Peers, and the Boss", *Journal of Applied Psychology* 77 (1992): 525-535; e Gary Yukl, Helen Kim e Cecilia M. Falbe, "Antecedents of Influence Outcomes", *Journal of Applied Psychology* 81 (1996): 309-317.
32. Arie Nadler, Shmuel Ellis e Iris Bar, "To Seek or Not to Seek: The Relationship between Help Seeking and Job Performance Evaluations as Moderated by Task-Relevant Expertise," *Journal of Applied Social Psychology* 33 (2003): 91-109.
33. Jon Jecker and David Landy, "Liking a Person as a Function of Doing Him a Favour", *Human Relations* 22 (1969): 371-378.
34. Benjamin Franklin, *The Autobiography of Benjamin Franklin* (Nova York: Dover, 1868/1996), 80.
35. Walter Isaacson, "Poor Richard's Flattery", *The New York Times*, 14 de julho de 2003.

Capítulo 6

1. Herbert Simon, "Altruism and Econoics", *American Economic Review* 83 (1993): 157.
2. Jeremy A. Frimer, Lawrence J. Walker, William L. Dunlop, Brenda H. Lee e Amanda Riches, "The Integration of Agency and Communion in Moral Personality: Evidence of Enlightened Self-Interest", *Journal of Personality and Social Psychology* 101 (2011): 149-163.
3. Barbara Oakley, Ariel Knafo e Michael McGrath, eds., *Pathological Altruism* (Nova York: Oxford University Press, 2011).
4. Vicki S. Helgeson e Heidi L. Fritz, "The Implications of Unmitigated Agency and Unmitigated Communication for Domains of Problem Behavior", *Journal of Personality* 68 (2000): 1.031-1.057.

5. Adam M. Grant e David M. Mayer, "Good Soldiers and Good Actors: Prosocial and Impression Management Motives as Interactive Predictors of Affiliative Citizenship Behaviors", *Journal of Applied Psychology* 94 (2009): 900-912; Adam M. Grant e James Berry, "The Necessity of Others Is the Mother of Invention: Intrinsic and Prosocial Motivations, Perspective-Taking, and Creativity", *Academy of Management Journal* 54 (2011): 73-96; e Carsten K. W. De Dreu e Aukje Nauta, "Self-Interest and Other-Orientation in Organizational Behavior: Implications for Job Performance, Prosocial Behavior, and Personal Initiative", *Journal of Applied Psychology* 94 (2009): 913-926.
6. Bill Gates, "Creative Capitalism", Fórum Econômico Mundial, 24 de janeiro de 2008.
7. Steve Volk, "Top 10 Drug Corners", *Philadelphia Weekly*, 2 de maio de 2007; e Ledyard King, "Program to Identify Most Dangerous Schools Misses Mark", *USA Today*, 18 de janeiro de 2007.
8. Entrevista pessoal (26 de janeiro de 2012).
9. Christina Maslach, Wilmar Schaufeli e Michael Leiter, "Job Burnout", *Annual Review of Psychology* 52 (2001): 397-422.
10. Adam M. Grant, Elizabeth M. Campbell, Grace Chen, Keenan Cottone, David Lapedis e Karen Lee, "Impact and the Art of Motivation Maintenance: The Effects of Contact with Beneficiaries on Persistence Behavior", *Organizational Behavior and Human Decision Processes* 103 (2007): 53-67; Adam M. Grant, "The Significance of Task Significance: Job Performance Effects, Relational Mechanisms, and Boundary Conditions", *Journal of Applied Psychology* 93 (2008): 108-124; Adam M. Grant, "Employees Without a Cause: The Motivational Effects of Prosocial Impact in Public Service", *International Public Management Journal* 11 (2008): 48-66; e Adam M. Grant e Francesca Gino, "A Little Thanks Goes a Long Way: Explaining Why Gratitude Expressions Motivate Prosocial Behavior", *Journal of Personality and Social Psychology* 98 (2010): 946-955.
11. Olga Klimecki e Tania Singer, "Empathic Distress Fatigue Rather Than Compassion Fatigue? Integrating Findings from Empathy Research in Psychology and Social Neuroscience", in *Pathological Altruism*, ed. Barbara Oakley et al. (Nova York: Oxford University Press, 2011), 368-384; e Richard Shultz et al., "Patient Suffering and Caregiver Compassion: New Opportunities for Research, Practice, and Policy", *Gerontologist* 47 (2007): 4-13.
12. Adam M. Grant e David A. Hofmann, "Outsourcing Inspiration: The Performance Effects of Ideological Messages from Leaders and Beneficiaries", *Organizational Behavior and Human Decision Processes* 116 (2011): 173-187.
13. Adam M. Grant e Elizabeth M. Campbell, "Doing Good, Doing Harm, Being Well and Burning Out: The Interactions of Perceived Prosocial and Antisocial Impact in Service Work", *Journal of Occupational and Organizational Psychology* 80 (2007): 665–691; Adam M. Grant e Sabine Sonnentag, "Doing Good Buffers Against Feeling Bad: Prosocial Impact Compensates for Negative Task and Self-Evaluations", *Organizational Behavior and Human Decision Processes* 111 (2010): 13-22.

14. Yehonatan Turner, Shuli Silberman, Sandor Joffe e Irith Hadas-Halpern, "The Effect of Adding a Patient's Photograph to the Radiographic Examination", Annual Meeting of the Radiological Society of North America (2008).
15. Nicola Bellé, "Experimental Evidence on the Relationship between Public Service Motivation and Job Performance", *Public Administration Review* (no prelo).
16. Entrevistas pessoais com Ben Soccorsy (10 de janeiro de 2012) e Bill George (9 de março de 2010).
17. Ver Ellen J. Langer, *Mindfulness* (Reading, MA: Addison-Wesley, 1989), 136.
18. Vicki S. Helgeson, "Relation of Agency and Communion to Well-Being: Evidence and Potential Explanations", *Psychological Bulletin* 116 (1994): 412-428; Heidi L. Fritz e Vicki S. Helgeson, "Distinctions of Unmitigated Communion from Communion: Self-Neglect and Overinvolvement with Others", *Journal of Personality and Social Psychology* 75 (1998): 121-140; e Vicki S. Helgeson e Heidi L. Fritz, "Unmitigated Agency and Unmitigated Communion: Distinctions from Agency and Communion", *Journal of Research in Personality* 33 (1999): 131-158.
19. Mark C. Bolino e William H. Turnley, "The Personal Costs of Citizenship Behavior: The Relationship between Individual Initiative and Role Overload, Job Stress, and Work-Family Conflict", *Journal of Applied Psychology* 90 (2005): 740-748.
20. Madoka Kumashiro, Caryl E. Rusbult e Eli J. Finkel, "Navigating Personal and Relational Concerns: The Quest for Equilibrium", *Journal of Personality and Social Psychology* 95 (2008): 94-110.
21. James Pennebaker, *The Secret Life of Pronouns: What Our Words Say About Us* (Nova York: Bloomsbury Press, 2011), 13.
22. Sonja Lyubomirsky, Kennon Sheldon e David Schkade, "Pursuing Happiness: The Architecture of Sustainable Change", *Review of General Psychology* 9 (2005): 111-131.
23. Leslie A. Perlow, "The Time Famine: Toward a Sociology of Work Time", *Administrative Science Quarterly* 44 (1999): 57-81.
24. Entrevista pessoal (26 de abril de 2012).
25. Timothy D. Windsor, Kaarin J. Anstey e Bryan Rodgers, "Volunteering and Psychological Well-Being among Young-Old Adults: How Much Is Too Much?" *Gerontologist* 48 (2008): 59-70.
26. Ming-Ching Luoh e A. Regula Herzog, "Individual Consequences of Volunteer and Paid Work in Old Age: Health and Mortality", *Journal of Health and Social Behavior* 43 (2002): 490-509; ver também Terry Y. Lum e Elizabeth Lightfoot, "The Effects of Volunteering on the Physical and Mental Health of Older People", *Research on Aging* 27 (2005): 31-55.
27. Jonathan E. Booth, Kyoung Won Park e Theresa M. Glomb, "Employer-Supported Volunteering Benefits: Gift Exchange Among Employers, Employees, and Volunteer Organizations", *Human Resource Management* 48 (2009): 227-249.
28. Netta Weinstein e Richard M. Ryan, "When Helping Helps: Autonomous Motivation for Prosocial Behavior and Its Influence on Well-Being for the Helper and Recipient", *Journal of Personality and Social Psychology* 98 (2010): 222-244.

29. Adam M. Grant, "Does Intrinsic Motivation Fuel the Prosocial Fire? Motivational Synergy in Predicting Persistence, Performance, and Productivity", *Journal of Applied Psychology* 93 (2008): 48-58.
30. Sabine Sonnentag e Adam M. Grant, "Doing Good at Work Feels Good at Home, But Not Right Away: When and Why Perceived Prosocial Impact Predicts Positive Affect", *Personnel Psychology* 65 (2012): 495-530.
31. Jonathon R. B. Halbesleben, "Sources of Social Support and Burnout: A Meta-Analytic Test of the Conservation of Resources Model", *Journal of Applied Psychology* 91 (2006): 1.134-1.145.
32. Jonathon R. B. Halbesleben and William Matthew Bowler, "Emotional Exhaustion and Job Performance: The Mediating Role of Motivation", *Journal of Applied Psychology* 92 (2007): 93-106.
33. "Tend and Befriend: Biobehavioral Bases of Affiliation Under Stress", *Current Directions in Psychological Science* 15 (2006): 273–277; ver também Bernadette von Dawans, Urs Fischbacher, Clemens Kirschbaum, Ernst Fehr e Markus Henrichs, "The Social Dimension of Stress Reactivity: Acute Stress Increases Prosocial Behavior in Humans", *Psychological Science* 23 (2012): 651-660.
34. Dirk van Dierendonck, Wilmar B. Schaufeli e Bram P. Buunk, "Burnout and Inequity Among Human Service Professionals: A Longitudinal Study", *Journal of Occupational Health Psychology* 6 (2001): 43–52; e Nico W. Van Yperen, Bram P. Buunk e Wilmar B. Schaufeli, "Communal Orientation and the Burnout Syndrome Among Nurses", *Journal of Applied Social Psychology* 22 (1992): 173-189.
35. Elizabeth Seeley e Wendi Gardner, "The 'Selfless' and Self-Regulation: The Role of Chronic Other-Orientation in Averting Self-Regulatory Depletion", *Self and Identity* 2 (2003): 103-117.
36. Jon Huntsman, *Winners Never Cheat* (Upper Saddle River, NJ: Prentice Hall, 2008); e Steve Eaton, "Huntsmans Urge Strong Work Ethic", *KSL*, 8 de maio de 2011.
37. Arthur C. Brooks, *Who Really Cares* (Nova York: Basic Books, 2006); "Does Giving Make Us Prosperous?", *Journal of Economics and Finance* 31 (2007): 403-411; e *Gross National Happiness* (Nova York: Basic Books, 2008).
38. Paul K. Piff, Michael W. Kraus, Stéphane Côté, Bonnie Hayden Cheng e Dacher Keltner, "Having Less, Giving More: The Influence of Social Class on Prosocial Behavior", *Journal of Personality and Social Psychology* 99 (2010): 771-784.
39. Elizabeth W. Dunn, Lara B. Aknin e Michael I. Norton, "Spending Money on Others Promotes Happiness", *Science* 319 (2008): 1.687-1.688.
40. James Andreoni, William T. Harbaugh e Lise Vesterlund, "Altruism in Experiments", in *New Palgrave Dictionary of Economics*, segunda edição, ed. Steven N. Durlauf e Lawrence E. Blume (Nova York: Palgrave MacMillan, 2008).
41. William T. Harbaugh, Ulrich Mayr e Daniel R. Burghart, "Neural Responses to Taxation and Voluntary Giving Reveal Motives for Charitable Donations", *Science* 316 (2007): 1.622-1.625; e Jorge Moll, Frank Krueger, Roland Zahn, Matteo Pardini, Ricardo de Oliveira-Souza e Jordan Grafman, "Human Fronto-Mesolimbic Networks Guide Decisions about Charitable Donations", *PNAS* 103 (2006): 15.623-15.628.

42. Peggy A. Thoits e Lyndi N. Hewitt, "Volunteer Work and Well-Being", *Journal of Health and Social Behavior* 42 (2001): 115-131.
43. Yunqing Li e Kenneth F. Ferraro, "Volunteering and Depression in Later Life: Social Benefit or Selection Processes?", *Journal of Health and Social Behavior* 46 (2005): 68-84.
44. Marc A. Musick, A. Regula Herzog e James S. House, "Volunteering and Mortality Among Older Adults: Findings from a National Sample", *Journal of Gerontology: Social Sciences* 54B (1999): S173-S180; e Stephanie L. Brown, Randolph M. Nesse, Amiram D. Vinokur e Dylan M. Smith, "Providing Social Support May Be More Beneficial Than Receiving It: Results from a Prospective Study of Mortality", *Psychological Science* 14 (2003): 320-327.
45. Tiffany M. Field, Maria Hernandez-Reif, Olga Quintino, Saul Schanberg e Cynthia Kuhn, "Elder Retired Volunteers Benefit from Giving Massage Therapy to Infants", *Journal of Applied Gerontology* 17 (1998): 229-239.
46. Roy F. Baumeister, Kathleen D. Vohs, Jennifer L. Aaker e Emily N. Garbinsky, "Some Key Differences between a Happy Life and a Meaningful Life", *Journal of Positive Psychology* (no prelo).
47. Ver Sigal G. Barsade e Donald E. Gibson, "Why Does Affect Matter in Organizations?", *Academy of Management Perspectives* 21 (2007): 36-59; Sonja Lyubomirsky, Laura King e Ed Diener, "The Benefits of Frequent Positive Affect: Does Happiness Lead to Success?" *Psychological Bulletin* 131 (6): 803-855; e Timothy A. Judge, Carl J. Thoresen, Joyce E. Bono e Gregory K. Patton, "The Job Satisfaction – Job Performance Relationship: A Qualitative and Quantitative Review", *Psychological Bulletin* 127 (2001): 376-407.
48. Carlos A. Estrada, Alice M. Isen, e Mark J. Young, "Positive Affect Facilitates Integration of Information and Decreases Anchoring in Reasoning Among Physicians", *Organizational Behavior and Human Decision Processes* 72 (1997): 117-135.
49. Richard Branson, *Perdendo minha virgindade* (São Paulo: Cultura, 1999), 56; e *A ousadia de ser líder* (Rio de Janeiro: Agir, 2010).
50. Adam M. Grant e David M. Mayer, "Good Soldiers and Good Actors: Prosocial and Impression Management Motives as Interactive Predictors of Affiliative Citizenship Behaviors", *Journal of Applied Psychology* 94 (2009): 900-912.

Capítulo 7

1. Entrevistas pessoais com Jason Geller (14 de dezembro de 2011), "Lillian Bauer" (15 de janeiro de 2012) e Peter Audet (12 de dezembro de 2011 e 19 de janeiro de 2012).
2. Diane M. Bergeron, Abbie J. Shipp, Benson Rosen e Stacie A. Furst, "Organizational Citizenship Behavior and Career Outcomes: The Cost of Being a Good Citizen", *Journal of Management* (no prelo).
3. Robert Homant, "Risky Altruism as a Predictor of Criminal Victimization", *Criminal Justice and Behavior* 37 (2010): 1.195-1.216.
4. Malcolm Gladwell, *Blink – A decisão num piscar de olhos* (Rio de Janeiro: Rocco, 2005); e Nalini Ambady e Robert Rosenthal, "Half a Minute: Predicting Teacher

Evaluations from Thin Slices of Nonverbal Behavior and Physical Attractiveness", *Journal of Personality and Social Psychology* 64 (1993): 431-441.
5. Stephen Leider, Markus M. Mobius, Tanya Rosenblat, e Quoc-Anh Do, "What Do We Expect from Our Friends?", *Journal of the European Economic Association* 8 (2010): 120-138.
6. Lauri A. Jensen-Campbell, Jennifer M. Knack e Haylie L. Gomez, "The Psychology of Nice People", *Social and Personality Psychology Compass* 4 (2010).
7. Sobre a distinção entre compaixão e polidez, ver Colin G. DeYoung, Lena C. Quilty e Jordan B. Peterson, "Between Facets and Domains: 10 Aspects of the Big Five", *Journal of Personality and Social Psychology* 93 (2007): 880–896; sobre a compaixão se associar com mais intensidade à honestidade e à humildade que à afabilidade, ver Michael C. Ashton e Kibeom Lee, "Empirical, Theoretical, and Practical Advantages of the HEXACO Model of Personality Structure", *Personality and Social Psychology Review* 11 (2007): 150–166; sobre a diferenciação entre afabilidade e valores doadores, ver Sonia Roccas, Lilach Sagiv, Shalom H. Schwartz e Ariel Knafo, "The Big Five Personality Factors and Personal Values", *Personality and Social Psychology Bulletin* 28 (2002): 789-801.
8. Entrevistas pessoais com Danny Shader (13 de fevereiro de 2012), Greg Sands (5 de março de 2012) e com um pupilo anônimo (28 de fevereiro de 2012).
9. Colin G. DeYoung, Jacob B. Hirsh, Matthew S. Shane, Xenophon Papademetris, Nallakkandi Rajeevan e Jeremy R. Gray, "Testing Predictions from Personality Neuroscience: Brain Structure and the Big Five", *Psychological Science* 21 (2010): 820-828.
10. Dawne S. Vogt e C. Randall Colvin, "Interpersonal Orientation and the Accuracy of Personality Judgments", *Journal of Personality* 71 (2003): 267-295.
11. Harold H. Kelley e Anthony J. Stahelski, "The Inference of Intentions from Moves in the Prisoner's Dilemma Game", *Journal of Experimental Social Psychology* 6 (1970): 401-419; ver também Nancy L. Carter e J. Mark Weber, "Not Pollyannas: Higher Generalized Trust Predicts Lie Detection Ability", *Social Psychological and Personality Science* 1 (2010): 274-279.
12. William R. Fry, Ira J. Firestone e David L. Williams, "Negotiation Process and Outcome of Stranger Dyads and Dating Couples: Do Lovers Lose?", *Basic and Applied Social Psychology* 4 (1983): 1-16.
13. Ver E. Gil Clary, Mark Snyder, Robert D. Ridge, Peter K. Miene e Julie A. Haugen, "Matching Messages to Motives in Persuasion: A Functional Approach to Promoting Volunteerism", *Journal of Applied Social Psychology* 24 (1994): 1.129-1.149.
14. Adam D. Galinsky, William W. Maddux, Debra Gilin e Judith B. White, "Why It Pays to Get Inside the Head of Your Opponent: The Differential Effects of Perspective Taking and Empathy on Negotiation", *Psychological Science* 19 (2008): 378-384.
15. Paul A. M. Van Lange, "The Pursuit of Joint Outcomes and Equality in Outcomes: An Integrative Model of Social Value Orientation", *Journal of Personality and Social Psychology* 77 (1999): 337–349; ver também Jennifer Chatman e Sigal Barsade, "Personality, Organizational Culture, and Cooperation: Evidence from a Business Simulation", *Administrative Science Quarterly* 40 (1995): 423-443.

16. Martin A. Nowak e Roger Highfield, *SuperCooperators: Altruism, Evolution, and Why We Need Each Other to Succeed* (Nova York: Free Press, 2011), 36.
17. Randy Pausch e Jeffrey Zaslow, *A lição final* (Rio de Janeiro: Agir, 2008).
18. Doris Kearns Goodwin, *Lincoln* (Rio de Janeiro: Record, 2013).
19. Linda Babcock e Sara Laschever, *Women Don't Ask: The High Cost of Avoiding Negotiation – and Positive Strategies for Change* (Nova York: Bantam, 2007); Deborah A. Small, Michele Gelfand, Linda Babcock e Hilary Gettman, "Who Goes to the Bargaining Table? The Influence of Gender and Framing on the Initiation of Negotiation", *Journal of Personality and Social Psychology* 93 (2007): 600-613.
20. Alice H. Eagly e Maureen Crowley, "Gender and Helping Behavior: A Meta-Analytic Review of the Social Psychological Literature", *Psychological Bulletin* 100 (1986): 283-308.
21. Emily T. Amanatullah, Michael W. Morris e Jared R. Curhan, "Negotiators Who Give Too Much: Unmitigated Communion, Relational Anxieties, and Economic Costs in Distributive and Integrative Bargaining", *Journal of Personality and Social Psychology* 95 (2008): 723-738.
22. Timothy A. Judge, Beth A. Livingston e Charlice Hurst, "Do Nice Guys – and Gals – Really Finish Last? The Joint Effects of Sex and Agreableness on Income", *Journal of Personality and Social Psychology* 102 (2012): 390-407.
23. Bruce Barry e Raymond A. Friedman, "Bargainer Characteristics in Distributive and Integrative Negotiation", *Journal of Personality and Social Psychology* 74 (1998): 345-359.
24. Ver Lilach Sagiv, "Vocational Interests and Basic Values", *Journal of Career Assessment* 10 (2002): 233-257; Idit Ben-Shem e Tamara E. Avi-Itzhak, "On Work Values and Career Choice in Freshmen Students: The Case of Helping vs. Other Professions", *Journal of Vocational Behavior* 39 (1991): 369–379; Jeylan T. Mortimer e Jon Lorence, "Work Experience and Occupational Value Socialization: A Longitudinal Study", *American Journal of Sociology* 84 (1979): 1.361-1.385; e Robert H. Frank, "What Price the Moral High Ground?", *Southern Economic Journal* 63 (1996): 1-17.
25. Entrevista pessoal (16 de dezembro de 2011).
26. Hannah Riley Bowles, Linda Babcock e Kathleen L. McGinn, "Constraints and Triggers: Situational Mechanics of Gender in Negotiation", *Journal of Personality and Social Psychology* 89 (2005): 951-965.
27. Emily T. Amanatullah e Michael W. Morris, "Negotiating Gender Roles: Gender Differences in Assertive Negotiating Are Mediated by Women's Fear of Backlash and Attenuated When Negotiating on Behalf of Others", *Journal of Personality and Social Psychology* 98 (2010): 256-267.
28. Hannah Riley Bowles e Linda Babcock, "Relational Accounts: A Strategy for Women Negotiating for Higher Compensation" (documento de trabalho, 2011).
29. Carsten K. W. De Dreu, Laurie R. Weingart e Seungwoo Kwon, "Influence of Social Motives on Integrative Negotiation: A Meta-Analytic Review and Test of Two Theories", *Journal of Personality and Social Psychology* 78 (2000): 889-905.

30. Brian R. Little, "Free Traits, Personal Projects and Idio-Tapes: Three Tiers for Personality Research", *Psychological Inquiry* 7 (1996): 340-344; e "Free Traits and Personal Contexts: Expanding a Social Ecological Model of Well-Being", in *Person-Environment Psychology*, segunda edição, ed. W. Bruce Walsh, Kenneth H. Craik e Richard H. Price (Nova York: Guilford Press, 2000): 87-116.

Capítulo 8

1. Adam Smith, *The Theory of Moral Sentiments* (Kila, MT: Kessinger Publishing, 1759/2004), 3.
2. Jenna Lloyd e Sherry K. Gunter, *craigslist 4 Everyone* (Nova York: Pearson Education), 3.
3. Entrevista pessoal com Deron Beal (19 de junho de 2012); Richard Jerome, "Free for All", *People*, 10 de maio de 2004; Deron Beal e S. James Snyder, "Power of One", *Time*, 30 de novembro de 2009; e Carol Brennan, "Deron Beal", *Encyclopedia of World Biography*, 2005.
4. Robb Willer, Francis J. Flynn e Sonya Zak, "Structure, Identity, and Solidarity: A Comparative Field Study of Generalized and Direct Exchange", *Administrative Science Quarterly* 57 (2012): 119-155.
5. C. Daniel Batson, "How Social an Animal? The Human Capacity for Caring", *American Psychologist* 45 (1990): 336-346; e C. Daniel Batson, Karen Sager, Eric Garst, Misook Kang, Kostia Rubchinsky e Karen Dawson, "Is Empathy-Induced Helping Due to Self-Other Merging?" *Journal of Personality and Social Psychology* 73 (1997): 495-509.
6. Robert B. Cialdini, Stephanie L. Brown, Brian P. Lewis, Carol Luce e Steven L. Neuberg, "Reinterpreting the Empathy-Altruism Relationship: When One into One Equals Oneness", *Journal of Personality and Social Psychology* 73 (1997): 481-494; e Jon K. Maner, Carol L. Luce, Steven L. Neuberg, Robert B. Cialdini, Stephanie L. Brown e Brad J. Sagarin, "The Effects of Perspective Taking on Motivations for Helping: Still No Evidence for Altruism", *Personality and Social Psychology Bulletin* 28 (2002): 1.601-1.610.
7. Franz de Wall, *A era da empatia* (São Paulo: Companhia das Letras, 2010).
8. Oded Nov, "What Motivates Wikipedians?" *Communications of the ACM* 50 (2007): 60-64; ver também Joachim Schroer e Guido Hertel, "Voluntary Engagement in an Open Web-Based Encyclopedia: Wikipedians and Why They Do It", *Media Psychology* 12 (2009): 96-120.
9. Entrevista pessoal com "Phillippe" (24 de janeiro de 2012).
10. Mark Levine, Amy Prosser, David Evans e Stephen Reicher, "Identity and Emergency Intervention: How Social Group Membership and Inclusiveness of Group Boundaries Shape Helping Behavior", *Personality and Social Psychology Bulletin* 31 (2005): 443-453.
11. John F. Dovidio, Samuel L. Gaertner, Ana Validzic, Kimberly Matoka, Brenda Johnson e Stacy Frazier, "Extending the Benefits of Recategorization: Evaluations, Self-Disclosure, and Helping", *Journal of Experimental Social Psychology* 33 (1997): 401-420.

12. Entrevistas pessoais com Adam Rifkin 1 (28 de janeiro de 2012) e Adam Rifkin 2 (2 de fevereiro de 2012). Para o relato completo de como os dois Adam Rifkin se conheceram, ver www.ifindkarma.com/attic/local/realadam.html e www.ifindkarma.com/attic/local/denial.html.
13. Brett W. Pelham, Matthew C. Mirenberg e John T. Jones, "Why Susie Sells Seashells by the Seashore: Implicit Egotism and Major Life Decisions", *Journal of Personality and Social Psychology* 82 (2002): 469-487; John T. Jones, Brett W. Pelham, Matthew C. Mirenberg e John J. Hetts, "Name Letter Preferences Are Not Merely Mere Exposure: Implicit Egotism as Self-Regulation", *Journal of Experimental Social Psychology* 38 (2002): 170-177; Brett W. Pelham, Mauricio Carvallo e John T. Jones, "Implicit Egotism", *Current Directions in Psychological Science* 14 (2006): 106-110; e Ernest L. Abel, "Influence of Names on Career Choices in Medicine", *Names* 58 (2010): 65-74.
14. John T. Jones, Brett W. Pelham, Mauricio Carvallo e Matthew C. Mirenberg, "How Do I Love Thee? Let Me Count the Js: Implicit Egotism and Interpersonal Attraction", *Journal of Personality and Social Psychology* 87 (2004): 665-683.
15. Jeff Galak, Deborah Small e Andrew T. Stephen, "Microfinance Decision Making: A Field Study of Prosocial Lending", *Journal of Marketing Research* XLVIII (2011): S130-S137.
16. Jerry M. Burger, Nicole Messian, Shebani Patel, Alicia del Prado e Carmen Anderson, "What a Coincidence! The Effects of Incidental Similarity on Compliance", *Personality and Social Psychology Bulletin* 30 (2004): 35-43.
17. Uri Simonsohn, "Spurious? Name Similarity Effects (Implicit Egotism) in Marriage, Job, and Moving Decisions", *Journal of Personality and Social Psychology* 101 (2011): 1–24; Leif D. Nelson e Joseph P. Simmons, "Moniker Maladies: When Names Sabotage Success", *Psychological Science* 18 (2007): 1106–1112; Ernest L. Abel e Michael L. Kruger, "Symbolic Significance of Initials on Longevity", *Perceptual and Motor Skills* 104 (2007): 179–182; e "Athletes, Doctors, and Lawyers with First Names Beginning with 'D' Die Sooner", *Death Studies* 34 (2010): 71–81; e Nicholas Christenfeld, David P. Phillips e Laura M. Glynn, "What's in a Name: Mortality and the Power of Symbols", *Journal of Psychosomatic Research* 47 (1999): 241-254.
18. Marilynn B. Brewer, "The Importance of Being We: Human Nature and Intergroup Relations", *American Psychologist* 62 (2007): 728-738; e Kennon M. Sheldon e B. Ann Bettencourt, "Psychological Need-Satisfaction and Subjective Well-Being within Social Groups", *British Journal of Social Psychology* 41 (2002): 25-38.
19. Jonathan Haidt, "Elevation and the Positive Psychology of Morality", in *Flourishing: Positive Psychology and the Life Well-Lived*, ed. Corey L. M. Keyes e Jonathan Haidt (Washington, D.C.: American Psychological Association, 2003), 275–289; e Sara B. Algoe e Jonathan Haidt, "Witnessing Excellence in Action: The 'Other-Praising' Emotions of Elevation, Gratitude, and Admiration", *Journal of Positive Psychology* 4 (2009): 105-127.
20. Leif D. Nelson and Michael I. Norton, "From Student to Superhero: Situational Primes Shape Future Helping", *Journal of Experimental Social Psychology* 41 (2005): 423-430.
21. Robert B. Cialdini e David A. Schroeder, "Increasing Compliance by Legitimizing Paltry Contributions: When Even a Penny Helps", *Journal of Personality and Social*

Psychology 34 (1976): 599–604; sobre uma ampliação recente, ver Sachiyo M. Shearman e Jina H. Yoo, "Even a Penny Will Help! Legitimization of Paltry Donation and Social Proof in Soliciting Donation to a Charitable Organization", *Communication Research Reports* 24 (2007): 271-282.

22. Jessica M. Nolan, P. Wesley Schultz, Robert B. Cialdini, Noah J. Goldstein e Vladas Griskevicius, "Normative Social Influence Is Underdetected", *Personality and Social Psychology Bulletin* 34 (2008): 913-923; P. Wesley Schultz, Jessica M. Nolan, Robert B. Cialdini, Noah J. Goldstein e Vladas Griskevicius, "The Constructive, Destructive, and Reconstructive Power of Social Norms", *Psychological Science* 18 (2007): 429-434; e Hunt Alcott, "Social Norms and Energy Conservation", MIT Center for Energy and Environmental Policy Research (documento de trabalho, 2009).

23. Charles Darwin, *The Descent of Man and Selection in Relation to Sex* (Londres: Murray, 1871).

24. Francis J. Flynn e Vanessa K. B. Lake (agora Bohns), "If You Need Help, Just Ask: Underestimating Compliance with Direct Requests for Help", *Journal of Personality and Social Psychology* 95 (2008): 128-143.

25. Dale T. Miller, "The Norm of Self-Interest", *American Psychologist* 54 (1999): 1.053-1.060.

26. Alexis de Tocqueville, *Democracy in America* (Garden City, NY: Anchor Press, 1835/1969), 526.

27. Robert Wuthnow, *Acts of Compassion* (Princeton, NJ: Princeton University Press, 1993).

28. David Krech e Richard S. Crutchfield, *Theory and Problems of Social Psychology* (Nova York: McGraw-Hill, 1948).

29. Stephanie Garlock e Hana Rouse, "Harvard Most Values Success, 2014 Says", *Harvard Crimson*, 2 de setembro de 2011; "Harvard College Introduces Pledge for Freshmen to Affirm Values", *Harvard Crimson*, 1 de setembro de 2011; e Hana Rouse, "College to Remove Signatures from Freshman Kindness Pledge", *Harvard Crimson*, 7 de setembro de 2011.

30. Barry Schwartz, "Psychology, Idea Technology, and Ideology", *Psychological Science* 8 (1997): 21-27.

31. Wayne Baker e Adam M. Grant, "Values and Contributions in the Reciprocity Ring" (documento de trabalho, 2007).

32. Dan Ariely, Anat Bracha e Stephan Meier, "Doing Good or Doing Well? Image Motivation and Monetary Incentives in Behaving Prosocially", *American Economic Review* 99 (2009): 544-555.

33. Harry M. Wallace e Roy F. Baumeister, "The Performance of Narcissists Rises and Falls with Perceived Opportunity for Glory", *Journal of Personality and Social Psychology* 82 (2002): 819-834.

34. Vladas Griskevicius, Joshua M. Tybur e Bram Van den Bergh, "Going Green to Be Seen: Status, Reputation, and Conspicuous Conservation", *Journal of Personality and Social Psychology* 98 (2010): 392-404.

35. Chun Hui, Simon S. K. Lam e Keneth K. S. Law, "Instrumental Values of Organizational Citizenship Behavior for Promotion: A Field Quasi-Experiment", *Journal of Applied Psychology* 85 (2000): 822-828.
36. Harry Lewis, "The Freshman Pledge", Blogspot, 20 de agosto de 2011, http://harry-lewis.blogspot.com/2011/08/freshman-pledge.html.
37. Peter M. Gollwitzer, Paschal Sheeran, Verena Michalski e Andrea E. Seifert, "When Intentions Go Public: Does Social Reality Widen the Intention-Behavior Gap?" *Psychological Science* 20 (2009): 612-618.
38. Sonya Sachdeva, Rumen Iliev e Douglas L. Medin, "Sinning Saints and Saintly Sinners: The Paradox of Moral Self-Regulation", *Psychological Science* 20 (2009): 523-528.
39. C. Daniel Batson, Jay S. Coke, M. L. Jasnoski e Michael Hanson, "Buying Kindness: Effect of an Extrinsic Incentive for Helping on Perceived Altruism", *Personality and Social Psychology Bulletin* 4 (1978): 86-91; e Ziva Kunda e Shalom H. Schwartz, "Undermining Intrinsic Moral Motivation: External Reward and Self-Presentation", *Journal of Personality and Social Psychology* 45 (1983): 763-771.
40. E. M. Forster, *Aspects of the Novel* (Nova York: Penguin Classics, 1927/2005).
41. Marcia A. Finkelstein, Louis A. Penner e Michael T. Brannick, "Motive, Role Identity, and Prosocial Personality as Predictors of Volunteer Activity", *Social Behavior and Personality* 33 (2005): 403-418; Adam M. Grant e Jane E. Dutton, "Beneficiary or Benefactor: Are People More Prosocial When They Reflect on Receiving or Giving?", *Psychological Science* 23 (2012): 1033–1039; e Adam M. Grant, "Giving Time, Time After Time: Work Design and Sustained Employee Participation in Corporate Volunteering", *Academy of Management Review* 37 (2012): 589-615.
42. Adam M. Grant, Jane E. Dutton e Brent D. Rosso, "Giving Commitment: Employee Support Programs and the Prosocial Sensemaking Process", *Academy of Management Journal* 51 (2008): 898-918.

Capítulo 9

1. Marco Aurélio, *Meditações*.
2. Entrevista pessoal (11 de janeiro de 2012).
3. Bruce Barry e Raymond A. Friedman, "Bargainer Characteristics in Distributive and Integrative Negotiation", *Journal of Personality and Social Psychology* 74 (1998): 345–359.
4. Entrevista pessoal (13 de abril de 2012).
5. Correspondência pessoal (1º de julho de 2012).

Ações de impacto

1. Entrevistas pessoais com Jay (19 de abril e 10 de maio de 2012) e com o assistente de Jay.
2. Amy Wrzesniewski, Justin M. Berg, Adam M. Grant, Jennifer Kurkoski e Brian Welle, "Job Crafting in Motion: Achieving Sustainable Gains in Happiness and Performance" (documento de trabalho, 2012).

3. Corporate Executive Board, "Creating an Effective Reward and Recognition Program", março de 2006, acessado em 12 de maio de 2012, www.performancesolutions.nc.gov/motivationInitiatives/RewardsandRecognition/docs/CLC-Rewards&Recognition.pdf.
4. Entrevista pessoal com Chris Colosi (20 de março de 2012).
5. Entrevista pessoal com Jim Quigley (23 de agosto de 2011).
6. Entrevista pessoal com Matt Wallaert (8 de fevereiro de 2012).
7. Entrevista pessoal com Nipun Mehta (23 de março de 2012).
8. As entrevistas sobre The Kindness Offensive foram feitas por Laurence Lemaire e Matt Stevens com os fundadores David Goodfellow, Benny Crane, James Hunter e Rob Williams (3 de março de 2012); e a entrevista com Ryan Garcia foi realizada por Valentino Kim (20 de março de 2012).
9. Wayne Baker e Cheryl Baker, "Paying It Forward: How Reciprocity Really Works and How You Can Create It in Your Organization", University of Michigan, acessado em 14 de maio de 2012, http://www.bus.umich.edu/Positive/News/newsletter/2-23-11/baker-paying.html.

Agradecimentos

As sementes deste livro foram plantadas por meus avós, Florence e Paul Borock, que, incansavelmente, investiram tempo e energia no próximo, sem esperar nada em troca. À medida que eu crescia, minha curiosidade sobre psicologia e minha fascinação pela qualidade de vida no trabalho foram despertadas por meus pais, Susan e Mark. Meu professor de mergulho, Eric Best, mostrou-me que a psicologia era força poderosa por trás do sucesso, apresentou-me ao poder de doar no desenvolvimento de outrem e estimulou-me a seguir uma carreira que combinasse psicologia e redação. Encontrei essa carreira graças a Brian Little, cujas sabedoria e generosidade mudaram o curso de minha vida. Brian personifica o melhor da condição humana, e tornei-me professor graças à profundidade de seus conhecimentos, ao comprometimento com os alunos e à capacidade de cativar o público. Quando comecei a estudar psicologia organizacional, muito me beneficiei com a orientação de Jane Dutton, Sue Ashford, Richard Hackman, Ellen Langer e Rick Price. Em especial, Jane me desafiou a pensar com mais profundidade e a estender-me com mais abrangência, empenhando-me em pesquisas que fizessem diferença.

Dizem que se precisa de um exército para escrever um livro, e este não foi exceção: tive muita sorte de trabalhar com um batalhão de doadores, cujas impressões digitais estão presentes em cada página. À frente da infantaria, destacou-se Richard Pine, da InkWell, que incorpora todas as qualidades que um autor poderia almejar em um agente.

Outra grande força criativa por trás deste livro foi Kevin Doughten, editor extraordinário. Entre suas muitas contribuições, vale observar que foi Kevin quem pôs George Meyer em meu radar e quem reconheceu que dar ânimo é um atributo singular do doador bem-sucedido. Kevin sabe disso com base na experiência pessoal da influência do sucesso dele sobre os autores. O feedback perceptivo e abrangente de Kevin aprimorou a estrutura, fortaleceu os argumentos e enriqueceu os casos e estudos apresentados neste livro, levando-me a reescrever três capítulos inteiros. Além de moldar cada fase do livro, a orientação de Kevin alterou nos fundamentos minha maneira de escrever.

Na Viking, Rick Kot foi muito além do cumprimento do dever, ao me oferecer engenhosidade, discernimento, capital social e intendência. Sinto-me feliz por beneficiar-me com o apoio e a editoração, com a publicidade e com as contribuições de marketing de Catherine Boyd, Nick Bromley, Peter Chatzky, Risa Chubinsky, Carolyn Coleburn, Winnie de Moya, Andrew Duncan, Clare Ferrano, Alexis Hurley, Whitney Peeling, Lindsay Prevette, Britney Ross, Jeff Schell, Nancy Sheppard, Michael Sigle, Dennis Swaim e Jeannette William, assim como dos doadores do Napa Group, LLC.

Quando contemplei pela primeira vez a possibilidade de escrever este livro, muitos colegas me ofereceram conselhos sábios. Sou especialmente grato a Jennifer Aaker, Teresa Amabile, Dan Ariely, Susan Fain, Noah Goldstein, Barry Schwartz, Marty Seligman, Richard Shell, Bob Sutton e Dan Pink — que não só me proporcionaram insights valiosos, mas também sugeriram o título. A ideia do livro em si foi inspirada por uma conversa com Jeff Zaslow e ganhou vida ao longo dos diálogos com Justin Berg, cuja visão e expertise aprimoraram imensamente a forma e a função da obra.

Pelo feedback a respeito das versões preliminares, agradeço a Andy Bernstein, Ann Dang, Katherine Dean, Gabe Farkas, Alex Fishman, Alyssa Gelkopf, Kelsey Hilbrich, Katie Imielska, Kansi Jain, Valentino Kim, Phil Levine, Patrice Lin, Nick LoBuglio, Michelle Lu, Sara Luchian, Lindsay Miller, Starry Peng, Andrew Roberts, Danielle Rode, Suruchi Srikanth, Joe Tennant, Ryan Villanueva, Guy Viner, Bechy Wald, Teresa Wang, Catherine Wei e Tommy Yin. Pelas sugestões de histórias e pelas relações com os entrevistados, também sou sinceramente grato a Cameron Anderson, Dane Barnes, Renee Bell, Tal Ben-Shahar, Jesse Beyroutey, Grace Chen, Chris Colosi, Angela Duckworth, Bill Fisse, Juliet Geldi, Tom Gerrity, Leah Haimson, Dave Heckman, Dara Kritzer, Adam Lashinsky, Laurence Lemaire, Matt Maroone, Cade Massey, Dave Mazza, Chris Myers, Meredity Myers, Jean Oelwang, Bob Post, Jon Rifkind, Gavin Rigall, Claire Robertson-Kraft, Scott Rosner, Bobbi Silten, Matt Stevens, Brandon Stuut, Jeff Thompson, Mike Useem, Jerry Wind, Amy Wrzesniewski, George Zeng e aos extraordinários doadores anônimos da Riley Productions (www.rileyprods.com).

Por compartilhar sabedoria, conhecimento e experiência em entrevistas, juntamente com as pessoas citadas neste livro, agradeço a Antoine Andrews, Peter Avis, Bernie Banks, Colleen Barrett, Margaux Bergen, Bob Brooks, Rano Burkhanova, Jim Canales, Virginia Canino, Bob Capers, Brian Chu, Bob Coghlan, Matt Conti, Mario DiTrapani, Atul Dubey, Nicole DuPre, Marc Elliott, Scilla Elworthy, Mark Fallon, Mike Feinberg, Christy Flanagan, Mike Fossaceca, Anna Gauthier, Jeremy Gilley, Kathy Gubanich, Michelle Gyles-McDonnough, Kristen Holden, Beak Howell, Tom Jeary, Diane e Paul Jones, Rick Jones, Melanie Katzman, Colin Kelton, Richard Lack, Larry Lavery, Eric Lipton, Theresa Loth, Nic Lumpp, Dan Lyons, Sergio Magistri, Susan Mathews, Tim McConnel, David McMullen, Debby McWhinney, Rick Miller, Roy Neff, Randi Nielsen, Scott O'Neil, Jenna Osborne, Charles Pensig, Bob Post, Larry Poell, Kate Richney, Manfred Rietsch, Jon Rifkind, Larry Roberts, Clare Sanderson, Rebecca Schreuder, Bill Sherman, Scott Sherman, John Simon, Ron Skotarczak, Marijn Spillebeen, David Stewart, Craig Stock, Suzanne Sutter, Pat Sweeney, Vivek Tiwary, Vickie Tolliver, Ashley Valentine, Tony Wells, Matthew Wilkins, Yair Yoram, Jochen Zeitz e Fatima Zorzato.

Rachel Carpenter e Erica Connelly ofereceram uma profusão de ideias inovadoras para a difusão deste livro e organizaram sessões de criatividade em que Alison Bloom-Feshbach, Zoe Epstein, Sean Griffin, Adria Hou, Katherine Howell, Ian Martinez, Scott McNulty, Annie Meyer e Becky Wald foram bastante generosos ao participar e contribuir. Por passar uma semana às voltas com diários de doadores, agradeço a ajuda de Josh Berman, Charles Birnbaum, Adam Compain, Keenan Cottone, Ben François, Jean Lee, Josh Lipman, Charlie Mercer, Phil Neff, Mary Pettit, Matt Pohlson, Kiley Robbins, Chris Sergeant, Kara Shamy, Charlene Su e Nina Varghese.

Muitos outros amigos, colegas, alunos e familiares me ajudaram a criar a estrutura e o conteúdo do livro, como Sam Abzug, David Adelman, Bob Adler, Sebastian Aguilar, Tanner Almond, Michael Althoff, Dan Baker, Rangel Barbosa, Dominique Basile, Deepa Bhat, Bill Boroughf, Andrew Brodsky, Anita Butani, Lewis Chung, Constantinos Coutifaris, Cody Dashiell Earp, Kathryn Dekas, Alex Edmans, Mehdi El Hajoui, Mark Elliott, Jerrod Engelberg, Dafna Eylon, Jackie Fleishman, Michele Gaster, Christina Gilyutin, Guiherme Giserman, Rloss Glasser, Matt Goracy, Brett Lavery Gregorka, Dan Gruber, Sheynna Hakim, Howard Heevner, Greg Hennessy, Dave Hofmann, Victoria Holekamp, Rick Horgan, John Hsu, David Jaffe, Amanda Jefferson, Nechemya Kagedan, Melissa Kamin, Jonathan Karmel, Ely Key, Jeff

Kiderman, Anu Kohli, Ben Krutzinna, Amin Lakhani, Chester Lee, Amanda Liberatore, Nicole Lim, Lindsey Mathews Padrino, Amy Matsuno, Lauren Miller, Zach Miller, Josephine Mogelof, Lauren Moloney-Egnatios, David Moltz, Brian Nemiroff, Celeste Ng, Dan Oppedisano, Matt Pohlson, Georges Potworowski, Derrick Preston, Vyas Ramanan, David Rider, David Roberts, Jeremy Rosner, Juan Pablo Saldarriaga, Frances Schendle, Christine Schmidt, Margot Lee Schmorak, Ari Schwayder, Kurt Smith, Scott Sonenshein, Mike Taormina, Palmer Truelson, Jonathan Tugman, Eric Tulla, Mike Van Pelt, Jamie Wallis, Michael Wolf, Rani Yadav, Lauren Yaffe, Andrew Yahkind e Ashley Yuki.

Pelo estímulo ao longo dos anos, agradeço a Traci Florie; a meus avós Marion e Jay Grant; a meu sogro e minha sogra Adrienne e Neal Sweet; e ao Impact Lab. Acima de tudo, não poderia ter escrito este livro sem o apoio de minha esposa, Allison. Ela dedicou incontáveis horas a atividades de criação, leitura, discussão e busca; palavras não são suficientes para expressar o quanto o amor de Allison significa para mim. Sempre que me sento para escrever, inspiro-me no exemplo dela. Quando se trata de doar em família, ela é o melhor modelo. Nossas filhas Joanna e Elena são as maiores fontes de alegria e de significado em minha vida. Tenho enorme orgulho delas, e espero que este livro ofereça à geração a que pertencem nova perspectiva sobre o que significa alcançar o sucesso.

CONHEÇA OS LIVROS DE ADAM GRANT

Dar e receber

Originais

Pense de novo

Potencial oculto

Para saber mais sobre os títulos e autores da Editora Sextante,
visite o nosso site e siga as nossas redes sociais.
Além de informações sobre os próximos lançamentos,
você terá acesso a conteúdos exclusivos
e poderá participar de promoções e sorteios.

sextante.com.br